KB154281

벤야민-아도르노와 함께 보는 영화

뻰야민-아도르노와 함께 보는 영화 : 국가 폭력의 관점에서

CONTEMPLATING EAST ASIAN CINEMAS WITH BENJAMIN AND ADORNO : A PERSPECTIVE ON STATE VIOLENCE

지은이	문병호·남승석
펴낸이	조정환
책임운영	신은주
편집	김정연
디자인	조문영
홍보	김하은
프리뷰	신경식·이주봉·이진아
초판 인쇄	2024년 1월 22일
초판 발행	2024년 1월 24일
종이	타라유통
인쇄	예원프린팅
라미네이팅	금성산업
제본	바다제책
ISBN	978-89-6195-337-5 93680
도서분류	1. 영화철학 2. 영화비평 3. 미학
값	22,000원
펴낸곳	도서출판 갈무리
등록일	1994. 3. 3.
등록번호	제17-0161호
주소	서울 마포구 동교로18길 9-13 2층
전화	02-325-1485
팩스	070-4275-0674
웹사이트	www.galmuri.co.kr
이메일	galmuri94@gmail.com

일러두기

1. 인명은 본문에서 원어를 병기하지 않았으며 인명 찾아보기에
   모두 병기했다.
2. 지명은 잘 알려지지 않은 경우에만 원어를 병기했다. 즉 뉴욕, 빠리,
   보스턴 등은 병기하지 않았다.
3. 외래어로 굳어진 외국어는 표준 표기대로 하고, 기타 고유명사나
   음역하는 외국어는 발음에 가장 가깝게 표기했다.
4. 단행본, 전집, 정기간행물, 보고서에는 겹낫표(『 』)를, 논문, 논설,
   기고문 등에는 홑낫표(「 」)를 사용하였다.
5. 영화, 텔레비전 프로그램 이름, 전시, 공연물, 법률, 조약 및 협약,
   단체(위원회), 회사, 학회, 협회, 연구소, 재단, 프로젝트에는
   가랑이표(< >)를 사용하였다.
6. 본문 각주에서 저자들이 참고한 문헌들의 서지정보는 가독성을 위해
   가능한 한 간략히 표기했다. 참고문헌에 각 문헌의 서지정보를
   상세히 수록했다.

차례

이 책은 두 가지 인식 관심Erkenntnisinteresse을 두고 집필되었다. 하나는 공동 저자들이 선정한 다섯 편의 영화에 대해 서사 구조적·영상이론적·영상기법적·영화이론적·영화사적 관점에서 해석을 시도하는 것이다. 남승석이 각 영화에 대해 집필한 다섯 편의 글이 이 시도에 대한 책임이 있다. 그의 글들은 각 영화에 대한 해석에서 앞에 배치되었다. 다른 하나는 벤야민과 아도르노의 사상을 참조해 미학적·예술이론적·역사철학적·인식론적·사회이론적 관점에서 다섯 편의 영화에 대한 해석을 시도하는 것이다. 문병호가 집필한 다섯 편의 글이 이 시도에 대한 책임을 떠맡는다. 서론은 벤야민과 아도르노의 사상을 도입하여 영화를 해석하는 시도의 의미를 논의한 글이며, 전적으로 이론적인 성격을 갖고 있다. 이론적인 글에 익숙하지 않거나 부담을 느끼는 독자들은 서론을 맨 뒤에 읽는 것도 하나의 좋은 우회로가 될 수 있을 것 같다. 문병호가 다섯 편의 영화를 해석한 글들은 남승석의 글들에 이어서 배치되었다. 첫 번째 인식 관심과 두 번째 인식 관심은 서로 분리되어 있지 않고 많은 부분에서 결합하여 있다. 문병호의 글이 집필되는 데 남승석의 글이 커다란 도움을 주었음은 자명하다.

이 책의 중심적인 목표는 영화를 예술로 보고, 영화 작품을 벤야민과 아도르노의 관점으로 해석하는 것이다. 공동 저자들은, 이 목표에 상응하여, 벤야민과 아도르노의 사상을 끌어들여 영화를 해석하는 시도의 의미를 논의하는 것에 대해 합의하였다. 이 논의는 이 책의 서론에서 간략하게 시도되며, 시도의 책임은 문병호에게 귀속된다.

이 책은 영화학자인 남승석의 제안으로 탄생하였다. 그는 영화 해석의 지평을 넓히고 심화시키기 위한 새로운 가능성을 모색하는 데 관심을 두고 있었으며, 벤야민과 아도르노의 사상을 영화 해석에 접맥시키는 시도가 새로운 가능성이 될 수 있다고 보았다. 이런 취지에서 그는 두 사상가를 장기간 연구해 온 문병호에게 이 책의 공동 집필을 제안하였다. 20세기에 탄생한, 전적으로 새로운 예술 형식인 영화가 할리우드가 상징하듯 때로는 거대 자본이 투입되고 경제적 이윤만을 추구하는 영화산업의 희생물이 됨으로써 문화산업이 창궐하는 데 광범위하고도 구조적으로 연루되어 온 역사에 대해 부정적인 시각을 갖고 있었던 문병호는 남승석이 해석의 대상으로 제안한 여러 편의 영화를 보고 난 후 순수예술로서의 영화가 가진 세계 인식 능력과 세계 변혁의 잠재력을 도외시할 수는 없다고 생각하게 되었다. 그는 영화가 갖춘 순수예술로서의 계몽 능력과 교육 기능을 벤야민과 아도르노의 사상을 영화 해석에 끌어들여 강조할 필요성을 느꼈다. 이렇게 해서 공동 저자들은 사상적인 유대 관계를 형성하게 되었다.

이 책은 구상 후 3년 정도의 시간에 걸쳐 집필되었다. 이 기간에 공동 저자들은 문병호가 〈대안연구공동체〉에서 개설한 강좌에서 벤야민과 아도르노의 텍스트들을 함께 읽었다. 그러면서 순수예술로서 성공한 영화들의 해석에 적용할 벤야민과 아도르노의 개념들에 대해 인식을 공유할 기회를 가졌다. 세계 학계에 잘 알려져 있듯이 두 사상가는 역사철학, 인식론, 미학·예술이론, 사회이론, 심리학, 음악학, 신학, 도시 인문학, 매체 이론, 문화학 등의 영역에서 학문적인 인식 진보에 결정적으로 이바지한 많은 개념을 독창적으로 정초하였다. 이처럼 방대한 개념 중에서 공동 저자들은 해석의 대상이 된 각 영화에서 가장 특징적으로 드러나는 주제를 해석하는 데 도움을 주는 개념을 선택하였다.

두 사상가가 정초한 개념들을 영화 해석에 많이 도입하면 할수록, 순수예술로서의 영화가 매개하는 의미의 층이 더욱 넓게, 그리고 더욱 깊게 인식될 수 있을 것이다. 이 점은 자명하다. 그러나 공동 저자들은 두 사상가의 개념 중에서 몇몇 중요 개념만을 선택하여 영화 해석을 시도하는 선에서 만족하는 수밖에 없었다. 이런 아쉬움에서, 공동 저자들은 그들이 만족하는 선으로 설정한 선을 넘어서는 저작이 다른 저자(들)에 의해 세상에 나오기를 희망한다.

이 책의 해석 대상이 된 영화들의 선정은 순수예술로 볼 수 있는 아시아 영화로 제한되었으며, 서양 영화는 배제되었다. 물론 서구 제국주의의 세계 지배 전략에 의해 아시아인의 삶의 많은 부분이 서구 문명 및 문화의 침투와 이식으로 서구화되었지만, 아시아 영화에는 한국인을 포함한 아시아인의 삶이 퇴적되어 있다. 특히 공동 저자들은 역사적으로 발생한 비극과 그러한 비극으로 인해 사회에서 고통을 받고 살아가는 개별 인간의 삶을 주제로 설정한 영화를 해석하는 것에 대해 전적으로 공감하였다.

아시아 영화의 해석을 위해 벤야민과 아도르노의 사상을 차용하는 것은 표면적으로 보면 타당하지 않게 보일 수도 있다. 그러나 벤야민과 아도르노가 세계가 인간에게 강요하는 고통, 개별 인간에 대한 사회의 지배로 인해 절대다수의 무력한 개별 인간이 당하는 고통, 자연-인간-역사-사회-예술의 관계에 대해 보여준 근원적이고도 심오하며 빼어난 설득력을 가진 통찰은 서구인의 삶뿐만 아니라 아시아인의 삶에도 적용 가능하다. 다섯 편의 영화에서 공통적으로 확인되는 폭력의 실행 메커니즘은 서구 제국주의가 전 세계에 확산시킨 무기와 군사적 조직화, 관료제도의 서구화에 토대를 두고 있다.

영화 〈공동경비구역 JSA〉는 냉전 시대의 유물로서 한반도에서 지속되고 있는 이데올로기 대립으로 인해 개별 인간의 삶이 대립과 갈등 속에서 고통스럽게 되고 최종적으로는 폐기되는 비극을 형상화한 작품이다. 분단과 이데올로기 대립으로 인한 고통은 70여 년 지속되면서 한반도에서 여전히 사라지지 않고 있다. 한반도에서 전쟁이 발발할 가능성이 크다는 것은 한국인 모두의 의식에 각인된 공포이며, 이 공포로 인해 강요된 고통은 한반도에서 살아가는 모두의 삶에서 불변의 상수가 되어 있다. 더구나 북한이 보유한 핵무기와 이를 둘러싼 북한과 미국의 갈등은 핵전쟁이 발발할 경우 최대의 피해자가 되는 한국인들에게는 불안과 고통을 상시로 강요하는 요소이다. 이러한 갈등은 더 나아가 중국, 러시아 극동 지역, 일본에 사는 사람들에게도 불안을 유발하는 요소이다.

영화 〈택시운전사〉는 1980년 5월 18일 광주에서 발생한 5·18 광주민주화운동을 배경으로 당시의 신군부가 자행한 폭력과 이 폭력에 의해 고통을 받으면서 학살당한 광주 시민의 비극을 영상에 담은 작품이다. 물론 당시에 강제적으로 동원된 병력 중에서 대량 학살의 주범들인 일부 소수 지휘관을 제외하고 대다수 군인역시 고통을 당했던 개별 인간으로 볼 수 있다. 한국 현대사에서 한국전쟁 이후 가장 참혹한 사태였던 5·18 광주민주화운동의 상처는 아물지 않고 있으며, 직접적인 희생자들과 그 가족이 당하는 고통은 물론이고 대다수 한국인이 간접적으로 당한 고통도 한국 사회에서 여전히 지속되고 있다. 이처럼 비극적인 대량 학살의 주범이 40여 년이 지난 지금까지도 전혀 반성하지 않고 사망했다는 사실, 그리고 이에 동조하는 세력이 정치·경제·언론·사법·종교·교육의 영역에서 한국 사회에 엄존하면서 과거 청산과 입법 조치를 저지하고 있다는 사실은 민주·평화·화해를 염원하는 한국인들에게 여전히 고통으로 다가오고 있다.

두 편의 한국 영화가 상업적 성격에서 완전히 벗어난다고 보는 시각은 물론 그 한계를 갖고 있다. 그럼에도 공동 저자들은 〈공동경비구역 JSA〉와 〈택시운전사〉가 순수예술작품으로 평가받을 수 있다는 데 의견이 일치하여 이 영화들에 대한 학문적 차원에서의 해석을 시도하였다.

중국영화인 〈여름궁전〉은 1989년 6월 4일 중국 북경의 천안문 광장에서 발생한 천안문 민주화 운동을 배경으로 하고 있다. 민주화를 요구하는 시민들의 항쟁이 중국 공산당 권력에 의해 무자비하게 진압되고 이와 동시에 젊은 청년들의 영혼이 갈기갈기 찢겨나가는 비극이 이 영화에 형상화되어 있다. 〈여름궁전〉이 중국 공산당 정권에 의해 상영 금지되었다는 사실은, 중국 공산당 정권이 이 영화가 주제로 삼은 역사의 비극에 책임이 있다는 사실을 방증한다. 더 나아가 이 영화가 예술적으로 성공한 작품으로서 부당하고 폭력적인 권력에 대한 비판적 의식을 일깨울 수 있는 계몽 능력을 갖추고 있음을 간접적으로 입증한다. 중국 공산당 권력은 천안문 민주화 운동 당시 무력을 투입하여 철저하고 완벽하게 제압하였고 민주화 운동의 정신이 중국인들의 의식에서 일깨워지지 않도록 중국인들을 지속해서 감시하고 통제해 왔으며 이는 현재도 진행 중이다. 그러므로 천안문 민주화 운동의 직접적인 희생자들과 그 가족이 받은 고통은 물론이고 자유와 인권의 가치를 희구하는 세계인이 간접적으로 받은 고통은 지금도 사라지지 않고 있다고 보아야 할 것이다.

영화 〈고령가 소년 살인사건〉은 대만의 국민당 정권에 근원적인 책임이 있는, 대만 사회에 구조적으로 내재하는 모순과 거대 폭력, 그리고 이로 인해 개별 인간들이 당하는 고통을 형상화한 작품이다. 이 영화에는 소년들이 조직한 갱단을 중심으로 벌어지는 폭력과 갈등, 주인공의 가족과 주변 인물이 당하는 여러 가지 형식의 고통이 수수께끼적인 형상들을 통해 결정結晶되어 있다. 그리고 이러한 폭력·갈등·고통의 근원에는 국가가 자행하는 거대 폭력이 놓여 있음이 영화 전반에 걸쳐 암시되어 있다. 남승석은 이 영화를 세계 영화의 역사를 통틀어 가장 성공한 걸작으로 평가할 수 있다는 견해를 갖고 있다. 상영 시간이 네 시간에 달하는 이 영화 전체를 관통하는 수수께끼적인 성격은, 수수께끼를 여러 관점에서 풀어가는 방식으로, 그리고 이에 상응하여 관객들이 깊이 관여하여 성찰할 수 있는 모멘트를 부여함으로써, 예술작품을 통한 현실 인식 능력과 현실 비판 능력을 고양하는 정도가 탁월하다. 이러한 점에서 문병호도 남승석의 평가에 공감하였다. 〈고령가 소년 살인사건〉은 영화 전체가 수수께끼로 되어 있다. 따라서 관객들이 이 작품을 보면 볼수록, 영화가 매개하는 의미를 더욱 깊게, 그리고 새롭게 인식할 수 있다. 더 나아가 대만 사회를 배경으로 하고 있음에도, 이 영화가 성취하는 의미 매개와 의미 형성은 대만뿐 아니라, 국가의 거대 폭력을 집행하는 도구로 기능하는 사회, 개별 인간에게 고통을 강요하는 메커니즘을 작동시키는 도구로 전락한 사회가 존재하는 곳에서는 모두 통용될 수 있다. 이 점에서 이 영화는 시간과 공간을 뛰어넘어 의미를 매개하고 형성하는 알레고리로서 성공한 작품으로 평가될 수 있을 것이다. 이 영화에서 형상화된 고통은 대만 사회에서 계속되고 있을 뿐만 아니라 국가 폭력이 자행되는, 지구상에 편재하는 여러 사회에서도 역시 지속되고 있다.

일본영화인 〈복수는 나의 것〉(1979)은 19세기 말부터 1945년까지 동아시아 전체, 더 나아가 태평양권을 전쟁의 구렁텅이로 몰아넣음으로써 이 지역에서 살았던 셀 수 없이 많은 개별 인간에게 형언하기 어려운 고통을 강요하였던 일본 제국주의·군국주의의 폭력을 주제로 삼아 제작된 작품이다. 이 영화에서는 인간의 정상적인 사고로는 도저히 이해할 수 없는, 인과관계가 성립되지 않는 연쇄살인들이 발생하며, 연쇄살인범인 주인공은 자신의 살인 행위를 반성하기는커녕 신문 과정에서 오히려 당당한 태도를 보인다. 따라서 영화 전체가 〈고령가 소년 살인사건〉처럼 수수께끼적인 성격을 갖고 있어서 한편으로는 영화에 대한 해석이 불가능한 듯 보인다. 그러나 다른 한편으로 영화의 이러한 성격은 관객들이 영화를 여러 차례 반복해서 보면 볼수록, 이 작품이 매개하는 다양한 의미를 계속해서 주지할 수 있게 한다. 일본 제국주의·군국주의의 폭력을 마치 수수께끼를 하나하나 풀어가듯이 근원적이고도 심도 있게 인식하게 하고, 더 나아가 이 폭력에 대한 비판적인 성찰에 이르게 한다. 일본 제국주의·군국주의가 저지른, 동아시아의 역사에서 유례를 찾기 힘든 광기와 폭력이 일본을 비롯하여 동아시아의 사람들에게 강요한 고통은 사라지지 않았고 여전히 지속되고 있다. 이 고통은 친일 세력이 지배 계층의 일부로 아직도 잔존해 있는 한국 사회에서 지금도 계속되고 있다.

앞에서 살펴보았듯이, 공동 저자들이 선정한 다섯 편의 영화는 역사적으로 발생한 비극적인 사태에서, 국가 혹은 이데올로기가 자행하는 폭력과 이로 인해 개별 인간들이 당하는 고통이라는 주제를 공유한다. 다섯 편의 영화의 이러한 주제적 성격은 벤야민과 아도르노의 사상을 통해 이 영화들을 근본적으로 해석할 수 있게 한다. 두 사상가의 사유는 언제나 세계가 인간에게 강요하는 고통이 공통분모라는 통찰을 제시한다. 아울러 서구 사상가 중에서 이들만큼 고통에 대해 근원적이고 치열하게 사유한 사상가는 거의 없다. 그렇기 때문에 이러한 시각은 충분히 타당하다.

남승석은 다섯 편의 영화의 서사 구조를 상세하게 분석하며, 이에 근거하여 영상이론적·영상기법적·영화이론적 관점에서 현미경적인 해석을 시도하고 영화사적 맥락에서 해설한다. 독자들은 그의 글에서 영화의 서사 구조, 영화 장르, 영화 공간, 추상화, 응시, 대항기억, 영상미학적 장치, 에피소드적 구성, 영화 지도 그리기, 플래시백, 틸트다운 쇼트, 패닝 쇼트, 트래블링 쇼트, 클로즈업, 어트랙션 몽타주, 개인의 캡슐화, 미장아빔, 변형된 마트료시카 구조, 집단기억, 비서사적 이미지, 멜랑콜리와 트라우마, 블랙 유머와 같은 영화 이론의 개념뿐만 아니라, 필름 누아르, 네오 누아르, 포스트 코리안 뉴웨이브, 인터-차이나, 트랜스내셔널, 트랜스 컬처, 대만 뉴웨이브와 같은 영화사적으로 형성된 개념들을 만나게 될 것이다. 영화 전문가가 아닌 독자들도 남승석의 글을 통해서 영화와 관련된 전문적인 개념과 지식을 갖고 영화를 볼 수 있는 안목을 기를 수 있을 것이다.

문병호는 벤야민과 아도르노가 정초한 미학·예술이론, 역사철학, 인식론, 사회이론의 관점을 통해 이 다섯 편의 영화에 대한 해석을 시도한다. 독자들은 그의 글에서 예술적 인식, 알레고리, 세계가 인간에게 강요하는 고통의 역사(세계의 고통사), 자연사, 예외 상태, 과거의 진정한 형상, 운명, 죄의 연관관계, 소도구, 폐허, 파편화, 탈영혼화, 예술작품의 수수께끼적 성격, 가상, 미메시스, 무의식적인 역사 서술, 이데올로기, 개인의 폐기, 의미 매개, 의미 형성 등과 같은 개념들을 만나게 될 것이다. 독자들은 벤야민과 아도르노의 사상에서 중요한 위치를 점하는 개념들을 접하게 될 것이며, 두 사상가의 시각을 통해 영화가 매개하는 의미의 층을 더욱 깊게 포착할 수 있을 것이다. 이와 동시에 그의 글은 영상예술작품에 내재하는 현실 인식, 현실 비판, 현실 변혁의 모멘트에 대해서도 성찰하는 장을 마련하였으니 독자들이 이 모멘트의 소중함을 적극적으로 평가해 주기를 소망한다.

발터 벤야민은 1936년에 발표한 세기의 논문 「기술복제 시대의 예술작품」에서 '미학의 정치화'와 '정치의 미학화' 테제를 도입했다. 그러면서 그는 기술적으로 대량 복제가 가능한 영화가 파시즘에 의해 오용될 위험을 경계하면서도 대중의 의식을 변혁시킬 수 있는 영화의 긍정적 가능성을 포착하였다. 벤야민은 영화가 지각知覺의 새로운 차원을 열어 줄 가능성에 주목했다. 그러나 아도르노는 1936년부터 시작하여 그의 최후 저작인 『미학이론』에 이르기까지 벤야민의 이와 같은 시각을 비판했다. 영화가 대중 조작과 대중 기만의 수단으로 전락할 위험을 벤야민이 너무 적게 보았다는 것이다. 아도르노와 호르크하이머는 오늘날에 이르기까지 100년가량 지속되고 있는 프랑크푸르트학파의 역사에서 가장 중요한 저작인 『계몽의 변증법』에 「문화산업 : 대중 기만으로서의 계몽」이라는 글을 하나의 장으로 포함시켰다. 이 글에서 문화산업 창궐의 중심적인 원인으로 지목된 매체가 라디오와 영화이다. 문화산업의 희생물로 전락한 영화에 대한 아도르노의 비판은 『미학이론』에서 정점에 이른다. 이처럼 아도르노는 30여 년이나 영화의 부정적인 기능을 집요하게 비판하였다.

벤야민이 「기술복제 시대의 예술작품」을 발표한 이래 영화의 역사는 벤야민의 소망대로 대중의 의식을 계몽하는 긍정적인 방향으로 전개되지 않았다. 영화의 역사는 아도르노가 간파하였던 대로 대중을 조작하고 기만하며 상업성과 오락성에 묶어 두는 수단, 이윤추구의 수단으로 전락한 역사가 되고 말았다. 그럼에도 불구하고 벤야민이 통찰하였던 전적으로 새로운 차원의 지각 매체이자 시각과 청각을 아우르는 예술 형식인 영화가 예술이 갖는 능력인 현실에 대한 인식과 비판 능력, 의미 매개와 의미 형성의 능력을 갖추고 있지 않다고 볼 수는 없을 것이다. 오로지 이윤추구의 극대화만을 추구하는 상업 영화와 오락 영화가 영화를 지배하는 경향이 지속되고 있더라도, 순수예술작품으로 성공한 소수의 영화가 갖춘 예술적 능력을 도외시할 수는 없기 때문이다. 이러한 절박한 인식하에서 공동 저자들은 이 책을 집필하였다.

공동 저자들은 이 책에서 시도하는 해석이 영화학에 아직 존재하지 않는다고 보고 있다. 벤야민의 「기술복제 시대의 예술작품」에 근거한 영화 해석은 물론 전 세계적으로 시도되었지만, 공동 저자들은 벤야민의 저작 중에서 가장 중요한 저작인 『독일 비애극의 원천』, 그리고 「운명과 성격」에서 도입된 중요 개념들, 그리고 아도르노의 미학·예술이론, 역사철학, 사회이론에서 차용한 개념들을 통해 영화를 해석한 시도는 이 책이 최초라고 보고 있다. 이런 까닭에, 공동 저자들은 한편으로는 보람을 느끼지만 다른 한편으로는 두려움도 갖고 있음을 고백하지 않을 수 없다. 공동 저자들은 『벤야민-아도르노와 함께 보는 영화』가 영화연구자들에게는 영화에 대한 인식 지평의 확대와 심화에 이바지할 수 있게 되기를 바라며, 일반 독자들에게는 영화를 더욱 전문적인 안목을 갖고 볼 수 있는 모멘트를 제공할 수 있게 되기를 희망한다.

공동 저자들은 이 책에 이어서 2권을 집필하기로 합의하였다. 2권에서는 한국 영화 한 편을 포함하여 총 네 편의 아시아 영화를 해석할 예정이다.

끝으로 〈대안연구공동체〉에서 벤야민과 아도르노의 난해한 텍스트를 함께 읽고 토론하는 기회에 참여해 주셨던 여러 선생님과 학생 분들에게 감사의 말씀을 전하고 싶다. 동시에 인문학 공동체 운영의 많은 어려움에도 불구하고 학문적 토론의 장이 유지되도록 도움을 주시는 〈대안연구공동체〉의 김종락 대표님에게도 특히 감사드리고 싶다. 공동 저자들은 이처럼 소중한 학문적 장의 도움을 받아 이 책을 집필하게 되는 행운을 얻었다. 또한 이 책이 출판되는 과정에서 수고를 아끼지 않으신 도서출판 갈무리 관계자분들에게 깊이 감사드린다.

2022년 가을에

문병호·남승석

벤야민과 아도르노의 사상을 통해
영화를 해석하는 시도의 의미

문병호

예술의 세계 인식 · 해명 · 비판 · 변혁의 능력

쇼펜하우어는 "예술은 세계가 다시 한번 출현한 것"이라는 통찰을 남겼다. 그의 예술철학은 예술작품을 알레고리로 본 벤야민의 예술철학·예술이론이나 (알레고리에 사회이론적 관점인 합리성이 보완된 개념인) 미메시스로 본 아도르노의 미학·예술이론에 비하면 상대적으로 설득력이 약하다. 그럼에도 이 통찰은 예술의 본질을 꿰뚫고 있다. 쇼펜하우어는 예술을 자연의 모방, 천재적 재능을 가진 예술가의 상상력의 산물로 보는 데 그치지 않고 예술작품의 생산에 근원으로 놓여 있는 세계에 주목한 것이다.

예술에서 관건이 되는 것은 세계Welt이다. 인간이 자연을 대상으로 설정하고 자신의 사고와 행위를 투입하여 산출된 것의 총체가 바로 세계[1]이다. 그리고 그러한 세계와 비판적 대결을 벌여서 출현한 산물이 바로 예술작품이다. 세계는 인간이 자연과 접촉·대결한 결과로서 '인간에 의해 만들어진 것'이고, 예술작품 역시 인간이 세계와 비판적 대결을 벌인 결과로 '인간에 의해 만들어진 것'이다.

그러나 세계는 인간의 활동이 산출한 것임에도 불구하고, 세계의 작동에서 가장 중심적인 역할을 하는 형식이자 개별 인간이 구성원이 되어 조직된 형식인 사회를 통해서, 세계는 개별 인간에게 고통을 강요하는 성격을 갖고 있다. 이는 인간이 세계를 구축한 이후 세계가 진행되어 온 역사[2] 속에서 자유, 평등, 선善, 자연에 대한 존중, 인간의 존엄성, 휴머니티, 박애, 사회적 약자들을 위한 배려, 평화, 진실, 소통, 화해와 같은 긍정적인 가치들보다는 전쟁, 학살, 갈등, 대립, 투쟁, 부자유, 신분적·법적·정치적·교육적·경제

---

1. 이어지는 글에서 세계는 이런 의미로 사용되는 개념이다. 이 개념은 지구를 지리적으로 총칭하는 의미에서의 세계와는 아무런 관련이 없다. 예를 들어 언어, 기술, 주술, 사회, 예술, 신화, 정치, 경제, 군사, 관습, 도덕, 법, 학문, 종교, 이데올로기, 테크놀로지 등이 세계를 구성하는 중요 요소들이다. 위대한 예술작품들은 이러한 요소들과의 비판적 대결의 산물이며, 어떤 예술작품이 세계와의 대결을 통해 이러한 요소들을 가능한 한 넓게, 그리고 가능한 한 깊게 표현하면 할수록, 그 작품은 더욱 위대한 작품이 된다. 세계가 작동한 역사에서 과거에 주술, 신화, 정치, 군사, 종교가 중요한 역할을 수행했다면, 오늘날에는 경제가 가장 중요한 요소로 기능하고 있다고 볼 수 있을 것이다.
2. 벤야민에게 세계가 진행된다는 것은 죄의 연관관계가 작동한다는 것을 의미한다. 아도르노는 벤야민의 이러한 사유에 사회이론적 시각을 도입하여 불의의 연관관계의 작동으로서의 세계의 진행 개념을 정립한다.

적 불평등, 인간에 의한 인간의 도구화와 상품화, 자연 파괴, 자연과 인간을 대상으로 한 약탈, 이데올로기 조작, 대중 기만 등과 같은 폭력적이고도 부정적인 현상이 지배적이고도 압도적인 비중을 점하였다는 사실에서 증명된다.

세계와의 비판적 대결을 결여한 채 세계를 담아 놓은 예술작품들은 세계를 있는 그대로 묘사함으로써 세계의 모사상이 될 수는 있다. 그러나 그러한 예술작품은 인간으로 하여금 세계의 진행에 근원으로 놓여 있는 모순, 역설, 이율배반, 아이러니, 반대 감정의 양립, 아포리아$^{ἀπορία,\,Aporie}$, 부조리, 비합리성, 갈등과 투쟁, 기만과 조작, 세계가 인간에게 강요하는 고통 등을 인식하게 하는 데 이르지는 못한다. 세계는 "혼잡스럽고 다면적이며 괴리된 것"[3] 이다. 세계를 카메라가 대상을 찍듯이 모사한다고 해서 세계가 인식되지는 않는다. 세계에 들어 있는, 앞에서 말한 복합적이고도 이해될 수 없는 성격을, 해독하기 어려운 수수께끼와 같은 형상에 담아 놓은 예술작품이 인간으로 하여금 세계 인식에 성공적으로 도달하게 할 가능성이 크다. 벤야민과 아도르노는 그러한 예술작품들에 주목하여 서구의 예술철학·미학·예술이론의 패러다임을 근본적으로 바꾸어 놓았다. 이렇게 함으로써 그들은 예술을 통한 세계 인식·해명·비판·변혁 가능성의 새로운 차원을 열어 놓았다.

인간이 구축한 세계가 진행된다는 것은 세계를 만든 인간이

---

3. Max Horkheimer & Theodor W. Adorno, *Dialektik der Aufklärung*, p. 38.

세계에 의해 고통을 받는다는 것을 의미한다. 벤야민은 이를 『독일 비애극의 원천』에서 세계의 고통사Leidensgeschichte der Welt 4라고 명명하였다. 세계가 진행된 역사는 세계가 인간에게 고통을 강요한 역사이다. 인간이 이 고통으로부터 해방된 상태, 곧 벤야민이 꿈꾼 구원의 상태와 아도르노가 동경한, 세계와 인간이 화해에 도달한 상태는 역사상 현실이었던 적이 없다. 철학에서 개념과 논리를 통해 구원과 화해의 상태에 도달하는 가능성을 여러 관점에서 사유하고 제시하였을 뿐이다. 헤겔은 말년의 역사철학에서 세계와 인간이 화해에 도달한 상태가 프로이센 제국에서 실현되었다고 주장하였지만, 이는 사유가 체계적으로 구축한 관념 속의 화해에 지나지 않았다. 헤겔의 주장과는 반대로, 헤겔 사후에 진행된 세계는 인간에게 더욱더 많은 고통을 강요하였다. 1차 세계대전과 2차 세계대전은 헤겔이 주장한 화해가 세계의 진행과는 어떠한 접점도 형성할 수 없음을 명백하게 증명하였다. 세계의 진행은 구원·화해와 동떨어진 진행이다. 신화와 종교는 세계와 인간의 화해가 실제로 실현되었다고 주장하였고, 종교의 역사는 구원이 현실이 되었음을 반복적으로 설교하는 역사였다. 이 역사는 동일한 형식으로 지금도 여전히 진행 중이다.

신화와 종교가 말하는 화해와 구원은 거짓이고 기만이다. 자연의 위력에 완전하게 종속된 채 자연에 대한 공포에 벌벌 떨었던

---

4. 이 개념에 대해서는 영화들에 대한 해석에서 여러 차례 논의할 것이다.

인간에게 신神들의 이야기를 구어적으로 들려주면서 이 이야기에 복종하면 인간이 자연의 공포로부터 해방될 수 있다고 가르치는 교설이 신화이다. 그러나 신화는 인간의 사고, 행위, 행동, 노동을 통해 이루어지는 실제적인 삶을 명령·법·규칙·기율로서 기능하는 신들의 이야기에 종속시킴으로써 인간을 신화에 강제적으로 속박하였을 뿐 세계가 인간에게 강요하는 고통으로부터 인간을 해방시키는 역할을 행하지 않았다. 절대적인 존재로서의 신을 설정한 후 문자로 된 경전과 의식을 통해 인간으로 하여금 신을 찬양하고 신을 믿도록 하는 사회제도인 종교는 신앙생활에의 충실함이 인간을 불안과 고통으로부터 구원한다는 교리를 인간에게 반복적으로 주입하였다. 그러나 종교의 소망대로 인간이 구원된 적은 없었다. 오히려 종교는, 서구 중세의 종교적으로 닫힌 총체성의 세계가 1,000여 년에 걸쳐 인간에게 갖은 종류의 폭력을 자행한 역사에서 드러나듯이, 구원을 빌미로 해서 인간을 지배하는 사회제도이다. 세계의 작동에서 경제가 절대적인 비중을 차지하는 오늘날의 세계 상황에서 일부 교회가 거대 자본을 형성하는 일탈을 보면, 종교가 표방하는 구원이 거짓임이 드러난다고 볼 수 있다. 종파에 지나지 않는 특정 집단이 종교를 표방하면서 세계적으로 지배력을 확대하고 이를 근거로 거대 자본을 형성하며 더 나아가 경제·언론권력으로서 사회가 인간을 지배하는 메커니즘의 한 축이 되는 것은 종교의 본질로부터 멀어진 것이다. 따라서 포이어바흐와 마르크스의 종교 비판, 특히 니체의 기독교 비판은 기만 체계로서의 종교의 본질을 적확하게 파악한 것이다.

세계가 진행된 역사는 세계가 인간에게 자행한 폭력의 역사이고, 따라서 슬픈 역사이다. 아도르노는 『미니마 모랄리아』에서 "슬픈 학문"이라는 표현을 사용하였다. 이는 슬픈 역사로서의 세계의 진행에 학문이 부역한 것을 비판하는 함의를 담은 슬픈 표현이다. 세계가 진행되어온 역사는 세계와 사회에 강제적으로 편입되어 부자유한 노동을 강제적으로 실행하는 짐을 떠맡으면서도 지배 권력에 의해 파편화된 삶을 살아가는 절대다수의 무력한 개별 인간들이 흘린 피, 눈물, 그들이 당한 고통, 그들에게 강요된 죽음의 역사이다. 이처럼 슬픈 역사에서 주술, 신화, 정치, 군사, 법, 학문, 종교, 경제, 이데올로기가 – 때로는 이념들로, 때로는 개념과 논리의 체계들로 출현하면서 – 결합하여 구축된 지배 체계 아래에서의 인간의 삶은 그것 자체로 고통이었다. "삶이 살고 있지 않다"라는 아도르노의 절규는 이처럼 고통스러운 삶을 고발하는 절규이다.

『벤야민–아도르노와 함께 보는 영화』의 공동 저자들이 해석한 영화들에는 앞에서 말한 피, 눈물, 고통, 죽음이 영상 매체 안에 형상화되어 있다. 영상은 예술작품의 내용(실)Gehalt을 매개하는 지각 수단을 감각에서 시각과 청각으로 확대한 매체이다.[5] 영

---

5. 연극과 오페라도 시각과 청각을 통해 작품의 내용(실)을 매개하는 성격을 갖고 있으나, 관람하려면 극장에 가야 한다는 점에서, 그리고 배우들이 매번 공연을 해야 한다는 점에서 영화와는 구분된다. 따라서 영화가 대중을 계몽시킬 수 있는 긍정적인 기능을 갖는 경우에, 영화의 계몽 능력은 연극과 비교할 수 없다.

상 매체의 이러한 가능성은, 영상 매체가 상업적·오락적·산업적 이해관계를 충족하는 중심적인 기능에서 벗어나 순수한 예술작품의 형상화에 긍정적으로 기여한다면, 시각에 의존하는 문학이나 회화, 청각에 의존하는 음악과는 비교할 수 없을 정도로 대중에게 세계의 고통사를 인식시키는 능력을 발휘할 수 있다. 예술작품은 폭력의 역사이자 슬픈 역사인 세계의 역사가 저지르는 죄를 형상에 퇴적시킴으로써 죄를 인식하게 하고 죄를 비판할 뿐만 아니라 이러한 죄가 저질러지지 않는 세계를, 곧 인간과 세계가 화해에 도달한 세계를 동경한다. 이것은 예술의 세계 인식·해명·비판·변혁의 능력을 뚜렷하게 보여준다. 이 책이 고찰한 다섯 편의 영화는 물론 형상화의 수준에서는 서로 질적인 차이를 드러내지만 영상 매체로서의 영화가 갖는 장점이 최대한 발휘된 작품들이다. 예술이 성취하는 능력은 이를테면 충격적이며 추하고 혐오감을 불러일으키는 이미지를 영상 안에 담는 것이다. 이 영상들은 슬프고 추한 세계를 증언한다. 이 증언에는 세계가 변혁되기를 바라는 소망과 동경이 함께 들어 있다. 이데올로기 대립으로 개별 인간의 삶이 폐기되지 않는 세계에 대한 소망, 폭력으로서 기능하는 국가권력에 의해 개별 인간의 삶이 파편화되지 않고 죽음에 이르게 되지 않는 세계에 대한 동경, 제국주의·군국주의와 같은 광기와 폭력의 총체적인 체계가 세계에서 더 이상 출현하지 않아야 한다는 소망이 들어 있는 것이다.

아도르노는 『부정 변증법』에서 헤겔의 세계정신을 반박하면서 세계정신을 재앙으로 정의한다. "세계정신을 정의하는 것은 가치 있는 것이다. 세계정신을 정의해 볼 수 있다면, 그것은 항구적인 재앙으로서 정의될 수 있을 법하다."[6] 이렇게 보면, 특히 헤겔의 역사철학은, 벤야민이 통찰하듯이 세계가 인간에게 고통을 강요한 역사가 세계의 역사의 참모습임에도 불구하고, 세계의 역사를 세계정신이 자유의 실현을 위해 진보한 역사라고 치장하고 더 나아가기만 하는 사유 체계라고 볼 수 있다. 예술은, 철학처럼 개념을 사용하지도 못하고 논리를 구사하지도 못하며 체계를 구축할 능력이 전혀 없음에도 불구하고, 이러한 사유 체계에 철퇴를 가하면서 세계가 진행된 역사는 아도르노가 말한 항구적인 재앙의 역사라고 말한다. 따라서 아도르노가 음악, 문학, 회화, 조형 예술 등의 장르를 가로지르며 중요한 의미를 갖는 위대한 예술작품들에 몰입하고 천착한 것은 항구적인 재앙의 역사로서의 세계가 진행된 역사를 예술작품들을 통해 인식하고 이런 토대 위에서 그가 꿈꾸는 화해의 실현 가능성에 대해 사유하기 위해서였다.

항구적인 재앙의 역사에 대한 예술의 증언은 특히 20세기에 들어서서 급진적으로 되었고 과격해졌다. 1차 세계대전과 2차 세계대전이 증명하듯이, 세계가 인간에게 강요하는 고통의 외연이 더욱 넓어지고 고통의 강도가 더욱 증대되었기 때문이다. 이러한 변증법을 충격, 추함, 괴기함(그로테스크), 병적 혐오감, 부조리, 말

---

6. Theodor W. Adorno, *Negative Dialektik, 3. Aufl.*, p. 314.

문이 막힘 등의 표현기법을 통해 작품을 수수께끼처럼 형상화함으로써 증언하는 대표적인 예술가가 카프카와 베케트이다. 카프카, 베케트, 조이스, 프루스트 같은 예술가들은 20세기의 역사가 세계가 인간에게 고통을 강요한 정도에서 가장 극단적인 폭력을 자행한 역사임을 예술작품들을 통해서 증언하였다. 공동 저자들이 해석을 시도한 다섯 편의 영화도 충격, 추함, 괴기함(그로테스크), 병적 혐오감, 부조리[7] 등의 표현기법을 구사하고 있다. 이렇게 함으로써 이 영화들은 동아시아 지역에서 20세기 이후에 전개된 세계의 역사가 항구적인 재앙의 역사라고 말하고 있다. 이 영화들은 충격적이고 추한 형상들을 영상에 담고 있으며, 물론 질적 차이는 있지만 수수께끼적인 성격을 보이면서 20세기 동아시아에서 진행된 세계의 역사가 세계의 고통사임을 증언하고 있다. 세계가 인간에게 강요한 고통을 말하지 않고는 견딜 수 없는 충동인 미메시스적 충동[8]이 다섯 편의 영화 안에서 추하고 충격적이며 괴기스러운 영상들로 형상화되고 결정結晶됨으로써, 다섯 편의 영화는

---

7. 다섯 편의 영화에 이러한 표현기법 중의 일부 또는 대다수가 들어있음을 분석할 수도 있을 것이다. 다섯 편의 영화에 충격과 추함은 공통으로 내재하여 있다. 그러나 이러한 분석은 이 글의 목적이 아니다. 예컨대 〈복수는 나의 것〉에서는 부조리가 명백하게 확인된다. 영화의 주인공이 아무런 인과관계가 없이 연쇄살인을 저지르고도 전혀 반성하지 않는 태도에서 부조리가 드러난다. 또한 이 영화의 연쇄살인 장면들에서는 괴기함(그로테스크)이 특징적이다.

8. 이 개념은 아도르노 미학·예술이론에서 핵심적인 위치를 점한다. 미메시스적 충동은 예술작품들을 출현하게 하는 근본적인 동력이기 때문이다.

비극적인 역사를 증언대에 세워 심판하고 있는 것이다.

형상 언어에 불과한 예술의 언어가 이렇게 말을 할 수 있다는 것은 예술의 세계 인식·해명·비판·변혁 능력의 토대가 된다. 그러나 예술은 철학이 개념, 논리, 체계를 사용하여 통용성에의 요구 제기Geltungsanspruch를 하는 것과 같은 방식의 능력을 갖추고 있지 못하다. 더 정확하게 말하면, 예술은 통용성에의 요구 제기를 하지 않는다. 다만 인간 앞에 출현할 뿐이다. 출현하지 않고는 견딜 수 없기 때문에 출현하는 것이다. 개념, 논리, 체계를 구사하지 못하는 예술이 그럼에도 예술적 세계 인식·해명·비판·변혁 능력을 보일 수 있는 것은, 예술이 아도르노가 말하는 "규정된 부정"을 성취할 수 있기 때문이다. 단적으로 말해서, 예술이 앞에서 말한 능력을 가질 수 있는 원동력은 예술적 부정성Negativität이다. 다섯 편의 영화에서 예술적 부정성은, 물론 성취된 수준에서 차이를 보이지만, 공통분모로서 기능한다. 다섯 편의 영화는 20세기 동아시아 역사가 그릇되게 흘러왔다고 고발하면서 잘못된 역사를 부정하고 있다. 이 부정은 역사가 올바른 방향으로 갈 때까지 그 효력을 발휘한다. 항구적인 부정인 것이다.

예술이 세계 인식·해명·비판·변혁 능력을 갖는다는 것은 예술이 세계를 인식할 능력을 갖고 있음을 일차적으로 전제한다. 이러한 전제는 설득력 있는 개념들을 통해 논리로 구성되었을 때 마침내 통용될 수 있을 것이다. 이러한 개념들을 정초하고 이것들에 토대를 두어 전적으로 새로운 예술철학, 예술이론, 철학적 문예학을 탄생시킨 이론가가 바로 발터 벤야민이다. 그는 아리스토텔레스의 시학에 2천여 년이나 갇혀 있었던 서구의 예술철학·예술이론·문학이론을 코페르니쿠스적으로 전복시킨 이론가이다.

이러한 전복의 근원에 놓여 있는 개념이 알레고리이며, 알레고리가 성취하는 인식이 바로 예술적 인식이다. 예술도 철학처럼 ─ 서구 사상에서 인식을 성취하는 것은 철학의 전유물이었다 ─ 인식을 성취할 수 있다는, 전적으로 새로운 인식을 벤야민이 내놓은 것이다. 예술적 인식이라는 새로운 개념은, 전적으로 예술에 대한 벤야민의 사유의 산물이다. 서구의 미학·예술이론·문학이론·음악이론의 역사에서 최고의 경지에 올라선 아도르노의 이론도 벤야민의 이론에 토대를 두고 있다는 점이 이론의 여지가 없음을 볼때, 벤야민이 성취한 학문적인 인식 진보는 코페르니쿠스적이며 독보적이라고 할 수 있다. 벤야민의 이러한 공로에 힘입어 인류는 예술이 세계의 진행과 등치 관계에 놓여 있고 이렇게 해서 세계에 대한 인식을 성취한다는, 예술의 본질을 적확하게 꿰뚫는 인식 진보를 공유할 수 있게 되었다. 예술의 역사는 세계가 진행된 역사이다. 세계가 진행된 역사가 부정적이기 때문에 예술도 필연적으로 부정적인 성격을 갖지 않을 수 없다. 예술의 역사는 세계가 부정적으로 진행되었음을 증언하는 역사이다. 예술과 역사의 이러한 변증법적 관계에서 아도르노는 예술을 "무의식적인 역사 서술"이라고 규정하였으며, 이 개념은 아도르노 미학·예술이론에서 핵심적인 비중을 차지한다.

『독일 비애극의 원천』에서 벤야민은 바로크 시대에 독일에서 출현했던 독일 바로크 비애극[9]에는 30년 전쟁이 인간에게 강요한 고통이 퇴적되어 있음을 통찰하였다. 30년 전쟁은 1618년부터 1648년까지 지속된 특별할 정도로 잔혹한 참극이었다. 그는 독일 바로크 비애극과 '세계가 인간에게 강요한 고통'이 서로 등치 관계에 놓여 있음을 인식했고, 독일 바로크 비애극의 본질을 관통하는 표현 형식이 알레고리임을 통찰하였던 것이다. 따라서 알레고리는 세계의 고통사, 곧 세계가 인간에게 강요한 고통의 역사를 예술작품에 그림과 같은 언어로서, 다시 말해 형상 언어로서 형상화해 놓은 — 예술작품에 특유한 — 언어이다. 알레고리는 형상 언어로서의 언어이며, 수수께끼적인 성격을 가진 형상을 통해 세계의 고통사에 대해 말해 주는 언어이다.

알레고리 개념의 학문적 정초를 위해 벤야민이 기울인 노력은 그가 다른 저작들을 집필하기 위해 투입한 노력과는 비교할 수 없을 정도로 강력하였다. 벤야민과 같은 세기의 천재가 1916년부터 1925년까지 무려 9년 동안 독일 바로크 비애극들뿐만 아니라 고대 그리스에서 현대에 이르는 여타의 많은 문학 작품, 여러 학문

---

9. 아리스토텔레스가 정초한 서구의 미학은 문학을 서정시, 희곡(비극과 희극), 서사시 등 세 개의 장르로 분류한다. 벤야민이 정초한 개념인 비애극은 아리스토텔레스가 말하는 비극과는 다르며, 비애극을 특징짓는 결정적으로 중요한 요소는 알레고리다. 물론 벤야민은 비극에서도 알레고리를 해석해 내고 있다. 그러나 비극은 아리스토텔레스가 분류한 형식에 맞춰 창조되었다는 점에서 세계와 등치 관계인 알레고리를 충분하게 실현하는 장르가 될 수는 없다.

영역에 걸쳐 있는 수많은 문헌을 분석하고 자신의 독창적인 사유를 투입하여 세상에 나오게 된 책이 바로 『독일 비애극의 원천』[10]이다. 이 사실만 보아도 알레고리 개념이 그의 예술철학, 예술이론, 문학이론, 철학적 문예학, 더 나아가 그의 사상에서 차지하는 결정적으로 중요한 비중을 알 수 있다.

『독일 비애극의 원천』은 세 개의 장으로 구성되어 있다. 1장은 세계 학계에 오늘날에도 여전히 학문적인 자극을 끊임없이 불러일으키는 잠재력Anregungspotential을 지닌 「인식비판적 서문」이다. 나는 이 글이 기원전 5세기부터 서구 사상을 지배해 온 플라톤의 이원론을 ─ 플라톤의 이원론은 결코 이념으로만 머물러 있지 않았다. 그의 이원론은 기독교[11]와 함께 서구에서 전개된 경험세계가 구축되는 데 근원이 되는 원리이다 ─ 원리적으로 해체시킴으로써 플라톤이 구축한 세계, 곧 인식에서 일반적인 것에 절대적인 우위를 부여함으로써 구축한 세계가 아닌 전적으로 다른 새로운 세계를 인

---

10. 『독일 비애극의 원천』은 벤야민이 교수 자격을 얻기 위해 집필한 저작이다. 그러나 이 저작은 심사를 통과하지 못하고 거부되었다. 심사했던 교수가 벤야민이 펼치는 새로운 사유를 이해하지 못했기 때문이다. 이 책은 오랫동안 연구되지 않은 채로 남아 있었으며, 1980년대 이후 연구 성과가 나오고 있지만 아직도 비의적(秘義的)인 성격이 충분히 규명되고 있지 않다. 이 책이 매개하는 인식의 영역이 매우 넓고 인식의 층이 매우 깊기 때문이다.

11. 니체는 기독교를 민중을 위한 플라톤주의로 보았는바, 이는 매우 설득력이 있는 통찰이다. 기독교와 플라톤주의의 결합은 서구인의 삶을 실제적으로 지배하는 데 그치지 않았고, 양자에 토대를 둔 서구 근대 문명과 문화가 서구 제국주의를 통해 범지구적으로 지배력을 확산시킴으로써 인류 전체의 삶에 영향을 미쳤다. 그리고 이는 오늘날에도 지속되고 있다.

류에게 열어 보였다고 이해하고 있다. 벤야민이 열어젖힌 세계에서는 일반적인 것이 절대적인 지배력을 행사하지 않고 개별적인 것, 특별한 것, 구체적인 것이 그것들의 존재 가치와 위치 가치를 인정받는다. 그와 동시에 이것들이 구성하는 전체와의 관계에서는 이것들과 전체가 비폭력적으로 함께 존재하게 된다. 벤야민은 이러한 상태가 실현되는 것을 구원으로 보았고, 아도르노는 화해로 이해하였다. 나는 벤야민이 「인식비판적 서문」에서 보여준 전적으로 새로운 사유가 거대한 사상으로 확대·심화된 결과가 바로 아도르노의 사상이라고 보고 있다.

「인식비판적 서문」에서 벤야민이 제시한 구원의 가능성은 예술의 역사에서 분명하게 확인된다. 개별적인 것, 특별한 것, 구체적인 것의 구원 가능성을 세계 진행의 역사에서 끊임없이 보여 주면서 출현하는 것들이 바로 예술작품이기 때문이다. 예술작품들은 개념과 논리를 사용하는 논증으로써 인식을 제공하는 능력을 발휘하는 방식으로 구원의 가능성을 보여주지는 못한다. 그럼에도 예술작품들은 이러한 형식의 인식 제공 능력과는 전적으로 상이한 차원에서 인식을 제공할 능력을 갖추고 있다. 이 능력은 벤야민이 꿰뚫어 본 알레고리로부터 발원한다. 예술작품은 지배 이념이나 이데올로기로 기능하는 일반적인 것들이 — 그것들이 플라톤의 이원론, 기독교 교리처럼 장기적인 역할을 수행하는 것이든 자본주의, 자유 민주주의, 사회주의, 파시즘, 경제성장 이데올로기처럼 중단기적 역할을 맡는 것이든 관계없이 — 각기 개별적인 존재자, 특별한 존재자, 구체적인 존재자여야 하는 개별 인간들을 일방적으로 관리·지배·폐기해 온 역사, 곧 세계가 인간에게 고통을 강요한 역사를 증언한다. 이러한 증언의 표현 형식이자 언어가 알레고리다. 예를 들어 카프카의 『변신』은 세계의 작동에서 일반적인 것으로 기능하는 자본주의, 더 세밀하게 살펴보면 자본주의에서 일반적인 것으로 기능하는 사물화가 개별 인간을 관리·지배·폐기시키는 것을 형상화한 알레고리이다. 이러한 형상화를 통해 『변신』은 개별적이고 특별하며 구체적인 존재자들의 구원 가능성을 함의하고 있다. 이 함의는 오늘날 인공지능 시대에도 적용이 가능하다.[12]

공동 저자들이 해석을 시도한 다섯 편의 영화는 이데올로기에 근거한 국가 폭력의 메커니즘으로서의 질서(자유 민주주의[13], 사회주의, 공산주의, 제국주의·군국주의)가 절대적으로 일반적인 것으로 고착됨으로써 개별적이고 특별하며 구체적으로 존재해야

---

12. 이에 대해서는 뒤에서 살펴볼 것이다.
13. 1980년 5월 군대를 투입하여 광주민주화운동을 유혈 진압한 신군부와 이에 동조하는 세력이 내건 이념은 자유 민주주의였다. 자유 민주주의를 수호하기 위해 사회주의·공산주의에 오염된 폭도들을 소탕해야 한다는 것이었다. 자유 민주주의가 국가·사회 질서를 수호하는 이념으로 기능하면서 수많은 개별적이고 특별하며 구체적인 존재자인 개별 인간들을 희생시킨 사태가 바로 5·18 광주민주화운동이었다. 천안문 민주화 운동에서는 앞에서 말한 논리와는 반대되는 논리가 작동하였다고 볼 수 있다. 사회주의·공산주의의 이념을 지키기 위해 반동사상인 자유 민주주의에 물든 불순분자들이 척결되어야 한다는 논리가 유혈사태를 불러왔다.

하는 존재자들에게 폭력을 자행하는 이념으로 기능하고 있음을 관객들에게 일차적으로 알려준다. 나아가 이 영화들은 영화에 등장하는 개별 인간들이 이러한 이념에 의해 일방적으로 희생당하는 고통의 담지자임을 충격적이고 추하며 괴기스러운 형상에 담아 그려냄으로써 이념이 자행하는 폭력이 없는 사회에 대해 성찰하는 모멘트를 관객에게 제공하고 있다.

「비애극과 비극」이라는 제목이 붙어 있는, 『독일 비애극의 원천』의 2장에는 역사와 예술의 관계에 대한 벤야민 특유의 전적으로 새롭고 심원하며 비의적인 분석과 해석, 그리고 통찰이 들어 있다. 이 글은 한편으로는 세계의 진행과 관련된 중요한 개념들, 예컨대 신, 신화, 데몬, 사탄, 종교, 철학, 신학, 권력, 왕권, 통치권, 절대 군주, 예외 상태[14], 폭군, 순교자, 궁신, 에토스, 전설, 법, 운명, 죄, 멜랑콜리, 죽음, 유령, 사투르누스 등의 개념에 대한 현미경적인 탐구와 이에 근거한 해석 및 통찰을 매개한다. 이와 동시에 다른 한편으로, 이 글에는 세계의 진행과 등치 관계를 이루면서 진행되는 예술과 관련된 개념들, 예를 들어 비애극의 내용으로서의 역사, 비극, 비애극, 바로크 드라마, 헤롯 드라마, 아리스토텔레스의 시학, 니체의 비극 이론, 질풍노도, 고전주의, 운명비극, 소도구, 무대, 의미 형상들 등에 대한 전적으로 새로운 해석이 퇴적되

---

14. 예외 상태에 대한 벤야민의 유명한 사유는 「통치권의 이론」이라는 제목의 글에서 이루어지고 있다.

어 있다.「비애극과 비극」은 세계의 진행과 예술의 역사 사이의 관계를 총체적이고도 근원적이며 심원하게 인식할 수 있게 해주는 인식의 보고寶庫이다. 이 보고는,「인식비판적 서문」이 그렇듯이, 고갈되지 않은 채 지금 이 시각에도 빛을 발하면서 인류에게 새로운 깨우침을 지속적으로 매개하고 있다.

「비애극과 비극」에서 벤야민은 큰 틀에서 보면 예술과 세계의 진행과의 관계를, 더 세부적으로는 예술과 사회·지배·권력·신화·종교·법·전설·에토스의 관계를 역사철학적·신학적·인식론적·권력이론적·지배이론적 차원에서 분석하고 해석하며 이를 비극, 비애극, 바로크 드라마, 희극, 운명드라마, 질풍노도와 고전주의의 드라마와 관련지어 고찰한다. 이렇게 함으로써 그는 예술에 세계의 고통사가 퇴적되어 있다는 인식을, 서구의 예술철학·예술이론·미학의 역사에서 어떤 사상가도, 어떤 이론가도 해내지 못했던 인식을 코페르니쿠스적으로 성취한다. 벤야민이 역사, 사회, 신화, 종교, 권력, 지배, 운명, 멜랑콜리, 비극, 비애극, 희극, 예술철학·예술이론·미학, 예술 사조 등에 대해 이처럼 방대하고도 심원한 탐구를 통해 성취한 인식에 토대를 두고『독일 비애극의 원천』의 3장에서 정초한 이론이 바로 알레고리 이론이다. 알레고리는 세계이다. 알레고리는 슬픈 역사를 가진 세계이다. 세계가 인간에게 강요한 고통과 비애를 역사적으로 퇴적시켜 놓은 형상이 바로 알레고리이다.

알레고리는 세계의 진행에 필연적으로 내재하는 고통과 슬픔을 수수께끼와 같은 형상에 담고 있는 암호 표지暗號 標識 15로서 출현한다. 카프카의 『변신』, 『심판』, 『성』, 베케트의 『고도를 기다리며』, 『종막극』은 모두 암호 표지이다. 암호 표지인 알레고리에는 세계의 고통사, 폐허, 영혼을 탈취당한 인간들의 모습, 파편화된 인간들의 모습16이 수수께끼적인 형상으로 결정結晶되어 있다. 벤야민은 이러한 인식을 성취하기 위해, 앞에서 살펴본 것처럼 『독일 비애극의 원천』의 2장에서 세계의 진행과 예술의 관계에 대한 방대하면서도 현미경적이며 심원한 분석과 해석을 실행한 것이다. 세계가 진행된 역사와 등치 관계를 형성하면서 이 역사를 근원적으로 퇴적시켜 놓은 알레고리는 세계의 본질이란 무엇인가를 인식할 수 있게 하고, 수수께끼와 같은 세계를 해명할 수 있게 하며, 세계의 진행에 들어 있는 부정성을 비판할 수 있게 한다. 나아가 알레고리는 세계의 부정성은 변혁되어야 한다는 당위성을, 개념과 논리를 통한 설득력은 담보할 수 없음에도 불구하고, 이러한 설득력을 넘어서는 차원에서 인간의 의식에 매개할 수 있는 능력을 갖추고 있다. 이것이 알레고리가 가진 계몽 능력이다.

사람들이 알레고리를 파고들면 들수록, 알레고리는 세계의 진행에 필연적으로 내재하는 고통과 비애에 대해 끊임없이 의미를

---

15. 아도르노가 이 개념을 정초하였다.
16. 벤야민은 이에 대해서 『독일 비애극의 원천』의 3장 「알레고리와 비애극」에서 서술한다.

매개하며, 세계가 진행되는 상태에 따라 새로운 의미를 매개한다. 성공한 알레고리의 의미 매개 능력은 결코 쇠진되지 않는다. 20세기에 출현한 가장 뛰어난 알레고리에 해당하는 카프카의 『변신』은 조직이 개별 인간에게 강요하는 고통, 사물화에 의해 영혼을 탈취당한 개별 인간들의 삶, 개별 인간들의 파편화된 삶에 대해 오늘날까지 끊임없이 의미를 매개해 왔다. 이는 이 작품에 대한 세계 학계의 연구가 끊임없이 지속되어 왔다는 사실만 보더라도 쉽게 입증된다.

이러한 의미 매개 능력은 오늘날의 인공지능 시대에도 쇠진되지 않고 지속적으로 발휘된다. 『변신』은 개별 인간의 삶이 영혼을 탈취당하고 사물화에 의해 파편화에 이르는 상태에 대해 인공지능 시대에도 새로운 의미를 매개할 수 있는 잠재력이 있다. 작품의 주인공인 그레고르 잠자는 인공지능 시대에는 프레카리아트Precariat로서 그 모습을 드러내고 있다. 플랫폼에서 연결되어 노동하면서도 안정된 고용도 없고 단체 교섭권도 없는 상태에서 단기간 일하다가 그만두는 일회용 노동자이자 불안정한 프롤레타리아인 프레카리아트를 선취한 노동자가 바로 그레고르 잠자라는 해석이 가능하다. 수수께끼인 『변신』은 인공지능이 그것의 지배력을 강화하는 세계에 대한 인식과 해명 능력, 이러한 세계의 진행을 비판적으로 성찰할 수 있는 능력을 제공한다. 수많은 무력한 개별 인간이 프레카리아트로 전락하는 고통과 슬픔에 대해 인식·해명·비판할 수 있는 모멘트를 이 시대를 살아가는 사람들에게 제공할 수 있기 때문이다. 더 나아가 이 작품은 인공지능 시대가 인간에게 강요하는 고통은 중지되어야 하며 인공지능 시대의 부정적인 세계는 인간에게 고통을 주지 않는 세계로 변혁되어야 한다는 의미를 형성할 능력까지 갖추고 있다.

수수께끼의 힘은 이처럼 위대하다. 예술의 영역에서 알레고리로 성공한 수수께끼가 많으면 많을수록, 세계의 부정성否定性, Negativität은 줄어들 것이며, 세계의 진행에 필연적으로 내재하는 고통과 비애도 경감될 것이다. 공동 저자들이 이 책에서 해석을 시도한 다섯 편의 영화도 알레고리로 성공한 수수께끼에 해당한다. 특히 〈고령가 소년 살인사건〉과 〈복수는 나의 것〉은 작품 자체가 거의 완벽한 수수께끼이다. 이러한 작품들이, 많은 부분 오락과 이윤추구의 도구로 전락하여 더욱 좋은 세계를 꿈꾸는 인류에게 슬픔을 안겨 주고 있는 영화의 영역에서 많이 출현하면 할수록, 영화도 세계의 부정성 극복에 크게 기여할 수 있을 것이다. 바로 이 점이 공동 저자들로 하여금 벤야민과 아도르노의 사상을 통해 다섯 편의 영화에 대한 해석을 시도하게 만든 원동력이다.

예술의 본질과 능력에 대한 벤야민과 아도르노의 다층적 · 다의적 · 다차원적 사유

세계의 본질은 질서가 아니다. 세계는 신화, 법, 철학, 종교, 권력, 이데올로기, 체제긍정적인 문화, 그리고 19세기 서유럽에서 태동한 사회학의 전통에서 지배력을 갖고 있는 학문적인 흐름[17]이 세계의 본질이라고 애써서 주장하고 강조하는 질서가 아니다. 세계의 본질은 무질서이다. 세계의 본질은 혼돈이다. 무질서와 혼돈이 질서의 이름을 달고 움직이는 것이 세계이다.

세계의 본질은 플라톤 이래 서구 사상의 주류가 주장하듯이 이성적·합리적이지 않다. 오히려 비이성적이고 비합리적인 측면을 더욱 많이 갖고 있다. 세계는 화음보다는 불협화음이며, 균형이 잡혀 있기보다는 괴리되어 있고, 안정적이지 않고 불안정하며, 단순하지 않고 복합적이고, 단면적이기보다는 다면적이며, 논리 정연하게 작동하지 않고 모순에 가득 찬 상태에서 움직이며, 진보의 과정이라기보다는 진보와 퇴행이 착종관계를 형성하면서 무엇이 진보인지를 파악하게 어렵게 만드는 과정이고, 가시적이기보다는 비가시적이며, 노출되어 있기보다는 은폐되어 있다. 노출되어 가시적으로 된 세계는 세계의 참모습이 아니다.

예컨대 자본주의가 수요와 공급의 법칙에 의해 작동하는 시장경제에 기반을 둔 경제질서라고 말하고 이 질서가 가시적이라고 주장하는 것은 자본주의의 본질로부터 멀리 벗어나 있다. 자본주의의 본질은 질서와 이른바 시장경제의 법칙으로부터 멀리 떨어져 있으며, 무질서, 약탈, 약육강식에 가깝다. 세계가 수수께끼인 것처

---

17. 실증주의적 사회학이 이 흐름을 대표한다고 볼 수 있을 것이다.

럼 자본주의도 수수께끼이다. 2008년 세계 금융위기는 수수께끼인 세계가 잠깐 그 모습을 드러냈다가 순식간에 다시 수수께끼로 돌아간 사태이다. 세계는 수수께끼에 몸을 감추어 작동하다가 때때로 전쟁이나 학살로 그 모습을 일부 노출시킨다. 세계가 그 모습을 특별할 정도로 적나라하게 드러낸 사태가 1차 세계대전, 2차 세계대전과 같은 사태들이다. 이러한 사태들이 세계의 본질을 적확하게 설명하는 사태들일 개연성도 높다. 그러나 이러한 사태들이 작동하는 것의 배후에는 또 다른 수수께끼가 들어 있다.

예술은 세계의 – 암호처럼 풀리지 않는 수수께끼적인 – 성격을 꿰뚫어 볼 수 있는 능력의 측면에서 철학보다 우위에 있다고 말할 수 있다. 수수께끼를 해명하기 위해 예술이 취할 수 있는 유일한 방법은 예술 스스로 수수께끼가 되는 것이다. 따라서 벤야민이 보기에 예술작품은 필연적으로 알레고리로서 출현할 수밖에 없다. 벤야민은 수수께끼적인 언어인 알레고리가 서구 근대에서 특히 독일 바로크 비애극에서 갑자기 출현한 형식이 아니라는 점을 규명한다. 벤야민은 이를 위해 카알 길로의 연구를 파고든다. 벤야민에 따르면, 알레고리에 대한 학문적 인식에서 길로의 공은 지대하다. 길로는 알레고리 형식이 수수께끼적인 성격을 가진 고대 이집트의 상형문자에서 기원한다는 점을 규명하였고, 레온 바티스타 알베르티가 중심이 되어 활동했던 15세기 인문주의 학자들이 상형문자를 해독하려고 노력하면서 상징도상학을 발생시켰음을 밝혀냈기 때문이다. 이들 인문주의자는 "철자들 대신 사물 형상들rebus을 사용하여 글을 쓰기 시작하였고, 그 결과 수수께끼적인 상형문자들의 토대 위에서 수수께끼 그림Rebus이라는 낱말이 발생하였으며, 르네상스 시대의 메달, 기둥, 개선문 등, 모든 가능한 예술적 대상들이 그러한 수수께끼 문자들로 채워졌다."[18] 벤야민의 시각은 물론 근대 알레고리의 원천을 인식하는 데 도움을 주는 길로의 연구에 머물러 있지 않다. 벤야민은 바로크의 알레고리가 "신비주의적-자연사적 의미"에서 고대로 되돌아간다는 점, 그리고 이는 길로가 주목한 이집트적인 고대이기도 하지만 그리스적인 고대이기도 하다는 점을 루도비코 다 펠트레와 빙켈만을 통해 규명한다.[19] 벤야민은 알레고리는 서구 근대의 바로크 시대에서만 세계의 진행과 등치 관계를 이루는 것이 아니며 고대 이래 등치 관계에 놓여 있었음을 밝힌 것이다.

아도르노가 볼 때, 예술작품은 세계를 구축한 인간을 불의의 연관관계와 고통의 늪에 빠트리는 수수께끼와 같은 세계를 표현하지 않고는 견딜 수 없는 충동인 미메시스적 충동이 수수께끼적인 형상을 통해 결정結晶된 것이다. 아도르노는 벤야민의 알레고리 개념보다 더 확대된 개념인 미메시스와 막스 베버의 세계의 탈주술화 테제로부터 받아들인 합리성의 변증법을 통해 이러한 주장의 근거를 세운다.[20] 미메시스와 합리성의 변증법은 그에게 예술

---

18. 이 인용문은 벤야민이 인용한 길로의 글이다. Walter Benjamin, *Ursprung des deutschen Trauerspiels*, pp. 345~346.
19. 같은 책, p. 347.

의 운동법칙이다. 이 변증법이 창출한 수수께끼적인 형상의 정점에 베케트의 작품들이 위치한다. 아도르노는 암호처럼 해독되기가 어려운 수수께끼인 베케트의 작품들이 수수께끼인 세계를 해명할 수 있다고 본 것이다.

예술작품이 갖고 있는 수수께끼적인 성격은 아도르노의 미학·예술이론에서 가장 핵심적인 개념 중의 하나이다. 그의 미학적·예술이론적 사유에서 이 개념이 차지하는 비중은 자연미Naturschönes에 대한 사유에서도 드러난다. 아도르노는 최후의 주저인 『미학 이론』에서 서구 미학·예술이론에서 중심적인 위치를 차지하는 개념 중 하나인 자연미 개념을 급진적으로 변환시킨다. 있는 그대로의 자연이 갖고 있는 숭고하고 아름다운 것을 지칭하는 자연미 개념이, 자연지배의 결과로 출현하는 자연에서의 미로 그 의미가 바뀌는 것이다. 문명의 과정을 자연지배의 변증법적 운동에 의한 타락의 과정으로 본 그의 시각에서 순수한 의미에서의 자연의 미[21]는 더 이상 존재하지 않는다. 자연미에는 문명이 저지른 죄와 이로 인해 인간이 받는 고통이 퇴적되어 있다. 따라서 자연미는 역사적으로 변증법적인 운동을 한다. 이렇게 함으로써 그는 자연미가 수수께끼적 성격을 갖고 있다는 충격적인 주장을 펼

---

20. 이에 대한 구체적인 내용은 다음을 참조하라. 문병호, 『아도르노의 사회 이론과 예술 이론』, 185~213쪽.
21. 이렇게 개념이 변형된 자연미는 더 이상 아름다운 것만을 의미하지 않는다. 이 개념에는 추한 것이 동시에 들어 있다.

친다. 그는 칸트와 헤겔의 자연미 개념을 거부하면서 자연미와 예술미가 서로 명백하게 구분될 수 없다는 점을 강조한다. 자연미와 예술미는 구분될 수 없으며, 서로 달라붙어 있다. 자연미에는 세계가 들어 있으며, 따라서 자연미는 이해할 수 없는 것으로서 지각되는 수수께끼이다.

수수께끼는 인간에게 질문을 던지며 수수께끼를 풀어 보라고 한다. "자연미는 강제하면서 구속력이 있는 것으로서 지각된다. 그리고 이와 똑같은 정도로, 이해할 수 없는 것으로서, 곧 자연미가 갖고 있는 수수께끼를 풀어내는 것을 질문을 던지면서 기다리고 있는 이해할 수 없는 것으로서 지각된다. … 자연미는 알레고리적인 의도와 함께 뿌리를 내려서 성장한다. 자연미는 이 의도를 해독하지 않은 채 알린다. 자연미는 의미들과 함께 성장한다. 의미들은 의도하는 언어에서 대상화되는 것처럼 그렇게 대상화되지 않는다. 이 의미들은 프리드리히 횔더린의 "하르트의 골짜기"에서처럼 철저하게 역사적인 본질이라고 보아도 될 것이다."[22]

공동 저자들이 해석을 시도한 다섯 편의 영화 중에서 〈고령가 소년 살인사건〉과 〈복수는 나의 것〉은 작품 자체가 완벽한 수수께끼이다. 이 영화들은 "수수께끼를 풀어내는 것을 질문을 던지면서 기다리고" 있으며, "이해할 수 없는 것"으로서 인간 앞에 출현한다. 이 영화들은 철저하게, 역사적인 본질의 의미들을 품고

---

22. Theodor W. Adorno, *Ästhetische Theorie, 5. Aufl.*, p. 111.

있다. 사람들이 이 영화들에 들어 있는 수수께끼를 푸는 시도를 하면 할수록, 이 영화가 매개하는 의미의 다층성·다면성·복합성을 ─ 역사적인 본질의 차원에서 ─ 더욱더 많이 해석해낼 수 있다.

수수께끼는 "어떤 사물이나 현상이 복잡하고 이상하게 얽혀 그 내막을 쉽게 알 수 없는 것"[23]이다. 따라서 수수께끼인 세계를 포착하고 해명함으로써 세계를 인식하려는 노력이 성취하는 결과는 수수께끼의 일부분만을 인식하는 결과로 귀착될 수밖에 없다. 서양 철학의 역사는 이성을 통해서 세계를 인식하려는 도정이었다. 그러나 계산하는 사유에 근거하는 이성을 앞세운 철학은 수수께끼의 일부분만을 해독하였을 뿐이다. 19세기 서구 사상에서 쇼펜하우어 이래로 비합리주의가 본격적으로 태동하였다는 사실, 니체가 서구 사상의 중심적인 전통에 대해 반란을 일으켰다는 사실은 이성 중심 철학의 한계를 여실히 보여준다. 세계는 플라톤과 그 후예들이 생각했던 것처럼 이성적이지 않다. 그렇다고 세계가 완전히 비이성적인 것은 아니다. 이성적인 것과 비이성적인 것이 혼돈에서 결합되어 있는 것이 세계라고 본다면, 이 시각도 역시 세계의 일부분만을 볼 수 있을 뿐이다.

세계에 대한 해석과 인식에서 이성을 기준으로 삼고 이성이 아닌 모든 것을 비이성으로 보는 시각 자체가 수수께끼인 세계를 해명하는 데 한계를 지닐 수밖에 없다. 서양 철학은 이성을 통해서

---

23. 표준국어대사전.

수수께끼인 세계를 해명하기 위해 세계에 접근하고 세계의 본질을 인식하였다고 주장했지만, 세계는 철학이 시도하는 접근로에 길을 많이 열어 주지 않았다. 세계를 개념과 논리를 통해 해명하려는 시도는 한계를 갖기 때문이다. 세계가 진행되면서 세계를 구성하는 요소들의 숫자가 늘어날수록, 그 요소들의 착종관계가 더욱 복합적으로 될수록 세계의 수수께끼적인 성격은 더욱 증대된다. 세계는 해명되기가 매우 어려운 미로迷路이다. 카프카의『성』은 세계가 미로임을 수수께끼적인 형상에 담아 인류에게 알려준 알레고리이다.

세계를 해명하고 해석하며 인식하려는 철학의 노력을 폄훼하거나 과소평가할 수는 없다. 다만 세계의 인식, 더 나아가 카를 마르크스가「포이어바흐 테제」 3번에서 주장한 세계의 변혁이 철학의 전유물이 될 수는 없다. 철학적 인식이 세계의 인식을 독점할 수 없으며, 세계의 변혁을 지향하는 철학적 사유가 세계 변혁의 역할을 모두 떠맡을 수도 없다. 예술도 세계를 인식할 수 있으며, 세계가 변혁되어야 한다는 당위성과 소망을 표현할 수 있다. 철학과 예술은 세계 인식, 세계 변혁에서 보완적인 관계에 놓여야 한다. 따라서 아도르노가 철학적 인식과 예술적 인식의 상호 보완을 특히 강조한 것은, 세계가 수수께끼적인 성격을 갖고 있다는 점에 주목하면 매우 타당하다.

플라톤 이래 전개된 서구 사상에서 근대 이래로 중심적인 비중을 차지하는 사상들, 예를 들어 데카르트 이후의 합리주의, 프랑스 백과전서파의 계몽주의, 영국의 경험주의, 합리주의와 경험주의를 통합한 칸트의 사상, 건축술적인 구축인 칸트 사상의 정적인 성격을 극복하고 세계를 정신의 변증법적 운동의 과정으로 파악한 헤겔 사상, 이성 중심의 사유를 거부한 쇼펜하우어의 비합리주의 사상, 세계의 인식과 해석에서 물질에 절대적인 비중을 부여하는 마르크스의 유물론, 플라톤주의와 기독교의 중심 가치들을 전복시키고 모든 가치의 변환을 요구한 니체의 사상, 후설의 현상학, 하이데거의 기초존재론 등과 벤야민과 아도르노의 사상을 결정적으로 구분 짓는 것은 두 사상가가 세계가 수수께끼임을 가장 근원적으로 통찰했다는 점에 있다.

서구 사상의 중심을 관통하는, 이성에 기반한 사유에는 수학적 정확성과 엄밀함이 근원으로 놓여 있는바, 바로 이 점이 철학이 성취한 세계 인식의 한계를 입증하는 요소이기도 하다. 세계는 수학적 공리나 정리가 일반적으로 통용될 수 있는 성격을 갖고 있기보다는, 수수께끼적인 성격을 더욱 많이 갖고 있기 때문이다. 세계의 수수께끼적인 성격에 가장 넓고 깊게 접근한 책은 바로 벤야민의『독일 비애극의 원천』이다.[24] 벤야민 연구자들과 벤야민 사상에 관심이 많은 사람들은 이 책의 첫 번째 특징을 비의성秘義性이라고 표현하였다. 비밀스러운 의미를 품고 있는 책이라

---

24. 이에 관해서는 이 책의 2장인 「비애극과 비극」에 관하여 필자가 서두에 간략하게 해설한 글을 참조할 것.

는 것이다. 나는 세계가 비의적이기 때문에 이에 상응하여 비의적인 책이 나온 것이라고 이해한다. 다른 말로 하면, 벤야민은 세계의 비의성, 곧 수수께끼적인 성격에 가장 넓게, 그리고 가장 깊게 접근한 최초의 이론가이다. 니체가 플라톤주의와 이성, 기독교, 근대의 합리성에 의해 가려진 채 은폐되어 있었던 세계를 노출시키는 폭약을 터트림으로써 수수께끼에 접근하는 통로를 파격적으로 열어 놓았다면, 벤야민은 이 통로와는 비교할 수 없는 넓이와 깊이를 가진 통로를 인류 앞에 코페르니쿠스적으로 열어서 내보여준 이론가이다. 벤야민으로 하여금 이런 성과에 이르게 한 근본 동력은, 세계가 수수께끼이기 때문에 필연적으로 수수께끼적인 성격을 가질 수밖에 없는 예술에, 세계의 고통사가 퇴적되어 있다는 통찰이다.

벤야민은 수수께끼인 세계를 역사철학적·인식론적·신화학적·신학적·권력이론적·예술철학/이론적 관점을 상호 결합시켜 해명하고 인식하려고 시도한다. 이러한 관점들의 중심에 위치하는 핵심 개념들은, 세계의 고통사, 자연사, 원천, 플라톤의 이원론의 해체를 통한 이념들의 재현과 현상들의 구제, 성좌적 배열, 신화·종교와 권력의 착종관계와 이로 인해 발생하는 폭력과 고통, 구원, 통치권 이론과 예외 상태, 알레고리, 예술의 세계 인식 등이다. 여기에서 결정적으로 중요한 점은, 예술에 대한 인식에서 예술철학적·이론적 관점뿐만이 아니라 앞에서 제시한 여러 관점이 모두 상호 결합되어 있다는 사실이다.

단적으로 말해서, 알레고리에는 세계가 들어 있다. 따라서 알레고리는 예술철학적·이론적 관점에서 인식되는 개념일 뿐만 아니라 이를 넘어서 역사철학적·인식론적·신화학적·신학적·권력이론적 차원에서도 인식되는 개념이다. 세계와 예술의 등치 관계를 통찰한 벤야민의 이러한 독창적이고도 종합적인 사유는 예술의 본질과 능력에 대한 다층적·다의적·다차원적 사유이며, 인류는 이를 통해서 예술이 세계에 대한 인식·해명·비판·변혁 능력을 갖추고 있음을 마침내 깨우치게 되었다.

아도르노는 수수께끼인 세계를 역사철학적·인식론적·사회이론적·미학/예술이론적·권력/지배이론적·정치학적·심리학적·교육학적 관점을 상호 결합시켜 해명하고 인식하려는 보편 사상가이다. 그의 사상은 물론 칸트, 헤겔, 마르크스, 막스 베버로 내려오는 서구 합리주의 전통과 쇼펜하우어, 니체, 프로이트, 클라게스로 이어지는 서구 비합리주의 전통이 결합한 사상으로 볼 수 있다. 그러나 그로 하여금 세계를 앞에서 예거한 사상가들과는 다른 시각으로 볼 수 있도록 해준 독창적인 시각은, 곧 그의 사유에서 핵심적인 역할을 하는 시각은 많은 부분 벤야민으로부터 유래한다. 벤야민이 정초한 개념들을 예컨대 헤겔, 마르크스, 베버, 니체, 프로이트에게서 결정적으로 중요한 사유를 수용하여 확대하고 심화시켜 놓은 이론가가 아도르노라고 할 수 있다.

앞에서 말한 관점들의 중심에 위치하는 핵심 개념들은, 자연지배의 변증법과 이 변증법이 필연적으로 산출하는 신화적인 강제적 속박의 틀, 자연사, 도구적 이성, 세계의 탈주술화, 동일화 사고와 동일하지 않은 것, 합리화와 비합리성, 도구적 합리성, 교환 원리, 관리된 사회, 이데올로기, 미메시스, 미메시스의 합리성의 변증법, 무의식적 역사 서술, 자기 주체의 자기 포기에 기초한 권력과 사회 지배의 성립, 전체주의가 자행하는 정치적 폭력, 선전 선동, 편집증, 반쪽 교육 등이다. 여기에서 결정적으로 중요한 점은, 벤야민의 경우에서처럼 아도르노에게서도 예술에 대한 인식이 앞에서 제시한 관점들에 모두 관련되어 있고 앞에서 예거한 개념들과 관련을 맺고 있다는 것이다.

다시 말해서 예술이 실행하는 무의식적인 역사 서술에는 세계가 퇴적되어 있다. 따라서 미메시스, 무의식적 역사 서술과 같은 개념들은 미학·예술이론적 관점에서 인식되는 개념일 뿐만 아니라 이를 넘어서서 역사철학적·인식론적·사회이론적·미학/예술이론적·권력/지배이론적·정치학적·심리학적·교육학적 차원에서도 인식되는 개념들인 것이다. 이미 언급하였듯이, 아도르노는 미학·예술이론에 사회이론을 결합시켜 벤야민의 예술철학·예술이론을 더욱 확대했다. 아도르노의 이러한 종합 능력은 세계와 예술의 등치 관계에 대한 사유를 확대·심화시켰으며, 특히 사회이론과의 결합에 힘입어 예술과 사회의 관계에 대한 사유를 서구 미학·예술이론의 전통에서 최고의 수준으로 끌어올렸다. 아도르노의 공적은 예술의 본질과 능력에 대한 다층적·다의적·다차원적 사유를 벤야민보다 더욱 넓고 깊게 이루어냈다는 점에서 찾을 수 있다.

벤야민과 아도르노가 이처럼 세계에 대해 치열하게 사유한 이유는 세계가 인간에게 강요하는 고통으로부터 인간을 구원하는 상태, 세계와 인간이 화해에 도달하는 상태를 실현하기 위해서였다. 구원과 화해는 그들의 소망이자 동경이었다. 세계가 진행되면서부터 세계를 인식·해명·비판해 왔고 더 나아가 세계가 변혁되기를 소망해 왔던 예술에서 그들은 구원과 화해의 가능성을 보았다. 이 가능성이 단순히 예술철학적·예술이론적·미학적 차원에서의 가능성이 아니고 역사철학적·인식론적·신화학적·신학적·권력이론적·사회이론적·지배이론적·정치학적·심리학적·교육학적 차원도 아우르는 가능성이라는 점이 특히 중요하다. 두 사상가가 이러한 가능성을 인류에게 보여준 것은 다른 어떤 사상가들에게서도 볼 수 없는 소중한 정신적인 유산이다.

이러한 유산을 수용하여 순수예술작품으로 성공한 영화들을 해석하는 시도는 세계의 인식·해명·비판을 통한 세계의 변혁 가능성을 모색해야만 하는 지금 여기에서 커다란 의미를 가질 수 있을 것이다.

영화 예술의 계몽 능력, 교육 기능을 제고하는 노력의 절대적 필요성

여기까지의 글에서 나는 예술의 세계 인식·해명·비판·변혁의 능력을 논의하였으며, 벤야민과 아도르노의 사상이 세계의 다층적·다의적·복합적·수수께끼적인 성격을 넓고 깊게 인식하는 것에서 서구 사상의 다른 이론가들이나 사상가들보다 우위에 있음을 강조하였다. 이러한 우위는 그들이 여러 학문 영역을 아우르는 초 학제적인 탐구를 실행하였고, 이에 근거하여 심원한 사유를 펼쳤으며, 세계의 진행에 관하여 철학적 인식이 갖는 한계를 넘어서서 인식을 획득하는 예술의 인식 능력에 특별히 주목하는 것에 토대를 둔다. 두 사상가의 이러한 업적에 힘입어 인류는 세계와 예술이 등치 관계에 있으며, 따라서 예술이 세계를 인식·해명·비판하고 변혁할 수 있는 능력을 갖고 있음을 근원적으로 이해할 수 있게 되었다.

영화는 어떤 다른 예술 장르에 못지않게, 나아가 다른 어떤 예술 장르도 능가할 정도로, 예술의 이 소중한 능력을 발휘할 잠재력을 지니며, 그 능력을 잘 실현할 수 있다. 그럼에도 영화는 경제적 이윤추구라는 목적을 실현하기 위한 도구, 지배 이데올로기의 전파와 선전 선동을 통한 대중 조작의 수단으로 악용되어 왔다. 그렇기 때문에 앞에서 말한 소중한 능력이 영화에 대한 예술이론적·미학적·사회이론적 논의에서 소홀하게 다루어졌다고 볼 수도 있을 것이다. 이러한 진단에 근거하여 이 책의 공동 저자들은 영화의 해석에 벤야민과 아도르노의 사상을 차용할 필요성에 공감하는 것이다. 이러한 공감은 문화산업의 창궐에서 중심적인 역할을 하는 영화산업으로부터 순수예술작품으로서의 영화를 구해야 하는 필연성과도 짝을 이룬다.

이 책이 해석을 시도하는 다섯 편의 영화는 예술의 세계 인식·
해명·비판·변혁의 능력과 관련하여 서로 차이를 보인다. 그럼에도
다섯 편의 영화에서 관객들은 세계가 인간에게 가하는 여러 가지
형식의 폭력과 고통을 읽어낼 수 있다. 영화들에서 형상화된 세계,
곧 절대다수의 무력한 개별 인간에게 갖은 종류의 폭력을 자행하
고 이들의 삶을 고통의 늪에 빠트리며 이들의 삶을 폐기시키는 세
계의 본질은 무엇인가라는 물음, 이 세계는 더욱 좋은 상태를 향
하여 변혁될 수 있는가라는 물음에 대해 답을 시도할 경우, 이 시
도는 벤야민과 아도르노의 사상의 도움을 받았을 때 가장 성공
적인 결과에 이르게 될 것이다.

공동 저자들은 이렇게 확신을 하고 다섯 편의 영화를 두 사상
가를 참조해 해석하는 데 공감한 것이다. 예술로서의 영화가 예술
이 가진 계몽 능력과 교육 기능을 풍부하게 실현하면 할수록 세
계가 인간에게 강요하는 고통이 줄어들고 세계가 더 좋은 세계로
변혁될 가능성이 증대할 것이다. 순수예술작품으로 성공한 극소
수의 영화들을 제외하고, 대다수의 현대 영화는 문화산업의 늪에
빠져 허우적거리면서 이윤추구의 도구로 전락했다. 영화를 문화
산업의 지배력으로부터 구출하는 작업이 긴요하다. 문화산업은
이 시대를 사는 인류에게서 비판적인 의식을 탈취하고 인간의 삶
을 언제나 동일한 것의 반복에 묶어 두면서 비가시적으로 폭력을
자행하는 이데올로기이다. 영상 매체들의 비약적인 발전이 문화산
업의 팽창적인 창궐, 그리고 사회에 대한 지배력의 확대 및 심화에

종속되어 오늘날 악용되고 있다는 것은 명백하다.

영화를 문화산업으로부터 구출할 수 있는 유일무이한 가능성은 순수예술작품으로 성공한 알레고리로서의 영화가 더욱 많이 출현하는 것에, 그리고 이러한 영화들을 학문적·비평적으로 해석하는 시도의 활성화에서 실현될 수 있을 것이다. 영화는 불과 100년도 되지 않는 짧은 역사에서 경제적 이윤추구의 도구 역할을 주로 떠맡았던 잘못된 역사를 벗어던지고, 지배 권력의 선전 선동 수단으로 예나 지금이나 지구의 도처에서 악용되는 치욕으로부터 탈피하여 순수예술작품으로서 우뚝 솟아 세계가 인간에게 강요하는 고통에 대해 말해야 한다. 철학은 영화가 가진 계몽 능력을 확대하고 심화시키기 위해 노력해야 한다. "그러므로 예술은 자신이 말할 수 없는 것을 말하기 위해 자신을 해석하는 철학을 필요로 한다. 반면 예술이 말할 수 없는 그것은, 예술이 그것을 말하지 않는 동안에, 예술에 의해서만 말해질 수 있다."[25]

25. Adorno, *Ästhetische Theorie, 5. Aufl.*, p. 113.

1장 〈공동경비구역 JSA〉 [2000]

1. 세대 전이적 트라우마와
   정치적 알레고리의 공간적 형상화
   남승석

2. 이데올로기 대립과 삶의 파편화,
   화해에의 동경
   문병호

〈공동경비구역 JSA〉[2000]는 JSA 근처
북한군 초소에서 일어난 총격 사건과 그 사건의 진실을
드러내는 과정에 대한 미스터리 휴먼 드라마이다.
남북의 일치된 상황 조사 결론은 다음과 같다.

● 사건 시간 : 10월 28일 2시 16분 새벽
● 사건 장소 : 돌아오지 않는 다리 근처 북한군 초소
● 사건 결과 : 북한군 3명 총상(2명 사망),
　　　　　　　남한군 1명 총상

북한은 남한군의 기습 테러라고 주장하고, 남한은 북한군의
납치 사건으로 규정한다. 사건의 성격에 대한 남북의 조사
결과는 서로 엇갈린다. 이 사건의 수수께끼를 풀기 위해
남·북은 스위스와 스웨덴으로 구성된 중립국 감독위원회에
수사를 의뢰하기로 합의한다. 스위스 법무장교인 한국계 소
피 E. 장 소령이 JSA에 파견된다. 〈공동경비구역 JSA〉는
현재 시점에서 과거의 사건을 고백적 인터뷰와 플래시백
구조로 차곡차곡 밝혀 나가는 미스터리 스릴러 장르의 형식
을 갖추고 있다.

세대 전이적 트라우마와
정치적 알레고리의 공간적 형상화

남승석

영화의 서사구조와 영상문법

영화 〈공동경비구역 JSA〉는 공동경비구역에서 근무하던 남
북 군인들의 비극적인 죽음의 진실을 밝히려는 중립국감독위원회
의 소피 장(스위스 육군 소령)과 죽음의 진실을 은폐하려는 사람
들(소피 장을 제외한 모든 사람)의 갈등을 그린다. 그 비극은 비
무장지대에서 친해진 남북의 다섯 명의 군인이 판문점 공동경비
구역 내 북측 초소에서 우정을 나누다 북한군 상관에게 발견되는
상황에서 시작된다. 상황이 급박해진 이들은 패닉 상태에 빠져 서
로를 향해 총을 겨누게 된다. 하지만 영화는 이런 비극적인 상황
에도 불구하고, 남북 청년들이 형성한 우정을 통해 새로운 세대의
미래와 통일의 가능성을 제시하고 있다.

이 영화는 시선에 의한 공간의 구조, 포스트 코리안 뉴웨이브에서 나타나는 스릴러 장르[1]의 관습을 기본으로 한 혼종 장르적 경향을 보인다. 이 작품에서 지정학적 공간의 사용, 한반도의 지정학적 공간 재현과 그것의 정치적 알레고리 등을 통해 세대 전이적 트라우마와 정치적 알레고리의 공간이 어떻게 형상화되는지를 살펴보자.

고전적인 추리물은 '실제로 무슨 일이 일어났는가?'에 해당하는 범죄의 스토리와 '어떻게 독자(또는 탐정)가 그것에 대해 알게 되는가?'라는 조사의 스토리로 이루어져 있다. 이때 범죄의 스토리는 부재하지만 절대적으로 중요하며, 조사의 스토리는 실재하지만 그 자체로는 중요하지 않다. 조사의 스토리는 탐정이 범죄의 스토리를 재구성하여 독자에게 완전히 투명한 형태로 제공하기 위한 매개 역할을 할 뿐이다. 스릴러 장르는 범죄의 스토리(과거)를 축소하고 조사의 스토리(현재)에 생명을 불어넣는다. 고전 추리물에서 '탐정'은 초인적이기 때문에 이미 일어난 일로부터 초연한 거리를 유지하며 치밀한 범행을 저지른 범인과 두뇌게임을 펼쳐서

---

1. 스릴러는 조마조마한 감정(thrilling)과 긴박감(suspense)을 중심으로 하는 서사물 일반을 지칭하는 이름으로 우리에게 친숙해진 대중서사 장르이다. 스릴러는 중심인물이나 핵심 모티브에 따라 범죄 스릴러, 형사 스릴러, 심리 스릴러 등으로 나뉘기도 하고 다른 장르와 결합하여 공포 스릴러, 미스터리 스릴러, 액션 스릴러 등으로 불리기도 한다. 스릴러라는 명칭은 이렇게 느슨하고 직관적인 형태로 폭넓게 사용되고 있지만, 서사적으로 볼 때 스릴러는 고전적인 추리물의 변종 장르라 할 수 있다. 스릴러는 고전적인 추리물과 더불어 탐정물의 다른 유형에 속한다. 박진, 「스릴러 장르의 사회성과 문학적 가능성」.

결국 압도적으로 문제를 해결한다. 반면에 스릴러 장르에서 (탐정의 역할을 하는) 주인공은 감정을 스스로 통제하지 못하는 〈세븐〉(1995)의 데이빗 밀스(브래드 피트)처럼 결핍이 많은 반영웅이다. 그래서 시간이 갈수록 문제를 해결하기보다 사건의 중심에 휘말려 들어 긴박한 위험에 빠지게 된다.

〈공동경비구역 JSA〉의 서사 구조는 현재의 조사 스토리와 과거의 범죄 스토리라는 두 축을 중심으로 두 개의 타임라인을 가진다. 현재 시점의 조사 스토리에 따르면, 군사분계선 북쪽에 있는 남한군 초소에서 총격 사건이 발생하고, 이를 수사하기 위해 중립국 스위스로부터 파견된 법무장교 소피 소령이 기초조사를 시작하게 된다. 총격 사건의 결과로 남한군 정우진 전사와 북한군 최만수 상위가 사망하고, 북한군의 오경필 중사와 남한군 이수혁 병사는 총상을 입고 살아남는다. 소피는 남북한 병사들의 상반된 증언과 양측의 서로 다른 주장을 접하게 된다. 북한은 이 사건이 남한 병사 이수혁의 기습공격이었다고 주장하는 반면, 남한은 북한군에 의한 이수혁 병장의 납치였다고 주장한다. 소피는 증거와 심문 과정을 통해 증언들의 진위를 밝혀내려 한다. 이때 소피는 남북한 병사 사이에 친밀한 교류가 있었음을 파악하게 되고, 그녀의 추궁이 이어지자 남성식은 창문 밖으로 뛰어내려 생을 마감한다. 이후 중립연합군 상부는 양측이 만족할 수 있는 수사 결과를 얻기 위해 소피에게 압력을 가한다. 그럼에도 불구하고 소피는 남북한 병사들에 대한 심문을 이어간다. 그 결과, 이 사건의 전반적인 상황은 북측의 오경필 중사와 정우진 전사, 그리고 남측의 이수혁 병장과 남성식 일병이 끈끈한 우정을 공유했던 것으로 밝혀진다. 하지만 이수혁 병장의 자살로 사건이 절정에 달하자, 중립 연합군 상부는 사건을 종결시키려 한다. 그래서 중립연합군은 소피의 아버지가 휴전 후 제3세계를 선택했던 북한군 장교였다는 사실을 이유로 그녀를 사건 수사에서 배제하고 보직에서 해임한다. 이 과정에서 공식적인 문서와 아카이브 푸티지는 포스트 메모리의 시각적 구현, 즉 세대를 넘어 전해진 트라우마의 표현 수단으로 활용된다.

이어서 과거의 시점을 중심으로 한 범죄 스토리를 살펴보자. 사건의 결말에 이르기 직전, 이수혁과 오경필의 고백적인 인터뷰와 플래시백을 통해 점차 진상이 밝혀진다. 이 플래시백은 이수혁과 오경필의 고백적 인터뷰를 전지적인(삼인칭) 시점과 주관적인(일인칭) 시점이 교차하는 방식으로 표현한다. 이러한 플래시백은 크게 두 가지로 분류해 해석할 수 있다. 첫 번째는 북한군 오경필 중사와 남한군 이수혁 병장 사이에 시작된 우정으로, 지뢰 뇌관을 제거해 이수혁의 생명을 구한 오경필의 에피소드부터 시작해 그들의 친분이 깊어지는 시기를 다룬다. 두 번째는 북한군 초소에서 발생한 총격 사건 자체로, 이를 통해 최만수 상위와 정우진 전사가 사망하고, 오경필 중사와 이수혁 병장이 총상을 입고, 남성식 일병이 도망치는 상황을 재현한다. 전자는 이수혁 병장이 어떻게 북한군인 오경필 중사와 정우진 전사를 만나게 되었고, 이들

네 사람이 어떻게 친분을 쌓아갔는지를 설명하며, 후자는 북한군 초소에서 발생한 총격 사건을 관련된 주요 인물들의 시점을 통해 상반된 방식으로 서술한다. 이때 이수혁, 오경필, 남성식의 플래시백은 사건의 발단과 진행에 관해 상반되는 내용을 보여준다. 이러한 플래시백들은 총격 사건과 그들 사이의 우정에 대한 긴장감을 형성하는 데 기여하며, 주요한 이슈는 누가 정우진을 사살했는지에 대한 문제로 좁혀지게 된다. 북한군 최만수 상위가 이수혁, 오경필, 정우진, 남성식이 술을 마시며 즐기는 모습을 발견하자 서로가 서로에게 총을 겨누게 되고, 이 과정에서 방아쇠가 당겨진다. 소피는 이수혁 병장의 총에서 발사된 총알이 정우진 전사를 사망에 이르게 했다는 사실을 조사 결과로 알려준다. 최종적으로 이수혁의 마지막 플래시백에서 그 자신이 우발적으로 정우진을 죽인 사람임이 밝혀진다. 이로 인해 깊은 죄책감에 시달리는 이수혁은 헌병의 권총을 빼앗아 자신의 생명을 끊는다. 결국, 소피가 사건의 진실을 파헤칠수록 죽지 않아도 되는 이들이 더 죽게 되는 아이러니한 상황이 되고 만다.

포스트 코리안 뉴웨이브의 장르 혼종성

박찬욱 감독의 〈공동경비구역 JSA〉는 포스트 코리안 뉴웨이브에서 주요한 역할을 하는 작품 중 하나로, 분단된 역사의 살인사건(또는 총격전)의 진실을 추적하는 탐정물, 한반도의 분단에 대한 역사영화, 그리고 그로 인해 발생하는 개인과 사회의 고통을 다루는 심리 스릴러의 요소를 섞어 냈다. 누아르 장르의 특징을 활용한 혼합 장르 영화라고 할 수 있다.

2000년대의 포스트 코리안 뉴웨이브 영화들은 혼합 장르적 경향이 크다. 그 중심에는 추리물에서 파생된 스릴러 장르가 있다. 스릴러는 주인공이 직면하는 존재론적 위기를 통해 살인사건의 범인을 추적하는 과정을 담는 장르이다. 한국영화사에서는 추리물의 발전이 제한적이었다. 1960년대부터 시작하여 2000년대, 즉 포스트 코리안 시네마의 시대에 들어서 추리물의 발달 없이 스릴러 장르는 한국에서 전성기를 맞이하게 되었다. 그 대표적인 예가 바로 〈공동경비구역 JSA〉이다. 이러한 혼합 장르의 특성은 2003년 제작된 〈올드보이〉와 〈살인의 추억〉에서 특히 두드러지며, 2010년대에 들어서는 〈아가씨〉(2016), 〈버닝〉(2018)을 거쳐 최근에는 세계 영화사에 한국영화의 위치를 굳건히 다진 〈기생충〉(2019)에서 이 혼합 장르의 경향이 서사적 약점이 아닌 한국영화의 강점으로 부각되었다.

이 글에서는 〈공동경비구역 JSA〉를 반전 영화로서, 역사와 장르, 예술영화를 통합하는 포스트 코리안 뉴웨이브 영화의 스릴러 중심의 특성을 제안하고 촉발하는 작품으로서 해석한다.

포스트 코리안 뉴웨이브 영화의 주요 특징을 요약하면, 첫째로 개인이 사회적 폭력에 휘말린 역사적 사건을 기반으로 하며, 그런 폭력의 재현이 서사적 계급 구조와 연결된다. 둘째로, 상업적 고려를 통해 다양한 장르의 혼합성을 보여주는 스릴러나 갱스터 영화 장르에 기반을 두고 있다. 셋째로, 상업 영화임에도 불구하고 진지하게 예술적 가치를 고려하는 태도가 있다.

〈공동경비구역 JSA〉는 이 세 가지 특성을 촉발하는 한국영화의 대표작 중 하나로 볼 수 있다. 그러나 이 영화에서는 스릴러적 요소 외에도 필름 누아르의 영향을 받은 부분도 주목할 만하다. 필름 누아르는 자기 의식적이며, 과장된 스타일과 블랙 유머의 성향이 혼합된 장르라는 특성으로 정의된다.[2]

북한군 초소를 상상의 공동체의 '집'으로 형상화하기

〈공동경비구역 JSA〉는 한반도 분단의 원인이 지정학적 특수성에 기인한다는 주장을 제기한다. 그러나 그 원인의 근본을 서방 세계와 공산 세계의 이데올로기 대립에 위치시키며, 이를 소피 소령의 아버지를 통해 형상화하고 있다. 이 영화는 역사적 공간인 공동경비구역을 혼성 장르적 영상예술 미학을 통해 영화적 공간으로 변환하여, 남북의 청년들이 우정을 나누는 공간이 생성하고 파괴되는 과정을 통해 은폐된 분단의 근본적인 원인을 폭로한다. 이러한 영화적 공간은 이전의 분단영화의 공간들과 차별화되며, 새로운 의미를 생성하여 공식적 기억을 변형하는 데에 실마리를

2. 남승석, 「느와르 장르에서 반영웅 캐릭터의 변화 양상」.

제공한다.

이제 영화의 구체적인 장면에 대한 분석을 통해, 영화가 영상 미학적 장치를 어떻게 활용하여 지정학적 공간들을 영화적 공간으로 재현하는지, 그리고 이 영화적 공간이 과거의 이념적으로 획일화된 공간과 어떤 다른 의미를 지니는지를 탐구해 보자.

〈공동경비구역 JSA〉의 서사를 주요 사건을 중심으로 살펴보면, 영화의 핵심적인 서사는 북한 영토 내의 북한군 초소 안에서 발생한 두 명의 북한군의 사망과 이를 유발한 총격전에 대한 조사 과정이다. 긴장감이 높아지는 공동경비구역에서 한 발의 총성이 울리면서 이 사건은 시작된다. 연이은 총성 후, 한 병사가 돌아오지 않는 다리 중간을 넘어오다가 쓰러진다. 이에 북과 남이 다리를 사이에 두고 총격전을 벌이게 되고, 이후 살아남은 남한의 이수혁 병장과 북한의 오경필 중사를 내세워 남과 북이 서로 다른 주장을 펼치면서, 사건은 점차 미궁 속으로 빠져든다. 이러한 상황에서 중립국 감독위원회는 사건 조사를 위해 스위스 군법무단 소속인 소피 소령을 파견하여 사건을 수사하게 된다.

〈공동경비구역 JSA〉의 오프닝 장면은 클로즈업, 사운드디자인, 비 내리는 밤, 총 등과 같은 필름 누아르의 장르 관습을 활용한다. 가장 눈에 띄는 것은 필름 누아르에서 주요하게 활용되는 스타일인 클로즈업이다. 예를 들어서 오프닝에 등장하는 수리부엉이의 눈은 사건에 대한 객관적인 시점을 상징한다. 이는 소피의 시선과 대응되며, 이런 방식의 클로즈업은 남북 군인들의 대질신문 장면에서 극적인 효과를 발휘한다. 이처럼 영화의 오프닝 장면에서 관행적인 설정 장면이 아니라 클로즈업된 동물의 눈을 등장시키는 것은 시대적 배경을 고려해 볼 때 일탈에 가까운 시도였다. 영화는 오프닝에서뿐 아니라 설정쇼트에서도 롱쇼트로 공간을 포착하는 방식을 배제하고 작은 사이즈의 화면으로 다음 장면을 시작하는 편집 기법을 반복해서 사용한다.

또한, 오프닝 장면에서는 '비 내리는 밤'이라는 배경 설정이 주요하게 등장한다. 이는 서사적으로 결정적인 장면에서 반복적으로 사용되는 특징이다. 예를 들어, 북한군 초소에서의 병사들의 만남과 최 상위의 등장, 그리고 총격전 후의 이 병장의 귀환 등 주요 장면이 모두 비 내리는 밤에 배치된다. 이처럼 밤을 배경으로 한 어둡고 습한 경관은 암울한 분위기를 배가하면서 극적 긴장감을 고조시킨다.

이런 영화적 공간 구성은 스릴러와 누아르 장르 관습을 통해 구체화된다. 〈공동경비구역 JSA〉에서는 후반부에 등장하는 두 이질적인 공간의 형상화가 중요한 역할을 한다. 이는 새로운 공동체의 가능성을 보여주는 '집'의 형상화가 중심을 이루는 공간 구성 원리의 핵심이다. 영화 후반부에서는 남과 북의 건물들이 서로 중첩된 형태로 표현되는데, 이는 우리가 잃어버린 통일된 국가, 즉 상상의 공동체를 구축하는 은유적 이미지를 제공한다. 감독이 영화 서사 전반에 걸쳐 비선형적으로 시공간적 대립 관계들을 병치시키다가 후반부에 부감 쇼트를 통해 통합의 관계를 표현하는 이

유도 여기에 있을 것이다. 이 영화는 전쟁 기억과 분단 현실, 그리고 그것을 극복하고자 하는 욕망의 대립 과정에서 결국 개인의 비극으로 치닫게 된다. 예를 들면 영화 후반부 한밤중의 전투 장면에서 조명탄이 터지자 하얀색으로 가득한 화면 안에 김 병장은 그림자가 없이 표현되는데 이는 상상의 공동체를 꿈꾼 이들 중 하나인 그의 죽음을 암시하는 것이다. 유령은 그림자가 없기 때문이다.

헤테로토피아를 통한 대항기억의 기록과 복원

한국영화사에서 한국전쟁 혹은 분단 상황과 관련된 영화들은 주로 이념적 경향성에 따라 반공, 전쟁, 분단, 반전, 역사 등의 다양한 장르로 구현되어 왔다. 이러한 장르 영화들은 대부분 비무장지대와 공동경비구역에 대한 일관된 이미지를 반복해서 생산하였다. 그러나 〈공동경비구역 JSA〉는 장르의 혼합성을 통해 고정된 역사적 공간의 의미를 넘어서, 타자의 공간을 형성하는 일종의 대항기억counter memory을 촉발하는 정치문화적 구성물이다. 특히 이 영화에서 기억은 영화적 공간으로 재현되는 시각 예술의 미학적 장치들을 통해 이해될 수 있다. 이는 현재의 한국 사회에서 공식적인 기억의 변화 가능성을 제시한다.

즉, 집단기억은 과거의 의미를 단조롭게 재생산한다. 이러한 집단기억에 대해서, 미래의 의미를 촉발하는 대항기억은 경쟁하는 정치적 의미를 제공하게 된다. 이 영화에서는 또한 정치적 공간에 고정된 대중의 기억이 영화적인 장치를 통해 재현되고, 그에 반하는 탈이념적인 미래 공간이 혼합 장르의 공간 재현을 통해 대항기억의 구축에 기여하고 있다. 이를 구체적으로 살펴보기 위해, '파놉티콘'이 어떻게 공간을 사회적으로 유지하고 '헤테로토피아' 개념이 그것을 어떻게 변화시키는지를 알아보자. 그리고 이러한 경쟁을 통해 어떻게 정치권력이 작동하는지, 그리고 공식 기억에 기반을 둔 공간 의식에 대한 대항기억이 어떤 가능성을 가지는지를 살펴볼 것이다. 특히, 〈공동경비구역 JSA〉를 통해 영화가 어떻게 탈이념화 과정을 통해 미래 공간의 생성을 촉진하는지 그리고 그것의 알레고리는 무엇인지를 탐구하고자 한다.

〈공동경비구역 JSA〉는 공동경비구역에 위치한 북한군 초소에서 시작하여 북한과 남한의 총격전으로 끝난다. 오경필 중사와 정우진 전사의 북한군 초소, 그리고 이수혁 병장과 남성식 일병의 남한군 초소는 보고서와 그들이 공유하는 기억의 플래시백을 통해 영화에서 그려진다. 이 초소들은 이들이 공유하는 불완전한 기억에 따라 서로 다른 이야기를 전개하고 있다. 그렇기에 때때로 모호하고 파편적인 시각이 등장하기도 한다.

영화 초반에 표면적으로 제시되는 북한군 초소는 영화 중반 이후, 남북의 군인이 우정을 나누던 실내 공간이 제시되기 전까지는 폐허, 즉 총격전이 있었던 과거의 공간으로만 그려진다. 영화에서 남한군 초소의 내부는 지나치게 밝고 좁아서 두 명 이상이 있기에는 부담스럽고 초소의 지하는 존재하지 않는다. 반면, 북한 초소의 1층은 네 명이 충분히 있을 수 있는 밝은 곳이고 지하는 어둡고 은밀하며 비좁지만 친밀하다. 이 공간이 영화 전체에서 갈등의 역사적 세계와 우정의 은밀한 세계의 핵심 이미지로 제시되는 이유이다. 가스통 바슐라르는 집은 "인간 존재의 내밀한 공간"이라고 말했고 "세계의 구석으로서의 집"을 말했다. 북한군 초소의 지하는 바로 이런 의미에서의 집이라고 간주할 수 있다.[3]

영화는 남북 병사들이 우정을 나누는 이 지역에서만 볼 수 있는 그들만의 아지트와 같은 '집'을 재창조한다. 특히 북한군 초소는 감정적인 공간으로서 이데올로기적 반–세계의 역할을 한다. 이는 이데올로기적으로 인식된 '집의 가치'에 대항하는 요소를 포함하고 있다. 따라서 이 공간은 현실에서는 부재의 공간으로 새로운 공동체의 '집'의 의미를 상대적으로 강조하고 있다. 북한군 초소는 두 명의 남한군과 두 명의 북한군이 잠시나마 아이들처럼 꿈이나 기억의 과거 시간 속에 머무르며 즐겁게 놀이하는 공간으로 그려지며, JSA의 공적 공간들과 의미론적 동일성을 유지하면서도 동시에 '집과 유사 집'이라는 사적인 공간을 형성한다. 이런 공간들은 과거(우정)와 현재(갈등)의 다양한 의미를 드러내는 동시에, 세계와의 단절에서 통합으로의 전환을 시도하지만 실패하게 된 주인공의 궤적을 탐색하고 재현하는 무대와 같은 역할을 한다.

---

3. 가스통 바슐라르, 『공간의 시학』, 114쪽.

영화에서 가장 인상적인 쇼트 중 하나는 북한군 초소에서 거울을 이용해 남한군 초소로 빛을 반사하는 순간이다. 이때, 남성식 일병은 눈을 감고 그 빛을 즐겁게 느낀다. 이 장면은 빛의 움직임을 추상적으로 보여준다. 이런 비언어적인 소통과 시선 교환은 두 사람의 관계를 더 깊이 있게 만든다. 빛을 이용한 장난은 단순한 놀이로 볼 수도 있지만, 이는 낮처럼 밝게 보이는 효과를 가진다. 이것은 빛을 통해 표현되는 추상적인 이미지라고 할 수 있다. 또한, 이 빛은 촉감적으로 느낄 수 있는 따뜻함을 상징하며, 남북 간의 실제적인 거리가 얼마나 가까운지를, 그리고 서로의 체온을 느낄 수 있음을 시각적으로 보여준다.

영화의 다른 장면에서는 비무장지대(군사분계선 주변)에서 불이 타오르는 모습을 볼 수 있다. 이때 비무장지대에서는 시야 확보를 위해 불을 지르곤 한다. 한밤중에 갈대밭이 불타고, 그로 인해 지뢰들이 터지면서 만들어내는 불꽃은 불꽃놀이와 같은 추상적인 스펙터클을 연출한다. 이때 추상적인 쇼트들은 그 열기를 직접 느낄 수 있을 정도로 시각적으로 과장되어 표현되며, 이를 통해 위험이 가까이 와 있음을 암시한다. 불꽃놀이처럼 아름다운 이미지가 실제로는 지뢰가 터지면서 만들어지는 위험한 상황임을 보여주어 아이러니한 효과를 연출한다. 이는 비무장지대의 본질을 보여 주는 장면이며, 한국전쟁으로 인한 많은 사람의 죽음을 상기시킨다. 또한, 이 장면의 음향은 눈부신 불꽃놀이의 시각 효과와 함께 화약 냄새와 불길의 뜨거움을 체감하게 할 만큼 강렬하다.

이 장면에서의 폭발로 인한 사라짐은 특별한 효과를 가져온다. 비무장지대 내의 무성한 갈대숲은 불꽃에 의해 일시적으로 사라지며, 동시에 지뢰의 폭발로 그 공간의 비가시성도 제거되고, 폭발에 따른 위험성도 함께 소멸한다. 이 공간의 일시적인 소멸은 추상적으로 가시성을 통해서 남북 병사들의 실제적 거리감을 줄이는 효과를 만들어내기도 한다. 동시에, 그 불꽃은 폭발의 정점에 있을 때는 남북 군인들이 서로를 볼 수 없게 만들지만, 다른 한편으로는 아름다운 스펙터클을 만들어낸다. 폭발의 열기와 냄새는 공감각적으로 그 공간들을 서로 느끼게 해준다. 이 경관은 감각의 직접적인 인지를 넘어서 탐미적인 불안감을 조성한다. 주인공들은 이런 감각적 인지를 통해서 실제 거리는 가깝지만, 이념적인 거리가 멀다는 것을, 지뢰의 폭발을 통해 재인식하게 되는 것이다. 마치 불꽃으로 뛰어드는 날벌레들처럼 남한군과 북한군은 위험하지만 아름다운 이런 아이러니한 스펙터클을 만들며 정면으로 서로를 응시한다. 그리고 현실을 깨달은 이 병장은 김 일병에게 더 이상 북한군 초소로 올라가지 말자고 말하지만 김 일병은 막내의 생일이라고 대답한다. 이때 북쪽에서 오 중사는 정우진 전사와 함께 남쪽의 지평선 위 불꽃을 바라보고 있다.

다음으로 살펴볼 장면은, 공동경비구역의 군사분계선을 사이에 두고 남북의 군인들이 보초를 서는 도중에 서로 침 뱉기 장난을 하는 플래시백이다. 이 장면은 막사 내에서 바라보는 시점으로 두 개의 창문 프레임 안에 이들을 각각 고립시킨다. 하지만 이어지는 쇼트에서는 오버 더 숄더 쇼트를 사용하여 한 프레임 안에 두 사람을 함께 보여준다. 이를 통해 주인공들이 같은 공간에 있다는 사실을 보여준다. 하지만 이러한 이질적인 장면들의 병치를 통해 그들은 각각 남과 북이라는 서로 다른 세계에 있음을 강조한다. 그리고 이어지는 장면은 이수혁(남한군)과 정우진(북한군)이 서로를 향해 침을 뱉으면서 사적인 소통이 금지된 공간에서 체액(똥, 오줌, 침, 땀, 콧물)을 사용해 아이들의 장난과 같은 퇴행적인 소통을 하는 것을 보여준다. 코미디의 장치인 퇴행적 장난은 군사적 긴장감으로 가득 차 있는 지정학적 공간을 친밀감으로 채우는 효과를 만들어낸다. 그리고 이러한 장난은 그들이 각자 침을 뱉어서 서로를 맞힐 수 있을 만큼 가까운 거리에 같이 있음을 관객이 깨닫게 해준다. 그래서 이 장면은 공적 공간의 의미를 사적으로 변화시켜 남북의 군인들이 우정을 나눌 수 있다는 대항기억의 시발점을 제시하고 있다.

파놉티콘의 총체성과 헤테로토피아의 파편화

판문점은 공개적인 공간으로, 남북 군인들의 개인적이고 사적인 상호 소통은 철저히 금지되어 있다. 또한, 보이지 않는 감시의 시선, 즉 시선의 네트워크(파놉티콘의 중앙탑 같은 형태)가 존재한다. 따라서 특히 판문점에서 보초를 서는 군인들은 서로의 모든 행동을 감시하고 보고하게 되어 있으며, 이런 상황에서 군사분계선을 사이에 두고 침 뱉기 놀이를 하는 것은 꽤 순박한 설정일수 있다. 지속적인 감시에 의한 훈육은 감옥에서 수감자가 자신의신체를 스스로 통제하게 하여, 신체의 지속적인 복종을 확보하며순응-효용의 관계를 강제하는 대표적인 방법이다.[4] 공동경비구역에서는 익명의 시선들의 감시, 즉 권력의 메커니즘이 미세하고 상세한 부분들에까지 영향을 미친다. 그러나 극 중 인물들은 이러한 삼엄한 감시에도 불구하고 무모하게 아이들의 놀이와 같은 퇴행적 행동을 하면서 헤테로토피아를 생성한다.

영화에서 총격전이 일어나기 직전의 북한군 초소는 남북 청년들이 일시적으로 친밀함을 회복했던 유일한 장소이다. 이는 북한군 초소가 군인들로서가 아니라 일반 청년들로서 사적인 관계를맺고 친밀한 감정을 나누는 감정의 공간이기 때문이다. 따라서 초소는 이들에게 이념에 의한 정치적 억압으로부터 일시적인 해방감을 준다. 이와는 대조적으로 영화에서 남한 초소는 남한 청년의안일하고 태평스러운 일상이 진행되는 곳으로 묘사되며, 이를 표현하는 서사적 장치는 남성식 일병의 플래시백이다.

디스포지티프는 푸코와 아감벤 그리고 장 루이 보드리에 이르기까지 역사와 해석이 깃든 개념이다. 특히 여기에서는 영화의 기계적 기반을 넘어서는 이데올로기적 기제의 작용에 집중했던 보드리의 개념 설명에 기반을 두고 논의를 전개할 것이다. 보드리는

---

4. 미셸 푸코, 『성의 역사 (제1권)』.

영화적 장치를 논함에 있어 기계적인 장치와 사회적 장치를 구분하고 전자를 '장치'appareil로, 후자를 '디스포지티프'dispositif라는 프랑스어 단어로 지칭하였다. 전자가 극장 안에서 작동하는 공간적, 기계적, 광학적 도구들을 일컫는다면, 후자는 극장 밖에서 영화에 대한 해석과 관련하여 이루어지는 모든 비물질적이고 비가시적인 관계의 망을 말한다.[5]

이러한 맥락에서 영화는 관객에게 영화적 공간 재현을 통한 정치적 알레고리를 제시한다. 대중은 국내외 언론매체가 생산하는 피상적이고 획일적인 이미지들로 비무장지대를 기억하고 있다.[6] 영화는 추상적인 불꽃 이미지로 이러한 공간을 낯설게 만들고, 이런 낯선 공간을 재인식하는 과정에서 관객들은 그 공간의 긴장감을 각성하게 된다. 영화에서 재현된 대표적인 스펙터클은 갈대밭의 불길과 그로 인해 갈대밭에 숨겨져 있던 지뢰가 폭발하는 장면이다. 이는 지정학적 공간에서의 가시성을 확보하려는 과정이며, 동시에 자연을 감시의 대상으로 포섭하는 디스포지티프의 시각화 전략이다.

가시성 확보를 위해 만들어진 불길과 지뢰의 폭발은 일종의 공간적 비극을 현란하게 보여주고 있다. 이는 디스포지티프의 이

---

5. 디스포지티프와 관련된 논의는 다음 논문을 참고하였다. 서현석, 「하룬 파로키의 〈딥 플레이〉와 영화적 장치의 새로운 정치학」.
6. 남승석, 「〈비무장지대〉(1965)에서 나타난 빈 공간의 걷기를 통한 감정의 영화적 지도그리기」.

중적 함의를 담고 있다. 이 스펙터클은 그 공간의 모든 것을 빛으로 가려서, 보이게 만든다. 즉 어둠을 밝히는 빛처럼 갈대밭을 제거하여 그 공간의 가시성을 확보하는 것이다. 이와 동시에 이 스펙터클은 공간 안에 있는 사람들을 살상한다. 이처럼 따뜻함과 위험성이 동시에 존재하는 이 공간의 사라짐과 재인식으로, 비무장지대의 풍경은 아름다움을 넘어 불안감을 야기하는 차원으로 나아가게 된다. 주인공들이 위치한 장소에서 그들 사이의 거리를 재인식함으로써 그들 관계의 위험성이 드러난다. 아름다움과 따뜻함이 동시에 존재하는 이러한 공감각적인 표현은 위험성과 결합하여, 관객의 상투적인 공간 개념을 소멸시키고 새로운 공간으로 재인식시켜 비무장지대의 의미를 새롭게 하는 효과를 가진다.

영화 〈공동경비구역 JSA〉의 마지막 전투 장면은 서사적으로나 시각적으로나 과장된 노출과 함께 표현된다. 이수혁 병장과 남한의 군인들이 총알 바람 속에서 움직이는 장면은 실제 부상자나 사망자는 발생하지 않음에도 불구하고 이 불빛 아래에 있을 때 공동경비구역의 가시성 안에서 개인은 완전히 무장해제가 된다는 것을 보여준다. 이런 스펙터클은 역사에서 무기력한 개인의 순간적인 각성을 표현하는 것이다. 이 전투 시퀀스는 추상적이고 상징적인 제스처로 구현되어, 마치 관객으로부터 잔혹한 전투와 현실 사이의 방어적인 거리를 제거하는 것이 목적인 것처럼 보인다. 영화는 이수혁 병장과 다른 세 명(우정을 나눈 후에도 살아남은 자들)이 그랬듯이 그저 경험해야 하고, 견뎌야만 하는 상황을 통해 현실과 판타지를 결합하고 있다.

〈공동경비구역 JSA〉에서 재현된 트라우마 공간의 추상적인 풍경은 공식적으로 기억된 공간을 단순히 내러티브 생성을 위한 배경으로서의 경치로 보지 않고, 이념 대립의 모순을 감성적으로 시각화하는 인위적이고 추상화된 경치로 활용한 것이다. 따라서 영화는 죽음의 공포 및 시각적 아름다움과 관련된 감성적인 시선을 관객에게 요구하면서 동시에 그리움의 감정을 전달한다.

공동경비구역은 남북 양측의 군인들이 군사분계선을 사이에 두고 서로를 감시하는 공간이다. 감시하는 사람들은 군인들이며, 감시해야 할 대상은 상대방 군인들과 관광객들이다. 공식적으로, 남북의 군인들은 각자의 영역에서만 움직이며, 상대방의 영역을 침범하지 않는다. 하지만 그들은 서로를 응시하며 위협적인 분위기를 만드는데, 이것은 그 자체로 이미 스펙터클적이다.

파놉티콘화된 이 공간에서는 권력을 행사하는 주체의 정체성이 그다지 중요하지 않다. 관리책임자나 그의 가족, 친구, 심지어는 관광객까지도 권력을 행사할 수 있다. 판문점에서 관광객의 눈은 마치 "하나의 방에 수천 개의 눈을 가진 감시자들"[7]의 역할을 하게 된다. 이로 인해, 공동경비구역은 전 세계 사람들의 시선을 받으며 그곳에서는 과거의 획일화된 기억이 강화된다. 이는 벤담의 파놉티콘을 일반 원리로 확장하려는 의도를 반영하여, 시선을 통

---

7. Jeremy Bentham, *The Panopticon Writings*.

합하고 일반화하는 결과를 가져온다. 남북 군인들은 파놉티콘의 감시자와 수감자의 역할을 동시에 수행하며, 서로를 감시하고 통제한다.

세대 전이적 트라우마의 공간적 형상화와 정치적 알레고리

자유의 집('팔각정')에서 소피 소령과 보타 소장이 대화하는 장면은 시선의 통합뿐만 아니라 과거의 시선과 현재의 시선이 교차하는 시선의 파편화를 보여준다. 이는 정치적 알레고리를 형상화한다. 이 장면은 보타 소장이 판문점을 내려다보는 시점으로 시작된다. 판문점의 문을 열고 나온 소피 소령은 오경필 중사와 이수혁 병장이 본회의(대질신문)에서 소란이 일어나자 급히 떠나는 장면을 보게 된다. 이어지는 장면에서는 보타 소장이 소피에게 서류 봉투를 건네주며, 시공간이 순식간에 비약된다. 소피가 봉투를 받자 보타 소장은 망원경으로 판문각을 응시하는 북한군을 바라보게 된다. 그 후 카메라는 북한군의 시점으로 전환되어 소피가 봉투에서 사진을 꺼내는 장면을 보여준다. 그 사진 속에는 거제도 포로수용소에서 억류되어 있는 소피 장 소령의 아버지가 있다.

이와 같이, '자유의 집'에서 소피 소령과 보타 소장이 대화하는 장면은 한반도의 군사적 긴장을 상징하는 공동경비구역의 정치적 상황을 직접적인 상호 감시 장면과 병치시켜 표현함으로써 그들이 처한 상황을 맥락적으로 형상화한다. 이 시퀀스에서 틸트다운 쇼트, 패닝 쇼트, 트래블링 쇼트와 같은 관습화된 촬영 기술은 공동경비구역의 모호한 현실을 그리고 그와는 상반되는 가시성을 드러내기 위해 사용된다. 그리고 남북의 상호 응시를 통해 정치군사적 공간인 공동경비구역을 재현한다. 보타 소장의 시선에서 북한군의 시선, 그리고 소피 소령의 시선으로 이어지는 이러한 시선의 흐름은 권력이 다양한 네트워크를 생산하는 방법을 보여준다. 이는 판문점이 시선의 네트워크를 공간적으로 형상화한 감시체계, 즉 파놉티콘을 통해 군인들에게 물리적인 폭력을 가하지 않으면서도 작동하는 공간임을 보여준다. 소피 소령이 그동안 북한군 초소 총격 사건의 진실을 밝히려 했지만 왜 실패하게 되었는지에 대해 이러한 시선의 총체성이 암시적으로 설명해 준다. 그것은 소피 소령 자신도 이 공간의 정치적 상황 안에서 통제되는 하나의 대상일 뿐이기 때문이다. 이 공간의 고정된 정치 상황에 맞서는 그녀의 노력은, 결국 그녀의 아버지였던 북한군 장교와의 운명적인 대면으로 이어진다.

이 영화는 한국전쟁 이후 제3세계를 선택했던 북한군 장교였던 소피 소령의 아버지의 존재를 밝혀내며, 이 사실 때문에 소피 소령이 공동경비구역을 떠나게 되는 상황을 통해 세대 간의 정체성 문제를 강조하고 있다. 이 시퀀스에서 사용된 플래시백은 '세대 간 이어진 트라우마'를 드러내는 영화 미학적 장치로 작용한다. 그결과 남북 분단의 문제가 과거로 한정되지 않고, '세대 간 이어진 트라우마'의 현재에도 여전히 존재함을 관객이 인지하게 한다. 트라우마는 전쟁이나 사회적 폭력이 피해자만이 아니라 그/그녀의 후손에게도 영향을 끼치며, 그들이 마치 자신이 트라우마적 사건을 경험한 것처럼 느끼게 하여 사회문화적 세계관 형성에 영향을 주게 된다.

과거의 이미지(소피의 북한군 아버지)와 현재의 이미지(중립국 장교인 소피)가 병치되는 과정은, 과거의 역사적 비극이 현재의 개인적 운명과 어떻게 결합하는지를 보여준다. 그리고 그 두 이미지의 결합은 소피의 모호한 정체성으로 인해 불가능해진 정치적 상황을 영화적으로 형상화한다. 이러한 장면들은 소피 아버지의 기억이 세대에서 세대로 이어진 트라우마, 즉 포스트 메모리로서 40년이 흐른 현재에도 그녀의 정체성에 영향을 미치고 있음을 보여준다. 분단의 비극이 세대를 넘어서 이어지고 있는 것이다.

영화는 공동경비구역 내에서 발생한 남북한 군인들의 비극적인 충격 사건을 주제로 삼고 있다. 이를 위해 공동경비구역이라는 실제 공간을 세트로 재현하였는데, 이 과정에서 한반도의 남북 군사 갈등의 모순과 지정학적 이해관계가 복잡하게 얽힌 공동경비구역의 정치적 알레고리가 영화적 공간으로 재창조된다.

한반도의 분단을 상징하는 비무장지대(공동경비구역도 여기에 포함된다)는 한국인들에게 두 가지 상반된 감정을 부여한다. 첫 번째는, 1945년 독립 이후 38선을 기준으로 남북으로 나뉜 역사적 상황과 1950년 한국전쟁 이후 심화된 남북 분단의 상태에서 유래된 지속적인 정치·군사적 긴장감으로, 이는 공포와 두려움의 감정을 불러일으킨다. 두 번째는, 역사적으로 하나의 민족이었던 남북이 다시 하나의 민족 공동체로 회복되는 것에 대한 갈망과 희망으로, 이는 그리움의 감정을 갖게 한다. 이렇게 복합적인 감정을 갖게 되는 관객은, 자신들이 낯설게 느끼는 동시에 익숙하게 느끼는 북한에 대한 모순된 인식 속에서 영화를 체험하게 된다.

이런 상반된 감정이 얽힌 영화적 공간에서 관객은 정치적 알레고리를 경험한다. 관객은 충돌하는 두 가지 감정을 통해 다시 현재를 직시하게 된다. 이는 남과 북 양측이 상호 공유할 수 있는 공간의 상실과 그에 대한 불완전한 애도를 함축한다. 이런 재인식은 불완전한 애도로 인해 잊어버린 과거의 공간을 기억 속에 되살려낸다. 이는 과거에 대한 불완전한 객관화를 동반한다. 관객은 새로운 시각으로 그 공간을 다시 대상화하며, 그 공간과 현재의 자신과의 관계를 재맥락화한다. 결국, 이러한 과정에서 과거의 공간을 재해석하고 재맥락화하는 것은, 분단 현상을 현재의 의식 속에 내재화하고 그와 관련된 미래의 실천을 모색하게 만든다. 이러한 포스트 메모리를 통해 고착된 지정학적 공간에 대한 새로운 기억의 생성은, 과거를 단순히 트라우마에 머물게 하지 않고 현재의 공간을 재구성하고 미래의 공간을 창출하며 이를 통해 우리 자신의 정체성을 재구성하는 과정이 된다.

2

이데올로기 대립과 삶의 파편화,
화해에의 동경

문병호

과거의 반공 영화, 분단 영화와 비교해 구조적으로 새로운 질적 도약을 성취한 영화 〈공동경비구역 JSA〉

영화 〈공동경비구역 JSA〉는 2차 세계대전 종전 이후 시작된 냉전 시대의 이데올로기 대립이 한반도에서 여전히 지속시키고 있는 군사적·정신적 대결, 그리고 분단이 한민족에게 강요하는 고통과 불행을 영상 언어로 형상화한 종합예술작품이다. 1953년 이래 오늘날까지 지속되는 한반도 분단의 비극과 이데올로기 대립은 한반도에서 고통의 역사를 구조화하였으며, 이 비극적인 역사는 지금도 중단되지 않고 있다. 고통의 역사의 직접적인 피해자는 한민족 전체이다. 남북한의 과도한 무장으로 인한 천문학적인 군사비 지출, 북한에서 3대째 세습되는 전체주의적 지배체제가 자행하는 폭력, 남한에서 군사 권력의 비대화로 인한 두 차례의 군사 쿠데타와 군사독재정권이 장기간 저지른 폭력, 남북한 젊은이들이 청춘을 희생하면서 감당해야 하는 과도한 군역, 군사 문화의 폐해, 이산가족의 비극, 이데올로기 대립을 권력 유지를 위한 대중 조작으로 악용하는 메커니즘의 정착 등 수많은 고통과 불행은 이데올로기 대립의 산물이다. 이처럼 장기간 지속되고 있는 고통과 불행은 지금 이 시각에도 한민족에게 마치 숙명과도 같은 것이 되고 있다.

한반도의 분단 상황과 한국에서 군사정권의 장기 집권은 한국의 영화제작자들로 하여금 반공 영화, 분단 영화라는 거의 천편일률적인 주제를 담은 영화들을 생산하도록 추동하였다. 이 영화들은 이데올로기 대립으로 인한 고통과 불행에 대한 성찰의 계기를 제공하기보다는 오히려 이데올로기 대립을 강화하거나 고착시키는 기능을 주로 담당해 왔다. 반공 영화와 분단 영화 들은 남북한의 이데올로기 대립을 권력 창출과 권력 유지의 수단으로 이용하였던 군사독재정권 아래에서 주로 제작되었다. 모든 국민에게 반공 의식을 고취할 목적으로 상연되었던 이 영화들은 이데올로기 대립을 강화하기 위한 선전 선동의 기능을 했다고 말할 수 있다. 이렇게 선전의 도구로서 기능하는 영화는 예술작품이 아니다.

영화 〈공동경비구역 JSA〉는 반공 영화와 분단 영화에 원리적으로 내재하여 있었던 이데올로기적 선전 기능으로부터의 과감한 탈피를 시도한 작품이다. 박찬욱 감독은 이데올로기 대립의 대표적이고도 상징적인 공간인 공동경비구역에서 남북한 병사들이 겪는 극한적인 고통, 갈등, 불안, 화해 가능성 등을 자신이 면밀하게 도입한 영상기법적 처리방식들을 통해서 예술적으로 형상화했다. 그럼으로써 그는 과거의 반공 영화, 분단 영화와는 다른, 구조적으로 새로운 질적 도약을 성취했다.

영화연구자인 남승석은 〈공동경비구역 JSA〉를 다음과 같이 해석한다. "집단기억은 과거의 의미를 단조롭게 재생산한다. 이러한 집단기억에 대해서, 미래의 의미를 촉발하는 대항기억은 경쟁하는 정치적 의미를 제공하게 된다." 바로 이 점에서 이 영화는 이데올로기적 선전 영화에 지나지 않았던 반공 영화, 분단 영화와는 구조적이고도 질적으로 확연하게 구분되는 새로운 차원을 보여준다. 〈공동경비구역 JSA〉는 반공 의식의 강화와 항구적 고착을 의도하는 이데올로기적 성격을 갖는 전쟁영화가 아니기 때문에, 그리고 아도르노가 문화산업의 본질적인 성격으로 규정한 오락성·상업성[1]·소비성·대체성·동일한 것의 반복이라는 카테고리에 종속되지 않기 때문에 한 편의 종합예술작품으로 결정結晶되어 성공에 이른 작품으로 평가될 수 있다. 이러한 성공에 힘입어, 이 영화는 아도르노가 말하는 의미 매개와 의미 형성의 차원에서 해석

---

1. 〈공동경비구역 JSA〉가 상업성으로부터 충분할 정도로 배제되어 있느냐는 물음은 논란의 여지가 많다. 그럼에도 이 작품을 전적으로 시장 논리와 시장 법칙에만 토대를 두고 제작된 작품, 이윤추구의 극대화를 의도한 작품으로 규정할 수는 없을 것 같다.

될 수 있다. 다시 말해, 예술작품이 역사와 사회적 현실에 대해 어떤 의미를 매개하는가라는 차원과 이러한 의미 매개를 통해 예술작품이 형성하는 의미는 무엇인가라는 차원에서 이 영화를 해석해 볼 수 있는 실마리를 잡게 되는 것이다.

남승석은 영상예술적·영상기법적·영화미학적 차원에서 이 영화를 전문적이면서도 심도 있게 분석함으로써 이 영화에 대한 작품 내재적인 해석을 다양한 시각에서 시도하였다. 그가 시도한 이 탁월한 해석을 통해 이 영화가 작품 내재적인 차원에서 매개하는 의미는 충분하게 드러났다고 볼 수 있을 것이다. 따라서 나는 이 영화가 매개하는 의미, 형성하는 의미를 벤야민과 아도르노의 시각에서 해석하고자 한다. 벤야민과 아도르노는 역사·사회(사회적 현실)와 예술의 관계에 대해 서구 미학사·예술이론사에서 최고 수준의 심원한 사유를 보여주는바, 두 이론가의 시각으로 〈공동경비구역 JSA〉에 대한 해석을 시도함으로써 이 영화를 심층적으로 이해할 가능성을 탐색해 보고자 한다. 이렇게 함으로써 영화도 시간과 공간을 초월하여 인류에게 의미를 매개하고 더 나아가 의미를 형성하는 위대한 예술작품들과 동질적인 위상을 가질 수 있음을 보여주려고 한다. 영화가 문화산업으로 전락한 현상이 오늘날 일반적으로 되었음을 볼 때, 이러한 시도는 영화의 예술적 기능을 강조하는 데 적지 않게 기여할 수 있을 것이다.

〈공동경비구역 JSA〉가 고통과 불행에 대해 던지는 물음과 예술적 인식

앞에서 언급했듯이, 과거의 반공 영화와 분단 영화는, 자기 권력의 획득과 유지에 한반도의 분단 상황이 유리한 세력들의 이해관계를 보존·강화하는 기능을 갖고 있었다. 5·16 군사 쿠데타를 통해 권력을 장악한 군사독재정권은 반공을 국시로 삼았고, 군사정권이 적극적으로 육성한 재벌과 거대 족벌 언론은 군사정권과 이해관계를 공유하면서 북한의 남침에 의한 전쟁 위협과 반공 의식의 강화를 권력 유지를 위한 선전 수단으로 활용하였다. 이것은 12·12 군사 쿠데타를 자행하여 권력을 장악한 신군부 세력의 집권기에도 지속되었다. 따라서 반공 영화와 분단 영화는 한국 사회를 지배하는 권력관계들의 망에 의존하여 생산된 영상물이라고 볼 수 있다. 이런 영화들이 반공 이데올로기를 선전하고 친미 의식을 고취하며 북한을 악의 총체적인 실현 형식[2]으로 표현하는

---

2. 나는 북한의 지배체제를 인류 역사가 시작된 이래 거의 유례를 찾아볼 수 없는 가장 기괴한 폭력체계로 본다. 김일성 주체사상으로 명명된, 북한 사회의 구성원들에게 총체적 폭력을 행사하는 지배 이데올로기는 인간이 인간을 정신적으로 얼마나 완벽하게 통제할 수 있으며 인간에게서 영혼을 얼마나 완벽하게 박탈할 수 있는가를 증명하는 이데올로기이다. 나는 지배 이데올로기가 인간의 영혼으로 된 사회가 바로 북한 사회라고 생각한다. 따라서 북한 사회에서는 인간의 영혼과 관계하는 사회제도인 종교가 존재하지 않는다. 북한의 지배체제는 인류 역사상 한 번도 시도되지 않았던 인간에 대한 실험을, 다시 말해 부당한 지배 권력이 권력에 대한 모든 저항을 총체적으로 무력화시키고 인간에

것은 영화 제작에 영향을 미치는 지배적인 권력관계들로부터 오는 필연적인 결과이다.

이런 영화들은 관객에게 특정한 가치를 주입함으로써 관객들이 강요된 교육을 받게 하는 기능까지 갖는다. 강요된 교육에서 성찰, 비판, 인식을 위한 자리는 존재하지 않는다. 관객은 이데올로기적 선전의 의도를 갖고 촬영된 영상의 흐름에 자신의 감정을 이입함으로써 한반도의 분단으로 인한 고통과 불행에 대한 냉철한 인식보다는 반공이 지고^{至高}하고 지선^{至善}한 가치이고 북한은 악의 집단이라는 감정에 머물러 있게 된다. 이렇게 해서 관객은 자신의 눈앞에서 전개되는 영상과 한 몸이 되며, 양자 사이의 거리는 존재하지 않게 된다. 거리가 존재하지 않게 됨으로써 관객은 반공 영화, 분단 영화가 의도하는 이데올로기 효과에 빨려 들어가게 된다. 그 결과 반공 영화, 분단 영화는 관객의 감정이입에 힘입어 관객을 '가르치고' 관객에게 '특정 이념과 가치를 주입하는' 영화의 기능을 발휘한다. 이러한 기능의 일차적인 수혜자가 한반도의 분단 상황을 권력 획득과 유지에 이용하는 세력이라는 점은 명백하다. 북한의 지배 권력 또한 이차적인 수익자이다. 이데올로기 대립이 격화될수록, 북한 공산주의의 지배체제도 더욱 견고해지기 때문이다.

게서 영혼을 탈취하고 인간을 지배 권력의 도구로만 관리하는 실험을 지금도 계속하고 있다.

〈공동경비구역 JSA〉는 관객을 감정적인 차원에서 '가르치고' 영화관을 강요된 교육의 현장으로 기능하게 하는 반공 영화, 분단 영화와는 전적으로 새로운 구조와 질을 추구하는 영화이다. 남승석의 해석이 매우 설득력 있게 보여주듯이, 이 영화는 한반도의 분단 상황이 개인과 사회에 유발하는 고통과 불행에 대해 묻고 있다. 이 영화는 특정 이데올로기를 선전하고 특정 이념을 감정적 차원에서 '가르치는' 영화가 아니며, 분단으로 인해 한민족이 받는 고통과 불행에 대해 '묻는' 영화이다. 이 영화는 이러한 물음을 제기함으로써 분단이 유발하는 비극에 대해 성찰할 것을 관객에게 제안하고 더 나아가 비극의 극복 가능성을 함께 모색하는 것을 추동[3]하는 데로까지 나아가고 있다.

예술작품이 세계에 대한 물음을 예술작품의 형상 언어에서 결정結晶에 이르게 하면, 다시 말해 예술작품이 이 물음을 예술적으로 형상화하면, 예술작품은 감각적 모멘트에 토대를 두고 생산되었음에도 불구하고 감각적 차원을 뛰어넘어 인식의 차원으로 올라선다. 모든 위대한 예술작품은 감각적인 모멘트에 토대를 두고 생산되었음에도, 세계에 대한 인식의 차원을 갖는 물음들, 특히 사회적 현실과 인간의 삶의 관계에 관한 물음들을 제기한다. 이런 물음들에 근거하여 형상화에 이른 위대한 예술작품은 예술

---

3. 바로 이 점이 아도르노가 말하는, 예술작품이 성취하는 의미 형성이다. 이에 대해서는 이 글의 끝부분에서 간략하게 논의할 것이다.

도 인식을 성취할 수 있음을 보여준다. 예를 들어 보들레르의 『악의 꽃』은 절정에 이른 자본주의가 구축한 상품사회에서 인간이 당하는 고통에 대한 물음이며, 이 물음에 힘입어 오늘날에도 현재적 중요성을 유지하면서 통용되는 예술적 인식을 성취하였다. 『악의 꽃』은 벤야민이 19세기 세계 중심도시로 명명한 파리에서 전개된 대도시 문명이 유발하는 소외, 자본이 자행하는 폭력, 인간의 상품화와 도구화, 경제적·사회적 양극화, 빈곤의 구조화 등 수많은 예술적 인식을 성취했다. 관객과의 관계에서 감정이입을 거부하는 영화, 관객과의 거리를 설정함으로써 관객에게 한반도 분단과 한민족이 당하는 고통과 불행에 대해 '묻는' 영화인 〈공동경비구역 JSA〉 역시 예술적 인식을 매개하는 영화로 평가될 수 있다. 이 점에서, 이 영화는 예술적 인식에 관한 이론을 ─ 역사철학적·인식론적·사회이론적·예술이론적 차원에서 ─ 정초한 벤야민과 아도르노의 시각에서 해석될 가능성을 가진 예술작품으로 볼 수 있다.

분단 상황이 구조화한 고통의 역사와 〈공동경비구역 JSA〉의 알레고리적 성격

이 영화가 보들레르, 카프카, 조이스, 피카소, 베케트의 작품과 같은 위대한 예술작품에서 형상화된 알레고리의 수준에 근접하는 예술작품으로 평가될 수는 없다. 이처럼 위대한 예술작품에 퇴적된 의미의 층^屬들은 시간과 공간을 뛰어넘어 삶, 역사, 사회 등에 대한 물음과 성찰을 인류에게 매개하면서 다가올 뿐만 아니라 인류가 처하게 되는 새로운 세계 상황에서 새롭게 해석될 수 있는 잠재력이 있다. 예컨대 카프카의 『변신』이나 『심판』에 퇴적된 개인의 폐기라는 의미의 층은 인공지능 시대에도 역시 새롭게 해석될 수 있다. 이렇게 볼 때, 〈공동경비구역 JSA〉를 부족함이 없이 알레고리에 도달한 작품으로 보기는 어려운 것이다. 그럼에도 나는 이 영화를 알레고리적 성격을 갖는 작품으로 보고자 하며, 알레고리적 성격을 갖는 것만으로도 이 영화는 예술작품으로서의 위상을 충분히 획득하고 있다고 말할 수 있다. 영화가 문화산업이 목표로 삼는 이윤추구 극대화의 희생물로 전락한 것이 오늘날 거의 일반적인 추세임을 감안할 때, 〈공동경비구역 JSA〉가 알레고리적 성격을 갖는 것 자체만으로도 이미 소중한 가치이다.

「서론」에서 간략하게 논의하였듯이, 알레고리는 예술작품이 실행하는 세계 해명, 세계 해석, 세계 인식, 세계 변혁이다. 큰 틀에서 볼 때, 알레고리는 세계 인식과 관련되는 개념이다. 나는 앞에서 〈공동경비구역 JSA〉를 한반도 분단과 이데올로기 대립이 유발하는 고통과 불행에 대해 '묻는' 영화로 볼 수 있음을 밝혔다. 이는 이 영화를 세계 인식과 관련된 영화로 해석할 수 있는 근거가 된다. 알레고리에서 대상이 되는 것은 큰 틀에서 보면 세계이다. 세계의 개념이 최상위에 존재하는 추상적인 개념이라면, 알레고리로 형상화될 수 있는 역사, 사회, 사회적 현실, 경험적 현실 등은 세계의 하위에 존재하는 개념들이다. 알레고리는 특히 역사·사회적 현실과 예술 사이에서 성립하는 개념인데, 알레고리에서 관건이 되는 거대 개념은 세계이다.

알레고리는 한 편의 예술작품으로서 형상화되어 완결된 형체를 보여주는 작품에 적용될 수 있다. 예를 들어 보들레르의 『악의 꽃』 전체가 알레고리이며, 이 시집에 들어 있는 각기 완결된 형체를 보여주는 개별 시들도 알레고리이다. 그러나 개별 시에서 구사되는 상징이나 메타포는 알레고리로 볼 수 없다. 그러나 상징이나 메타포의 구사는 한 편의 예술작품이 알레고리로 형상화하는 데 기여할 수 있는 요소들이다.

〈공동경비구역 JSA〉를 알레고리적 성격을 갖는 예술작품으로 볼 수 있는 첫 번째 근거는 이 영화에서 표현된 주제의 측면에서 찾을 수 있다. 벤야민이 정의한 알레고리는, 앞의 글에서 이미 논의하였듯이, 세계의 고통사이다. 나는 이를 세계가 인간에게 강요하는 고통의 역사라고 해석하는바, 바로 이러한 고통의 역사가 〈공동경비구역 JSA〉에서 영상 언어로 형상화되어 있다고 본다. 즉, 영화는 공동경비구역을 한반도 분단이 한민족에게 유발하는 고통이 퇴적된 이데올로기 대립의 가장 상징적인 공간으로 형상화하고 있는 것이다. 그 공간에서 근무하는 병사들은 자신들의 의지와는 관계없이 국가권력에 의해 강제적으로 징집되었다. 그리고 그들은 남북의 갈등·감시·대결이 구조적으로 첨예화되어 있는 비극적인 공간에서 근무하고 있다. 이 지정학적 공간에는 그곳에서 근무해 왔던 개인들이 당했던 고통과 불행이 퇴적되어 있다. 이렇게 볼 때, 〈공동경비구역 JSA〉는 주제 설정에서 알레고리적 성격을 갖는 작품으로 평가될 수 있다. 이 영화는 한반도의 분단된 현실(A)과 병사들이 처해 있는 현실(Á)이 이 영화의 주제로 볼 수 있는 고통에서 동치同値 관계를 형성하고 있음을 보여준다. 그렇기 때문에 이 영화는 주제적 차원에서 알레고리적 성격을 갖는 것이다.

〈공동경비구역 JSA〉는 알레고리를 구조적으로 성립하게 하는 표현기법들의 측면에서도 알레고리적 성격을 갖는다. 이 영화에 등장하는 인물들의 삶은 파편처럼 산산조각이 나 있으며, 총성이 울리고 자살이 발생하는 폐허 속에서 불안정하게 이어진다. 총탄에 의해 구멍이 뚫린 시체는 파편으로서의 시체이며, 이러한 시체를 만들어내는 공간은 폐허의 공간이다. 초코파이, 물, 구두약도 파편의 효과를 만들어낸다. 〈공동경비구역 JSA〉가 등장인물들의 삶을 영상기법으로 형상화하는 두 가지 요소, 곧 삶의 파편화와 삶이 이어지는 환경의 폐허화는 이 영화에 알레고리적 성격을 부여하는 중요한 요소들이다. 파편화된 삶과 불안정하게 이어지는 폐허 속 삶에서 남아 있는 것은 고통과 불행이며, 알레고리가 주로 형상화하는 주제는 고통, 불행, 재앙, 파국이다.

이렇게 볼 때, 북한군 병사들과 남한군 병사들은 이데올로기 대립이 인간에게 강요하는 삶의 파편화와 폐허 속에서의 불안정한 삶을 알레고리적으로 표현하는 인물들로 해석될 수 있다. 그러나 이 인물들은 카프카와 베케트 같은 예술가의 위대한 예술작

품에 등장하는 알레고리적 인물들이 매개하는 의미의 다양하고
도 심층적인 층^層들을 매개하는 수준을 보여주지는 못한다. 위대
한 예술작품에서 형상화된 알레고리적 인물들은 이 인물들의 행
위와 인물 간의 관계에 대해 다양한 시각에서 심층적으로 해석할
가능성을 시간과 공간을 뛰어넘어 제공한다. 바로 이 점에서, 〈공
동경비구역 JSA〉에 등장하는 인물들은 알레고리를 성공에 이르
게 하는 수준의 관점에서 보면 기본적인 수준에 머물러 있는 인
물들로 해석될 수 있을 것이다.

　이 영화의 줄거리에는 미궁이 구조화되어 있다. 총격전에 대해
남한 측 병사들과 북한 측 병사들이 상반된 진술을 하는 장면들,
서로 적대시하면서도 은밀한 공간에서 친밀한 감정을 사적으로
주고받는 관계를 보여주는 장면들, 중립국에서 파견 나온 조사관
인 소피 소령의 조사 행위 및 신상과 관련된 장면들은 관객을 미
궁에 빠져들게 한다. 미궁은 진실과 허위를 구분하지 못하게 함으
로써 관객으로 하여금 무엇이 인간을 이러한 미궁과 혼란으로 밀
어 넣었는가를 묻게 하는 효과를 창출한다. 미궁은 '묻는' 영화로
서의 〈공동경비구역 JSA〉가 예술적 인식을 획득하는 데 기여하
는 요소이다. 미궁은 또한 수수께끼적인 성격을 갖고 있다. 알레고
리는 본질적으로 수수께끼적인 성격을 갖는바, 이 영화에 구조화
되어 있는 미궁은 따라서 이 영화의 알레고리적 성격을 강화하는
중요한 요소라고 볼 수 있다.

　응시는 이 영화를 관통하는 중심적인 모티프이다. 오프닝에

등장하는 수리부엉이의 눈, 남북한 군인이 응시를 통해서 서로 위협하는 것이 구조화된 공간으로서의 공동경비구역에서 기능하는 응시의 총체화도 〈공동경비구역 JSA〉가 알레고리적 성격을 확보하는 데 강력하게 기여하는 요소이다. 비 내리는 밤의 장면, 이수혁 병장이 비 내리는 다리를 건너 남쪽으로 탈출하는 장면 등은 영화에 암울한 분위기를 부여하는바, 암울함은 알레고리에 본질적인 요소이다. 그 밖에도, 남북한 병사들의 침 뱉기 놀이, 총탄으로 하는 공기놀이, 북한군 초소와 남한군 초소 같은 공간들에 대해 — 면밀하게 도입된 영상기법을 통해 — 시도하는 묘사 등 이 영화의 여러 장면에서 알레고리적 성격을 해석해낼 수 있지만, 미궁, 응시의 총체화, 암울한 분위기 연출만으로도 이 영화는 알레고리적 성격을 충분하게 갖는다.

이데올로기 대립과 개인의 폐기

이 영화에 등장하는 인물들은 자기 자신을 개별적이며 구체적이고 특별하면서도 자율적인 존재자로 확인할 수 없다. 그들은 자기 자신의 정체성을 스스로 규정할 수도 없고 확인할 수도 없는 것이다. 그들에게 주어진 정체성은 강요된 정체성이다. 등장인물들에게 강요된 정체성의 근본적인 원인은 일차적으로는 한반도의 분단이 유발하는 이데올로기 대립이다. 이데올로기가 장기간에 첨예하게 대립한 상태에서 존속하는 남북한의 국가권력은 등장인물들을 강요된 정체성에 종속시키는 이차적인 원인이다. 〈공동경비구역 JSA〉의 앞부분에 나오는 장군의 대사는 이를 극명하게 상징한다. "세상엔 두 종류의 인간이 있어. 빨갱이, 그리고 빨갱이들의 적." 두 개의 원인은 한반도에서 출생하여 병역의 의무를 떠맡는 모든 개별 인간[4]에게 강제적으로 작용하여 그들에게서 고유한 정체성을 탈취하고 이데올로기 대립과 국가권력이 강요하는 정체성을 그들에게 부여하는 것이다. 모든 개별 인간에게 고유하게 존재해야 할 정체성을 탈취당한 채 강요된 정체성에 종속된 〈공동경비구역 JSA〉의 등장인물들은 이데올로기 대립과 국가권력의 희생물의 역할을 떠맡는 무력한 개별 인간들이다. 그들은 이데올로기 대립의 도구로 전락한 개별 인간들이며, 국가조직이 이용하는 도구로서 관리되는 개별 인간들이다. 그들은 고통을 대리로 받도록 강요받은 개별 인간들이다.

---

4. 개인의 개념은 서구에서 1524~1525년에 걸쳐 진행된 독일 농민전쟁에서 발원하였다는 것이 서구 학계의 일반적인 시각이다. 이 개념은 봉건시대의 신민에 대비되는 개념으로 내가 '나'를 '나'로 확인하는 것에 근거한다. 나는 봉건 지배체제로부터의 해방을 의도하는 개념이며 따라서 가치지향적인 성격을 갖는 개인의 개념이 각기 존재하는 인간을 가리키는 개념인 개별 인간보다는 더 높은 차원의 개념이라고 생각하여, 두 개념을 구분하는 입장을 갖고 있다. 나는 예컨대 한국 사회에서는 개인이 아직 실현되지 않고 있다고 본다. 아도르노는 두 개념을 명확하게 구분하여 사용하지는 않는다. 그러나 문맥에 따라 두 개념이 의미의 편차를 보이기도 한다. 그가 사용하는 '개인의 폐기'라는 개념은 개별 인간이 개인으로서 존재할 가능성이 소멸하였다는 의미를 담고 있다. 나는 이 개념에 대해 다음 책에서 비교적 상세하게 논의한 바 있다. 문병호, 『왜 우리에게 불의와 불행은 반복되는가?』, 18~73쪽.

〈공동경비구역 JSA〉는 파편화와 폐허화에서 등장인물들이 대신 고통을 받는 여러 가지 모습들을 보여준다. 그들은 총을 쏘아 사람을 살해하고 이로 인해 발생한 상황에 대해 거짓을 말하는 역할까지 떠맡는다. 그들은 시선 충돌과 상호 감시를 일상생활로 받아들인다. 그들은 자살이라는 극단적인 행위를 선택하지 않을 수 없는 상황에 처한 무력한 개별 인간들이다. 그들에게 각자의 고유의 삶이란 존재하지 않는다. 이 영화의 등장인물들에게서 드러나는 개별 인간의 이처럼 비극적인 모습은 아도르노가 제기한 테제인 '개인의 폐기' 개념에 상응한다. 아도르노의 이 개념은 사회적 조직화가 자기보존의 강제적 속박에 묶여 있는 개인으로 하여금 자기 주체를 스스로 포기하도록 강제하며, 이렇게 함으로써 사회에 적응하도록 개인을 길들이면서 노동이 매개 고리가 되는 교환법칙에 종속시킨다는 의미를 담고 있다. 개인의 폐기가 총체적으로 실현된 사회가 바로 프랑크푸르트학파가 제기한 유명한 테제인 관리된 사회이다.

나는 이데올로기, 사물화, 교환법칙, 관리된 세계, 개인의 폐기가 아도르노의 사회이론에서 가장 핵심적이고도 가장 비중이 큰 개념들이라고 보고 있다. 개인의 폐기 개념은 위에서 예시한 중요 개념들과 연관되며, 아도르노 사상을 구성하는 다른 모든 개념과도 관련을 맺고 있다.

나는 앞에서 이데올로기 대립이 〈공동경비구역 JSA〉에서 발생하는 고통과 불행의 근본적인 원인임을 주장하였다. 이 자리에서 이데올로기에 대한 아도르노의 사유를 빌려 짧게 논의할 필요가 있을 것이다. 아도르노는 이데올로기를 "객관적으로 필연적이면서 동시에 잘못된 의식으로서, 참된 것과 참되지 않은 것의 교차로서, 이러한 교차가 완전한 진실과 분리되어있는 것과 마찬가지로 완전한 허위로부터도 분리되어있는 것"[5]으로 본다. 이러한 성격을 갖는 이데올로기는 개인, 집단, 조직, 사회, 국가에 잘못된 의식을 객관적이고도 필연적으로 내재하게 하고 진실과 허위의 구분을 저해함으로써 개별적이고 구체적이며 특별하고 자율적인 존재자인 개인이 개인으로서 존립하는 것을 용인하지 않는다.

아도르노가 볼 때, 사회와 이데올로기는 한 몸이 되어 기능한다. 한국 사회는 이 사회의 작동방식에 ― 크게 보아 과거에는 그 중심에 군사독재정권이 구축한 권력관계들이, 현재는 자본주의적 지배체제가 작동시키는 권력관계들이 위치한다 ― 상응하여 사회적으로 객관적으로 필연적인 가상을 산출한다. 이것이 한국 사회에서 기능하는 이데올로기이다. 북한 사회에서는 주체사상이 그 사회의 작동방식에 ― 크게 보아 예나 지금이나 김일성 주체사상이 위치한

---

5. 테오도르 아도르노, 『사회학 논문집 L』, 634쪽. 이데올로기 개념은 아도르노의 사유에서 핵심적인 위치를 차지하며, 그의 모든 저작에 편재한다. 그가 사용하는 이데올로기 개념은 아도르노 이전에 이 개념에 대해 논의했던 베이컨, 엘베시우스, 달바하, 트라시, 마르크스, 막스 베버, 파레토, 셸러, 만하임 등의 이론을 훨씬 뛰어넘는 차원을 보여준다. 아도르노는 이데올로기 개념을 '사회적으로 필연적이며 객관적인 가상'으로 정의하는바, 이는 세계와 사회에 대한 그의 사유와 상응한다.

다 ─ 상응한다. 주체사상은 앞에서 말한 가상을 산출하며, 이것이 북한 사회에서 기능하는 이데올로기이다. 〈공동경비구역 JSA〉는 이 두 개의 이데올로기가 첨예하게 대립하는 공간이며, 등장인물들에게서 드러나는 개인의 폐기는 이데올로기 대립의 산물로 해석될 수 있다. 남북한 병사가 당하는 고통과 불행, 다시 말해 감시, 응시의 총체화, 침 뱉기 놀이, 총탄으로 하는 공기놀이, 진실과 허위가 구분되지 않는 진술, 자살 등은 폐기된 개인의 모습을 생생하게 보여주는 장면들이다. 특히 남성식 일병의 자살은 개인의 폐기의 정점을 보여주는 장면으로 해석될 수 있다.

앞에서 언급했듯이, 관리된 사회는 개인의 폐기가 총체적으로 실현된 사회이다. 아도르노는 1950년대 중반을 기준으로 하여 지구에 존재하는 사회 전체가 관리된 사회의 형식을 갖고 있다고 보았다. 그는 특히 옛 소련과 옛 동구권의 현실사회주의를 전체주의적 지배체제의 극단적으로 부정적인 형식으로서의 관리된 사회가 총체적으로 실현된 형식이라고 격렬하게 비판하였다. 그는 서방세계 역시 자본주의적인 지배체제가 구축한 관리된 사회로 보아 비판을 멈추지 않았다. 관리된 사회에 대한 아도르노의 비판은 옛 소련과 옛 동구권의 현실사회주의에 대해 더욱 격렬했다. 이렇게 볼 때 소멸하지 않고 존속하고 있는 북한의 현실사회주의에서 관리된 사회가 더욱 총체적으로 작동하고 있다는 점이 자명해진다.

〈공동경비구역 JSA〉의 등장인물들은 김일성 주체사상에 의해 전체주의적으로 관리되는 사회인 북한 사회로부터 온 병사들,

자본주의적 지배체제에 의해 빈틈없이 관리되는 사회인 한국 사회로부터 온 병사들이다. 이들 병사는 관리된 사회, 곧 개인을 폐기시키는 사회로부터 온 병사들이다. 그들은 공동경비구역에서 근무하기 전부터 이미 개인을 폐기시킴으로써 작동되는 사회인 관리된 사회 속에서 살았던 것이다. 이에 더하여, 그들은 이데올로기 대립이 가장 첨예하게 기능하는 공간인 공동경비구역에서 한국 사회와 북한 사회의 구성원들이 일반적으로 겪는 개인의 폐기보다도 더욱 고통스럽고 비극적인 폐기를 당하는 비극적인 인물들이다. 이러한 인물들의 형상화는 〈공동경비구역 JSA〉에 알레고리적 성격을 충분히 부여하는 요소이다.

개인의 폐기 개념을 사물화, 교환법칙의 개념과의 관계에서 논의하는 것은 방대한 지면을 필요로 할 뿐만 아니라 이 글의 목적이 〈공동경비구역 JSA〉에서 드러나는 개인의 폐기에 집중되어 있으므로, 이 자리에서 더 이상 논의를 확대하지 않기로 한다.

〈공동경비구역 JSA〉와 의미 형성, 대립 · 고통 · 불안 속에서의 화해

이 글은 벤야민의 알레고리 개념, 아도르노의 개인의 폐기, 이데올로기 개념의 일부 내용만을 참조해 이 영화가 매개하는 의미를 해석하려고 시도하였다. 이 영화는 이데올로기 대립이 구축한 세계, 곧 남북한이 군사적이고도 정신적으로 대립하고 있는 세계가 인간에게 강요한 고통을 형상화한 작품이다. 등장인물들이 당하는 고통과 불행은 개인의 폐기가 공동경비구역이라는 특별히 비극적인 공간에서 특별하게 비극적인 형식으로 진행된 것의 산물로 해석될 수 있다. 이 영화는 이러한 의미들을 매개하는 것에서 멈추지 않는다. 이 영화는 의미 매개에 토대를 두어 의미를 형성하는 차원을 갖는다. 이 영화는 아도르노가 말하는 의미 형성의 차원에 도달한 영화로 볼 수 있는 것이다.

남승석은 이 영화에서 "정치적 공간에 고정된 대중의 기억이 영화적인 장치를 통해 재현되"었다고 보고 있으며, 더 나아가 정치적 공간에 반하는 공간인 "탈이념적인 미래적 공간이 혼합 장르의 공간 재현을 통해 대항기억의 구축에 기여하고 있다"는 데까지 나아가고 있다고 해석한다. 이러한 해석은 이 영화가 넓게 보아 한 민족에게, 좁게 보면 공동경비구역에서 근무하는 군인들에게 고통과 불행을 구조적이고도 일상적으로 강요하는 메커니즘을 형상화하고 있으며 이것에서 벗어나는 미래를 동경하는 의미를 형성하고 있음을 보여준다.

벤야민과 아도르노의 시각을 빌려서 이 영화가 창출하는 의미 형성에 대해 논의해 보자. 이 영화는 세계가 인간에게 강요하는 고통의 역사로부터의 탈피, 이데올로기 대립이 유발하는 폭력으로부터의 해방, 개인의 폐기를 극복하고 진정한 개인의 실현에의 동경 등을 영상 언어로 형상화하고 있다. 이 영화는 갈등과 대립, 고통과 불행, 삶의 파편화, 삶의 공간의 폐허화에서 벗어나서 인간과 인간의 화해, 인간과 사회의 화해, 사회와 사회의 화해를 향하는 의미 형성을 성취하고 있다. 또한, 이데올로기 대립이 강요하는 삶의 파편화를 넘어서 화해에 이르자고 하는 의미를 형성하고 있다. 남북한 병사 4인이 대립의 공간에서 은밀하게 주고받는 대화에는 화해의 가능성이 형상화되고 있다. 이는 이수혁 병장이 끝까지 보호하려는 사람이 북한군 오 중사임을 설명하고 있다. 그리고 오 중사 역시 진실을 말하려는 이수혁 병장의 멱살을 잡고 소동을 벌였던 행동의 의도가 이 병장을 보호하려는 것이었다고 설명한다. 결국 이 장면은 이데올로기의 극한적인 대립 속에서도 인간애와 화해를 포기하지 않는 인간의 의지를 영상 언어로 형상화하고 있다.

2장 〈택시운전사〉 2017

2017년 개봉한 장훈 감독의 〈택시운전사〉는 1980년 광주 민주화 운동을 배경으로 하며, 외신기자 위르겐 힌츠페터와 택시 운전사 김사복(영화에서는 김만섭이라는 캐릭터로 그려졌다), 그리고 광주 시민의 실제 이야기를 모티브로 했다. 위르겐 힌츠페터는 광주에서 발생하는 사태를 취재하기 위해 서울에 도착한다. 택시기사 만섭은 밀린 월세를 갚기 위해 힌츠페터를 손님으로 태우고 광주로 향한다. 대낮의 광주에서는 비틀거리는 도로와 가게들의 문틈만이 차가운 바람을 막아주고 있었다. 힌츠페터는 이 모든 상황을 카메라에 담기 시작한다. 그는 트럭에 올라탄 한 무리의 대학생을 발견하며, 그들의 용기에 찬사를 보낸다. 〈택시운전사〉는 국가적 트라우마와도 같은 역사적 사건에 희생자의 시선이 아닌 외부인의 시선으로 접근하여 공식적인 역사와 개인의 기억이 교차하는 지점을 형상화한다.

1

거대한 역사적 변화의 흐름 속에 던져진
한 개인의 초상화

남승석

1980년의 정치 · 경제적 배경

2017년 개봉한 장훈 감독의 〈택시운전사〉는 1980년 광주민주화운동을 배경으로 한 작품으로 '개인' 택시운전사가 주인공이다. 택시운전사 김만섭(송강호 분)은 평범한 사람이지만, 다른 사람의 고통에 공감할 수 있는 마음을 갖고 있다. 독일 기자 위르겐 힌츠페터(토마스 크레취만 분, 이하 피터)는 만섭의 도움으로 광주에 도착해 계엄군이 시민에게 가하는 폭력을 기록한다. 이 영화는 1980년 5월 금남로의 광주 시민과 함께하지 못한 아픔을 대변하며, 이에 대한 미안함을 표현한다. 이것이 영화의 핵심 메시지이다.

피터는 독일 공영방송의 아시아 특파원으로서, 한국에서 일어난 정치적 운동을 일본에 체류하다가 알게 된다. 그는 기자라는 자신의 신분을 숨기고 선교사로 위장하여 한국에 입국하고, 광주의 역사적 현장을 카메라에 담는다. 위험을 무릅쓰며 기자의 본분을 다하는 그는 무모하면서도 정의로운 사람이다.

〈택시운전사〉는 거대한 역사의 흐름을 그리는 동시에, 그 흐름을 잠시 경험한 두 개인의 이야기를 통해 개인이 어떻게 역사 앞에서 성찰하는지를 보여준다. 이는 광주 민주화 운동과 계엄군의 폭력진압을 서울의 택시운전사와 독일 기자의 시선으로 관찰하게 함으로써, 개인의 삶과 역사가 어떻게 교차하는지를 보여주는 중요한 작품이다.

〈택시운전사〉는 1980년, 군부독재자 박정희 대통령이 암살당한 후 쿠데타를 일으킨 신군부 세력에 대항하여 발생한 광주민주화운동을 배경으로 하고 있다. 1970년대에서 1980년대로 넘어가는 첫해이자, 산업화 시기에서 민주화 시기로 이행하는 중요한 시점이었다. 당시에는 아직 완전히 드러나지 않았지만, 잠재적인 민주화 담론이 시작되는 해이기도 했다.

1960년대는 한국전쟁 이후 미국의 무상원조가 중단되고, 한국이 차관으로 원조를 받아 수출 주도형 산업의 국가 기반 시설 구축을 이루었던 시기이다. 1970년 전후로 시골을 산업화된 공간으로 변화시키기 위한 새마을 운동이 시작되었으며, 1973년에는 중동 건설 붐의 경제적 변동이 있었다. 이러한 변화들이 모여 1980년까지 압축적 근대성을 구현하는 산업화를 통한 경제성장이 진행되었고 20년간의 박정희 독재정권이 종결되었다. 그리고 광주민주화항쟁이 일어난 1980년은 산업화 시대에서 민주화 시대로의 전환의 원년이었다.

'압축적 근대성'Compressed Modernity이란 산업화와 민주화라는 시간과 공간 차원에서의 문명적 변화가 급속도로 일어나는 국가의 현상을 설명하는 개념이다. 극도로 응축적인 면들을 가지면서도 시공간적으로 이질적인 요소들이 공존하는 복합적인 개념이다.[1] 그래서 '압축적 근대성'은 한국과 대만, 중국이나 베트남처럼 급속하게 발전한 아시아 국가들에서 나타난 현상을 설명하는 데 유용하다.

1980년 당시 계엄군은 서울과 광주의 통로를 철저히 차단하였고 두 도시는 마치 SF 영화 속의 거대한 캡슐처럼 내외부로 분리된 상황이었다. 택시운전사 만섭은 이러한 상황에서 자신의 택시를 이용하여 독일 기자 피터를 서울에서 광주로 데려가 취재를 도와주게 된다. 그 과정에서 만섭은 서울과 광주를 오가며 광주민주화운동의 실상을 목격하고, 피터가 그것을 세계에 알리는 데 도움을 주며 민주화의 필요성을 깨닫게 된다.

1980년 5월의 광주 금남로, 타인의 고통에 공감하는 응시

독일인 기자 피터와 한국인 택시운전사 만섭은 두 도시를 오

1. Kyung-Sup Chang, *South Korea under Compressed Modernity*, pp. 5~8.

가며 신군부가 자행한 무자비한 폭력의 희생자가 된 광주 시민의 고통을 공유하고 목격하게 된다. 피터는 위험을 무릅쓰고 '타인의 고통에 공감하고 실천해야 한다'는 윤리적 명제를 현실 세계에서 구현하게 된다. 만섭 역시 월세를 갚기 위한 목적으로 피터를 광주로 데려가지만, 광주 택시운전사들과의 만남을 통해 그들의 아픔에 공감하고 연대한다. 이렇게 두 사람은 각자의 위치에서 광주민주화운동의 진실을 세계에 알리는 역할을 수행하게 된다.

이런 맥락에서 서울의 택시운전사 만섭은 광주에서 충격적인 현실을 경험하며 새로운 인물로 변화한다. 송강호가 김만섭을 연기하며 보여준 것은 거대한 역사적 사건 이후의 변화를 체화하는 한 개인의 초상화이다. 즉, 그는 거대한 역사적 사건 전후의 변화를 체화한 역사의식을 가진 국민을 연기하는 것이다. 특정 시대의 역사영화에서 한 개인을 재현하며, 그 인물이 던져진 세계를 또한 재현하는 것이다. 이는 송강호뿐만 아니라 피터 역할을 했던 크레취만[2]이 독일 기자의 역할을 훌륭하게 연기한 것과도 함께 볼 수 있다.

그간 5·18 관련 영화는 주로 희생자의 목소리를 들려주었다. 진압군의 총에 엄마를 잃고 절망하며 광인이 된 소녀를 찾는 〈꽃

---

2. 크레취만은 〈피아니스트〉(2002), 〈다운폴〉(2004), 〈아이히만〉(2007), 〈작전명 발키리〉(2008) 등 그동안 여러 장르의 홀로코스트 소재 영화에서 독일군 장교 역할을 맡아오던 배우였으며, 〈원티드〉(2008)라는 할리우드 영화에서 제임스 맥어보이의 아버지 역할로도 나온 유명한 배우이다.

잎〉(1996)이라든지, 진압군으로 동원되었던 한 남자의 삶의 궤적을 탐색하는 〈박하사탕〉(2000), 평범한 시민이 된 시민군의 저항을 슬픔이라는 정서로 재현하는 〈화려한 휴가〉(2007), 1980년 5월 초반 광주에서 고교야구 유망주를 찾는 〈스카우트〉(2007), 26년 만에 진압군 우두머리를 처단하는 상상의 처벌을 시도하는 〈26년〉(2012) 등 다양한 형식으로 표현되었다.

그러나 〈택시운전사〉는 제3의 관찰자의 시점에서 현장을 관찰하는 이야기라는 점에서 차별화된다. 홀로코스트를 그린 영화가 시간이 지나면서 다양한 소재와 장르로 만들어지고 있는 것처럼, 광주민주화운동 역시 희생자를 이야기의 주체로 놓는 한 가지 관점을 벗어나 다양한 시점으로 그려질 수 있다는 것을 보여준 첫 영화가 〈택시운전사〉이다.

송강호의 연기가 빛을 발하는 장면은 만섭이 홀로 광주를 빠져나와 순천에서 국수를 먹을 때다. 평온한 시내 풍경과 광주민주화운동을 왜곡해서 보도하는 언론을 보며, 그는 속으로 울분을 삼키면서도 어렵게 면을 삼킨다. 한 사람의 인생이 바뀌는 결정적 순간을 송강호는 차분하게 표현한다.

광주에서와 달리 너무나 쉽게 서울의 딸과 통화할 수 있게 된 그는 딸에게 이렇게 말한다. "아빠 더 늦을 거야. 광주에 손님을 두고 왔거든." 이 대사는 광주민주화운동이 있은 지 40년이 넘는 세월이 흐른 지금, 비극적인 역사에 대한 사회적 부채 의식을 드러내주는 대사로 해석될 수 있다.

서사의 캡슐화, 변형된 마트료시카 구조

이제 〈택시운전사〉에서 관객을 판타지 세계로 데려가는 영화의 오프닝을 논의해 보자. 여기에서 나는 '변형된 마트료시카[3] 구조', 즉 '캡슐화된 다중 서사 구조' 개념을 제리 포더의 "정보의 캡슐화" 이론에 기반을 두고 제안한다. 여기서 '캡슐화' 개념은 역사적 사건을 '재연'할 때 타자의 시선으로 '재현'하는 감독의 주관성과 관련되어 있다.

제리 포더의 '정보의 캡슐화' 이론은 그의 모듈식 두뇌 이론으로, 두뇌의 작동 방식을 이해하는 데서 중요한 역할을 한다. '정보의 캡슐화'라는 개념은 특정 두뇌 모듈이 처리하는 정보를 그 모듈 밖에서 접근할 수 없다는 개념이다. 이것은 각 모듈이 독립적으로, 그리고 종종 병렬로 작동하도록 하는 것을 의미하며 이로 인해서 시스템 전체가 효율적으로 작동할 수 있도록 한다. 예를 들어, 언어 처리 모듈은 우리가 말을 이해하고 생성하는 데 필요한 모든 정보를 가지고 있을 것이다. 이 모듈은 우리가 세계를 이해하는 데 사용하는 일반 지식에 대한 접근이 필요하지 않다. 마찬가지로, 우리의 시각 시스템은 우리가 보는 것을 이해하고 해석

---

3. 마트료시카는 러시아의 전통 인형인 '마트료시카 인형'에서 유래된 개념이다. 마트료시카 인형은 작은 인형이 큰 인형 안에 계속해서 중첩되어 있는 구조이다. 똑같은 모양의 인형이 점점 작아지며 한 인형 안에 다른 인형이 들어있다. 이은경, 『마트료시카의 예술적 상상력』.

하는 데 필요한 정보를 가지고 있지만, 그 정보는 다른 두뇌 모듈에서 접근할 수 없을 것이다. 포더의 이론에 따르면, 이런 방식의 정보 캡슐화는 두뇌가 효율적으로 작동하도록 돕고 이로 인해서 각 모듈은 자신의 작업에 최적화되어 있고, 그 외의 정보로 인해 방해받지 않는다. 하지만 이 이론은 모든 인지심리학자와 뇌 과학자들이 동의하는 것은 아니다. 일부는 정보가 두뇌의 다른 부분과 공유되며 상호작용하는 것이 더 효과적일 수 있다고 주장한다. 이런 식의 '비캡슐화decapsulation의 접근법은 더 복잡한 문제 해결 능력을 제공할 수 있다고 주장하는 이론가들도 있다.

영화 제목인 〈택시운전사〉는 주인공 만섭의 '직업'을 지칭한다. 이 영화의 서사의 대부분은 움직이면서도 개인적이고 독립된 택시라는 독특한 공간의 안과 밖에서 일어난다. 서사는 사건의 흐름이며, 사건이 일어난다는 것은 장소를 취한다는 것이다. 이에 따라, 서사에서 중요한 요소 중 하나는 장소이다. 장소는 시간을 담는 그릇과 같다. 이 장에서는 이 그릇을 캡슐화라는 용어로 확장해, 마트료시카 인형과 같은 캡슐 속의 캡슐의 개념을 도입하고자 한다.

〈택시운전사〉의 오프닝 시퀀스는 만섭이 탄 택시가 달리고 있는 서울의 금화터널에서 시작한다. 카메라는 어두운 금화터널과는 대조적으로 너무나 화창한 하늘 아래 제3한강교를 지나며 남산을 향해 달리는 택시를 보여준다. 그리고 만섭은 라디오에서 나오는 당시 가장 인기가 있었던 대중가요인 조용필의 〈단발머리〉의 "못 잊을 그리움 남기고 간 그 소녀"를 크게 따라 부른다. 영화의 오프닝에서 만섭이 운전하는 택시는 역사를 기록하는 독특한 단위로 설정되어 있다. 이 택시를 통해 1980년대의 서울의 한순간이 포착되는데, 이 과정에서 영화적 공간으로서 〈단발머리〉라는 노래, 어두운 터널, 독립문 고가차도, 그리고 제3한강교를 지나며 남산타워가 랜드마크로 보이는 남산이 연이어 등장하고 있다.

많은 분야에서 마트료시카 구조라는 표현이 사용된다. 일본 인형으로부터 영향을 받아 만들어진 러시아의 마트료시카 인형은 일반적으로 중첩적이거나 재귀적인 구조를 가진 시스템, 특히 컴퓨터 과학, 수학, 물리학 등에서 볼 수 있는 구조를 설명하는 데 사용된다. 예를 들어, 데이터 구조, 함수, 알고리즘 등에서 볼 수 있는 재귀적 구조를 '마트료시카 구조'라고 부를 수 있다.

변형된 마트료시카 구조의 특징인 다중 캡슐화는 이 오프닝 시퀀스에 다음과 같이 적용된다. 개인 '만섭'은 (개인)택시라는 작은 캡슐 안에 존재하며, 공간적으로 볼 때 그는 기아 브리사 택시라는 좀 더 큰 캡슐에 포함되어 있다. 이 캡슐은 다시 서울의 도로라는 더 큰 캡슐에 포함되어 있는 것처럼 보인다. 이렇게 〈택시운전사〉는 대중 속의 한 개인을 무대화하는 데 이 다중 공간을 활용하고 있다. 무대화에서 핵심적인 역할을 하는 것은 바로 1980년에 유행했던 가요 〈단발머리〉다. 〈단발머리〉의 디스코 풍 전주곡이 흐르고 만섭이 이 노래를 따라 부르기 시작한다. 그리고 이 후렴구는 1980년대의 분위기를 사실적으로 살리면서도 한편으로는 추상화하여 판타지 세계로 관객을 이끈다. 결론적으로 영화의 오프닝은 시간이 정지한 듯한 진공 상태를 만들며, 이는 광주민주화운동 현장의 진공 상태와 대조를 이루게 된다.

마트료시카 구조, 즉 다중 캡슐화의 또 다른 특징은 전체와 부분이 동시에 존재한다는 것이다. 작은 캡슐은 큰 캡슐 안에 있으면서 독립적으로 존재한다. 〈택시운전사〉의 경우를 들면, 만섭이라는 마트료시카 인형이 있고, 그보다 큰 택시라는 마트료시카 인형이 있다. 이 택시에는 한 명 이상의 인간 마트료시카가 탑승할 수 있어서 복수의 인간 마트료시카 구조를 만들게 된다. 그리고 한 개 이상의 택시가 모여서 여러 개의 택시 마트료시카를 형성하며, 제3한강교, 남산과 남산타워 등과 함께 서울이라는 마트료시카를 형성한다. 반면에 광주에는 커다란 금남로 마트료시카 안에 다수의 택시가 존재하고, 그중 하나는 황태술의 포니 택시이다. 황태술의 택시 마트료시카 안에는 다시 황태술이라는 작은 마트료시카 인형이 존재한다.

이제 진공 상태를 구체적으로 설명하면 다음과 같다. 진공 상태란 역사적인 사건을 재현하는 과정에서 주인공이 사건의 장소 한복판으로 가까이 다가갈수록 추상화가 일어나며, 이러한 추상화의 과정이 '이미지를 너무나 보편적인 특징을 갖는 풍경의 상태로 재현'하게 되는 것을 의미한다. 이러한 추상화된 이미지는 역사적 사건의 특정 시간과 장소에 던져진 주인공이 그곳에서 사건을 체험하며 '목격하는 것을 재현'한 것이다. 그 풍경에서는 '실제로 존재하지 않았던 허구의 장소와 인물이 가장 사실적으로 존재하는 것'처럼 보인다. 이 영화에서, 초록빛 최루탄 안개가 깔린 낮의 시위 장면이나 세피아 톤의 폭력적인 밤 장면은 모노톤으로 표현된다.[4] 그래서 그 시위 이미지는 사실 광주가 아니라 대구나 부산의 어떤 시위 현장의 이미지라고 주장해도 무방할 정도로 보편적인 형태를 띠게 된다. 그리고 이 이미지들은 사실상 클리셰의 집합으로, 시위 이미지가 만들어내는 스펙터클 중 핵심적인 이미지들로만 구성된다. 따라서 이 영화에서는 이미지들이 인위적으로 추상화되어 있음으로 인해서 관객들은 1980년 당시에 존재했던 폭력을 성찰적인 차원에서 경험할 수 있게 된다. 이러한 추상화된 이미지의 성찰성은 설명 불가능한 역사적 사건에 접근하는 윤리적인 태도와 다르지 않다.

영화는 피터의 과자 통과 같은 구조로 구성된다고 볼 수 있다. 이 영화는 메타적인 측면을 갖고 있다. 이 영화는 카메라를 통해 1980년 한국에서 일어난 역사적 사건을 보여주는 역사 기록의 역할을 한다. 그런데 피터가 계속 비디오카메라로 광주민주화운동의 풍경을 촬영하고 기록하는 장면이 등장한다. 따라서 피터의 행위를 통해 이 영화가 역사 기록을 시도하고 있다는 것을 인식하게 된다. 이것이 바로 이 영화의 메타적인 측면이다. 피터가 출국 직전

---

4. 이와 유사한 모노톤을 사용하는 영화로는 필립 가렐의 〈평범한 연인들〉 (2005)이 있다. 〈평범한 연인들〉은 흑백이지만 68혁명의 밤을 강렬한 모노톤을 사용하여 낮 장면과는 명백히 다른 추상화된 이미지로 형상화하고 있다.

에 서양과자 통에 광주에서 촬영한 필름들을 담는 장면이 나온다. 이때 등장하는 원형의 과자 통과 그 안에 들어가는 원형의 필름 통들은 파편화된 진실의 집합처럼 보인다. 원형 통을 하나씩 열 때마다 우리는 하나의 진실을 발견하게 된다. 그러한 진실들이 모여서 1980년 광주 전체를 대표할 수는 없겠지만, 그런 진실들을 통해 우리는 광주의 진실에 접근할 단서를 얻을 수 있다. 그리고 객관적으로 역사를 서술하는 방법이 실제 존재하지 않는 것이라면, 캡슐 구조와 마트료시카의 구조를 통해 서사적으로 파편화된 시점에도 불구하고 이러한 방식은 설명 불가능한 역사적 사건에 접근하는 윤리적인 태도가 될 수 있다.

이 영화의 역사 서술방식에 대해서 단서를 얻을 수 있는 장면에 대해 논의해 보자. 지평선 너머로 불빛이 보인다. 그리고 카메라가 뒤로 이동하면 만섭, 태술, 재식, 피터가 나란히 서서 그것을 바라보고 있다. 네 인물이 바라보고 있는 불빛은 광주 MBC 건물에서 일어난 화재의 원인임이 밝혀진다. 그 불빛을 본 네 인물은 결국 광주 MBC 건물의 화재 현장으로 들어가게 된다. 이 장면은 〈택시운전사〉가 어떻게 관객들을 역사 속으로 인도하고, 그들에게 역사 참여의 기회를 제공하는지를 압축적으로 보여준다. 〈택시운전사〉는 기본적으로 만섭이 운전하는 택시라는 창을 통해 1980년의 한국 역사를 보여준다. 택시에서 보이는 풍경이나 만섭이 참여하는 사건들을 제외하고는 우리는 1980년대 한국의 나머지 부분을 볼 수 없다. 이는 영화가 역사에 접근하는 제한된 경로를 제시하고 있음을 의미한다.

우리는 1980년대의 전체적인 이미지를 제어하는 감독의 시선이 아니라 파편화되고 추상화된 시선을 통해 1980년대의 역사를 경험할 수 있다. 이렇게 볼 때, 이 장면에서 불빛은 관객, 즉 우리를 광주 MBC 건물의 화재 현장으로 인도하는 기호의 역할을 한다. 그 기호를 매개로, 우리는 광주 MBC 건물의 화재 현장에 직접 들어가게 된다. 그러나 목격하게 되는 광주 MBC 건물의 화재 현장은 화염에 휩싸여 있고, 화재와 관련된 구체적인 이미지는 명확하게 제시되지 않고 추상화되어 있다.

관객의 시선을 대변하는 피터와 만섭의 눈에 비치는 풍경은 안개에 가려져 있거나 불빛에 의해 시각화되어 있어, 우리는 그곳에서 정확하게 어떤 일이 일어나고 있는지 판별할 수 없다. 이에 따라 광주 MBC 건물의 화재 현장은 일종의 진공 상태를 띠게 된다. 그 결과, 이곳은 삶과 죽음의 경계에 있는 추상적인 공간이 되며, 이 공간에서 피터와 만섭을 통해 간접적으로 폭력의 극한 상태를 경험하게 된다. 이 공간의 추상성은 세피아 톤의 색감을 통해 강조된다.

공간에 접근할수록 이미지는 구체적이지 않고 점점 더 추상화되며, 이에 따라 우리가 경험하는 폭력의 공포는 점점 극대화된다. 시각적으로도 필름 누아르 장르에서 관습적으로 사용하는 명암의 극단적 대비가 강조되고 있다. 사복 경찰과 피터, 만섭, 재식이 추격전을 벌이는 공간은 출구가 없는 카프카적인 미로를 연상시키며, 이를 통해 공간은 더욱 추상화된다. 이런 공간에서는 인물 구분이 어렵고 익명성이 강조되므로, 공간의 추상성은 더욱 극대화된다.

영화미학적 장치들 : 리본 매듭, 부처님 오신 날, 택시

아리스토텔레스는 『시학』에서 이야기를 구성하는 방법을 크게 '극적 구성'과 '서사적 구성'으로 구분한다. 극적 구성에서는 다양한 사건들이 그럴듯한 인과관계로 엮여 있으나, 서사적 구성은 치밀한 인과율에 매달리지 않고 전체적으로 통일된 테마에 집중하는 것이다. 세르게이 에이젠슈테인은 어트랙션 몽타주란 특정한 주제 효과를 내기 위해서 임의로 선택된 독립적인 효력들(어트랙션들)의 자유로운 몽타주(조립)라고 역설한다. '어트랙션'attraction은 '공격적인 측면'으로서, 관객에게 '정서적 충격'을 주거나, 감각적 혹은 심리적 효력을 미치기 위해 계산된 작품의 기본 구성단위를 말한다.

넓은 의미에서 어트랙션은 '에피소드적 구성', 즉 하나의 '에피소드' 혹은 '장면'scene이다. 좁은 의미에서는 독백, 노래, 춤 같은 공연의 작은 구성단위를 가리킨다. 에이젠슈테인은 에피소드적 구성으로서의 어트랙션 몽타주는, 각각의 어트랙션(에피소드)이 독립적인 구성단위이므로, 논리적으로 연결된 플롯을 배격한다고 본다. 그래서 어트랙션 몽타주는 단일한 관점을 배격하고 다

변화된 관점을 채택하려는 시도로 볼 수 있다. 그 결과로 다양한 어트랙션이 서로 충돌하고 대립하게 된다. 에이젠슈테인은 어트랙션 몽타주가 몽타주 단편들이 일으키는 연상을 관객의 머릿속에서 병행하고 축적시키는 것이라고 설명하였다.[5] 중요한 점은 개별적인 쇼트가 '어트랙션'의 역할을 하여 관객에게 강한 '정서적 충격'을 준다는 것이다.

〈택시운전사〉에는 진공 상태와 같은 추상적인 순간의 표현이 있지만, 전반적으로 영화는 극적 구성에 바탕을 두고 이야기를 전개한다. 영화는 전반적으로 독백, 노래, 몸짓 등 연기의 작은 어트랙션을 사용하며, 이런 에피소드적 구성이나 각각의 어트랙션(에피소드)은 독립적인 구성단위이므로 논리적으로 연결된 플롯을 느슨하게 만든다. 또한, 영화에 포함된 자동차 추격전은 넓은 의미의 에피소드로서 어트랙션 사용의 예라고 볼 수 있다.

영화의 제목은 '택시운전사, 김만섭'이 아니라 단순히 '택시운전사'이다. 우리는 1980년 5월에 서울 제3한강교를 달리던 개인택시 브리사를 운전한 김만섭과, 동일한 시기에 광주 금남로에서 개인택시 포니를 운전한 황태술을 모두 고려해야 한다. 독일인 기자인 '피터'는 서울과 광주의 택시운전사들의 직접적인 도움을 통해 광주에서 일어난 사건들을 세계 언론을 통해 알리려고 노력한다. 영화 속에서, 피터를 도와준 이름 없는 한국의 택시운전사들의

5. 김용수, 『영화에서의 몽타주 이론』.

희생으로 광주와 서울이 연결되었고, 나아가 서울과 베를린이 연결되면서 광주민주화운동은 세상에 알려지게 된다.

주인공인 택시운전사 만섭은 사우디아라비아에서 노동자로 일한 돈으로 초록색 개인택시를 구입하여 딸과 함께 생활하고 있다. 그는 노란색 유니폼을 입고, 1974년형 기아 브리사를 운전한다. 반면, 광주의 택시운전사 황태술은 1976년형 현대 포니를 운전한다. 둥그스름한 외형의 브리사는 서울 택시운전사 만섭의 캐릭터와 잘 어울리며, 친근한 이미지의 포니는 당시의 택시운전사로서의 황태술의 정체성을 강화시킨다. 만섭의 브리사 택시는 화면에 잘 녹아들어 가는 녹색이다.

영화에서 가장 중요한 원자 단위인 '택시'는 만섭의 일터이며 그의 주 공간은 서울 번호판을 달고 있는 '브리사' 택시다. 한편, 광주의 택시운전사 황태술의 주 공간은 광주 번호판을 달고 있는 '포니'이다. 기아 브리사는 스페인어로 '해안에 부는 바람'이나 '산들바람'을 의미하며 1974년 10월에 출시된 배기량 1,000cc의 소형 승용차다. 현대 포니는 1976년에 출시된 대한민국 최초의 고유 모델 자동차로, 이름은 조랑말을 의미하는 영어 단어 'pony'에서 따왔다.[6]

서울 번호판을 단 브리사 개인택시는 만섭의 일터이자 생활공간, 피터와 만섭의 주요 무대이며 여정을 주도하는 공간이다. 영화

6. 현대자동차그룹 뉴스룸 2023, 「기아, 'T-600'·'브리사' 복원 모델 공개」.

에서 포니 차는 황태술의 개인택시로서, 광주 택시를 대표하는 상징이다. 만섭의 차는 초록색으로, 1970년대 새마을 운동의 전성기에 사용된 색과 유사하다. 이 녹색은 성실히 일해 잘살아 보자는 유신 시대의 정신교육과 훈육의 결과로 만섭이 내면화한 생각을 보여주는 표지라 할 수 있다.

〈택시운전사〉는 이미지들을 축적해 가며 그 이미지들이 사건의 맥락과 연결됨에 따라 정서적인 힘을 발생시키도록 하는 전략을 취한다. 이러한 주요 이미지에는 리본 매듭, 석가 탄신일, 택시 등이 있다.

첫째로, 리본은 만섭의 마음을 표현한다. 리본은 영화 초반부에 만섭이 딸 은정의 머리를 묶어주는 장면에 등장하고, 이후 사건의 국면마다 다양한 형태로 재현된다. 시위하는 학생들의 머리띠, 은정의 신발에 달린 분홍색 리본, 피터가 필름 통을 묶는 데 사용한 초록색 리본, 그리고 공항 여직원의 빨간 리본 등이다. 만섭의 개인적인 사건에서부터 광주의 역사적 비극에 이르기까지 지속해서 등장하는 리본 이미지는, 한 개인의 광주에 대한 미안함을 그리고 광주항쟁이 세계에 알려진 뒤 광주 시민의 희생을 기억하고 애도하는 많은 사람의 마음을 표현한다. 그리고 이 리본 매듭은 부처님 오신 날을 통해 종교적으로 확장되어 나간다.

둘째, 평화롭게 보내야 할 부처님 오신 날과 역사적 비극을 대비시키는 다양한 표지들이 지속적으로 사용된다. 우선, 만섭이 광주에서 순천으로 가는 도로를 따라 펼쳐진 초록색, 녹색, 하얀색,

하늘색, 노란색 등의 다채로운 연등이 보인다. 순천 고속 터미널에 도착하면 빨간색 연등이 걸려 있다. 만섭이 남원과 진주로 가는 갈림길에 서면, 정면에 '봉축 부처님 오신 날'이라는 현수막이 눈에 띈다.

영화 초반에는 만섭이 딸 은정에게 부처님 오신 날에 소풍을 가자고 제안한다. 그러나 은정은 휴일이라 돈을 많이 벌 수 있을 것이라며 거절한다. 이 대화는 영화 후반부에 중요한 역할을 한다. 피터를 떠나 귀가하려는 만섭의 귀갓길에 석가탄신일과 관련된 이미지가 연속적으로 등장한다. 다양한 색깔의 연등이나 석가탄신일 현수막이 만섭의 주변에 나타난다. 이것은 만섭의 심리적 갈등을 시각적으로 나타내는 것으로 해석할 수 있다. 만섭은 딸을 위해 피터를 광주에 두고 귀가할 것인지, 아니면 피터와 끝까지 함께 할 것인지 갈등하고 있다.

석가탄신일은 지옥 같은 광주와 대조적으로 평화롭게 묘사된다. 만섭이 순천으로 가는 도로 옆의 냇가에서는 아이들이 평화롭게 놀고 있고, 가까운 샛길에서는 두 명의 노인이 천천히 걷고 있다. 이러한 장면들은 석가탄신일의 평화로운 분위기와 광주의 공포스러운 상황을 대비시킨다. 이 대비는 계엄군 사령관이 광주 시내의 무리와 계엄군을 바라보는 장면에서 두드러진다. 이 장면에서 계엄군 사령관의 시점으로 볼 때, '부처님 오신 날' 현수막은 평화로운 상황을 제공하지 못하고 있다. 갈등 속에서 만섭은 결국 광주로 돌아가기로 하고 차를 돌린다. 이때, 순천으로 가는 도로를 따라 등장했던 연등들이 다시 나타난다. 만섭이 빠른 속도로 연등들을 지나가면서 연등의 이미지는 흐려지게 되는데, 이는 석가탄신일의 평화로움을 뒤로하고 광주에서 피터와 함께할 것임을 나타내며 그의 의지를 더욱 강조한다. 석가탄신일과 관련된 이미지를 뚫고 만섭은 다시 광주로 돌아가는 것이다.

셋째, 택시 및 만섭과 관련된 기본 장치들이 있다. 만섭은 아내와 사별하고 친구 집에 월세를 내면서 딸과 함께 사는 소시민이다. 그는 회사에 소속된 것이 아니라 개인택시 운전사로 일하고 있으며 택시를 무척 애지중지한다. 그가 택시를 애지중지하는 것은 서울에서 시위하던 학생을 피하려다가 택시의 사이드미러가 부서지는 에피소드나 그가 항상 영업이 끝난 후 택시에 덮개를 씌우는 모습을 통해서 알 수 있다. 이 영화에서 택시의 유리창이나 거울 그리고 피터의 카메라는 현실을 볼 수 있는 하나의 창으로 기능한다. 우리는 주로 만섭의 시점 쇼트를 통해 만섭이 보게 되는 1980년 한국 사회의 풍경을 목격하게 된다. 만섭은 그가 눈으로 보게 되는 풍경을 통해서 점점 현실에 눈을 뜨게 되고 역사의 방관자 자리에서 벗어나 역사에 직접 참여하는 인물로 변해간다. 만섭이 택시운전사라는 직업을 가진 탓에 그는 주로 택시의 유리창이나 거울을 통해서 현실의 풍경들을 보게 되는 경우가 많다. 그가 보는 풍경이 그에게서 심리적 변화를 일으킨다고 볼 수 있다면 이 영화에서 택시의 유리창이나 거울은 만섭의 심리와 밀접하게 연관된 사물이다. 이렇게 볼 때 영화 초반에 만섭의 차의 사이드미러가 깨지는 사고가 일어나는 것은 그가 평소에 보던 이미지에 균열이 생기는 순간이라고 볼 수 있다. 만섭이 보는 이미지는 그가 현실을 인식하는 하나의 도구로서 기능하고 있었고, 그 이미지의 균열은 만섭의 현실 인식의 변화와 연관된다. 따라서 그의 차의 사이드미러가 깨지는 에피소드는 앞으로 그에게 현실 인식의 변화가 일어날 것을 암시하는 전조나 복선이다. 차에서 보이는 풍경을 통해 그리고 차에서 내려서 민주화를 염원하며 헌신하던 사람들 속에서의 경험을 통해서 마치 전염이 되듯이 민주화에 무관심했던 주인공의 현실 인식은 변화하게 된다. 이는 로베르토 로셀리니의 〈이탈리아 여행〉에서 주인공의 심리 변화를 표현하는 방식과도 유사하다. 특히 〈이탈리아 여행〉에서 주인공 부부는 카라단 축제 행렬의 많은 군중 속에서 심경의 변화를 경험하게 된다. 이러한 심경의 변화로 위기의 부부가 다시 서로에 대한 애정을 회복한다.

실제 광주 민주화 운동 당시에 광주의 택시 운전사들은 쓰러진 시민을 병원으로 옮기는 등 활발한 활동을 했다. 이러한 광주의 '택시 의인'들은 영화 〈택시운전사〉에도 등장한다. 광주의 택시 운전사는 황태술이 대표한다. 영화에서는 태술 이외에도 다른 광주 택시운전사들이 서울 택시기사 김만섭과 독일 기자 피터를 도와주고 서울로 보내기 위해 사복 군인들과 카체이싱을 벌인다. 이 영화의 클라이맥스에 해당하는 카체이싱 장면은 범죄 영화에 흔히 등장하는 추격전의 문법을 활용해 실감 나게 연출되었다. 이 카체이싱 장면에 대해서 5·18 민주화운동을 소재로 한 영화로서의 전체적인 분위기, 톤과 어울리지 않게 대중 영화적 재미가 지나치게 강조된 것이 아니냐는 의견도 있다. 그러나 이 카체이싱 장면은 장르적인 쾌감보다는 광주의 진실을 전 세계에 알리기 위해 서울 택시운전사와 광주 택시운전사가 연대하는 것을 보여주기 위한 의미가 더 크다. 이것은 영화의 제목인 〈택시운전사〉와 연관이 있다. 광주의 진실이 전 세계에 전파된 것에서는 김만섭이라는 개인의 역할만큼이나 서울과 광주의 택시운전사들의 연대가 중요했음을 강조하는 것이다. 이로써 '택시운전사', 즉 일반적인 개인이 역사를 만들어가는 데 중요한 역할을 한다는 메시지가 전달된다. 이러한 일반적인 개인들의 희생을 통해 광주의 진실이 전 세계에 전해지게 된 것이다.

영화에서 택시의 유리창과 거울은 개인의 신체적, 정신적 피해를 드러내는 도구로 작용한다. 카체이싱 장면에서 택시운전사들이 깨진 백미러나 유리창을 통해 서로 소통하며 연대하는 모습은 그들의 당시 고통을 형상화하는 장면이다. 만섭의 택시도 찌그러지며, 유리창에는 총알의 흔적이 남는다. 망가진 만섭의 차는 그의 마음을 시각적으로 형상화하며, 이를 통해 만섭의 현실 인식이 변화되는 것을 암시한다.

광주를 빠져나오는 만섭을 쫓아오는 사복 경찰과의 카체이싱 장면에서 만섭과 피터를 돕는 광주 택시들은 심각하게 파괴된다. 사복 경찰이 운전하는 군용 지프에 의해 택시들이 파괴되고 택시운전사들이 피를 흘리는 모습은 광주 민주화 운동의 축소판으로 볼 수 있다. 광주에서 등장하는 택시는 네 대이며, 그중 두 대는 개인택시이고 나머지 두 대는 회사 택시다. 이런 설정은 개인들의 노력이 모여 역사를 만든다는 메시지를 강조한다. 이 장면에서는 원자적인 요소들이 모여 하나의 역사를 극적 상황으로 재현해 가는 이 영화의 전략이 드러난다. 광주 택시들은 만섭의 택시를 추격하는 사복 경찰 지프들의 이동을 적극적으로 방어한다. 이는 만섭의 택시에 탄 피터가 광주에서 촬영한 처참한 상황을 세상에 알리도록 하기 위함이다.

이러한 장면은 영화의 마지막 부분에 등장하는 큰 과자 통 속에 담긴 수많은 작은 필름 통들의 메타포와 연결된다. 원자화된 택시들이 모여 하나의 진실을 만들어가며, 이 진실들이 모여 하나의 역사를 형성한다는 메시지를 관객에게 전달한다.

대중문화(가요와 영화), 만섭의 자기 고백과 눈물

장훈 감독의 〈고지전〉에서 〈전선야곡〉은 나이 어린 병사 남성식(이다윗)이 애절하게 부르는 곡이자 극 후반에 남북 병사들이 함께 부르는 곡이다. 장훈 감독은 당시의 유행가를 영화의 서사 장치로 활용하는 것을 선호한다.

〈택시운전사〉에서도 당시 유행했던 한국가요들이 적극적으로 활용되었다. 조용필의 〈단발머리〉, 샌드페블즈의 〈나 어떡해〉, 혜은이의 〈제3한강교〉 등은 각각 시대의 분위기와 감정을 전달한다. 이들 가요는 영화의 중요한 순간마다 등장한다.

영화의 오프닝 시퀀스에서 김만섭은 라디오에서 흘러나오는 조용필의 〈단발머리〉를 따라 부른다. 그는 "내 마음 외로워질 때면 그날을 생각하고 그날이 그리워질 때면 꿈길을 헤매는데 못 잊을 그리움"이라는 가사를 흥얼거리며 부른다. 다른 한편, 광주의 대학생 구재식(류준열 분)은 황태술의 집에서 식사를 한 후, 대학가요제를 꿈꾸며 〈나 어떡해〉의 첫 소절, "나 어떡해 너 갑자기 가버리면 나 어떡해 너를 잃고 살아갈까"를 부르지만, 결국 그는 희생되어 다른 노래를 부르지 못한다.

택시기사 김만섭의 차 안 라디오에서 흘러나오는 대중가요는 관객들에게 그 시대를 눈앞에 있는 것처럼 보여주는 중요한 도구로 작용한다. 이 노래들을 들으면 1980년대 당시 유행했던 나팔바지, 디스코 풍의 손짓과 헤어스타일이 연상될 것이다. 그러나 김만섭은 영화 후반부에는 오프닝 시퀀스에서의 대중가요를 순박하게 흥얼거릴 수 없다. 영화 후반부는 1980년대 광주의 사건들을 애도하면서 상실과 슬픔을 표현하고 있으며, 이때의 가요들은 당시 광주의 처참한 상황과 대비되며 아이러니를 촉발시킨다.

김만섭이 부르는 두 노래는 당시의 정치 상황과는 많은 차이를 보인다. 당시 조용필과 혜은이 등의 서정적인 음악은 광주의 국가 폭력 사태와는 대조적인 상황을 보여주는 효과를 만들어낸다. 그러다가 김만섭은 영화가 3분의 2를 지나는 시점에 〈제3한강교〉를 부르기 시작한다. 영화의 오프닝에서처럼 〈단발머리〉를 신나게 부르려 했지만, "어제 다시 만나서 다짐을 하고 우리들은 맹세를 하였습니다."라는 가사를 부르다가 울컥하며 제대로 부르지 못한다. 그리고 그는 서울로 가던 차를 돌려 계엄군이 주둔해 있는 광주 금남로를 향해 달린다.

이 영화에서 감독은 국도극장에서 상영되는 영화 포스터의 변화를 통해 시간의 흐름을 보여준다. 1980년 5월, 만섭이 피터와 처음 만나는 서울 장면에서 상영되는 영화는 〈춘자는 못말려〉이고, 같은 해 겨울에는 〈아픈 성숙〉과 〈너는 내 운명〉이 상영 중이다. 이 영화들은 당시 유행하던 신파 영화이며, 단지 시간의 흐름을 나타내는 도구가 아니라, 〈택시운전사〉가 1980년대 신파 영화와 어떤 연결성을 가지는지를 암시하는 도구로도 작용한다.

예를 들어, 피터가 만섭을 사복 경찰로부터 구해준 후, 만섭과 피터가 태술의 집에서 보내는 잠 못 드는 밤 장면에서 〈택시운전사〉의 신파적 경향이 잘 드러난다. 이 시퀀스에서 만섭과 피터는 처음으로 언어를 초월한 교감을 경험하며, 이는 만섭의 감정적인 고백을 통해 이루어진다.

피터는 재식의 희생을 통해 지킨 필름 통을 만지작거리며 앉아 있다. 만섭은 피터가 앉은 반대 방향으로 돌아서서 쪼그리고 눕는다. 만섭은 사우디아라비아에서 번 돈을 아내의 치료비에 다 쓴 후 택시운전사가 된 이야기를 중얼거리며 피터에게 고백한다. 피터는 만섭의 한국어를 이해하지 못하고 만섭은 피터의 독일어를 이해하지 못한다. 하지만 그들은 각자의 언어로 소통하고 따뜻한 시선을 나누며 이를 통해 서로 격려하며 위로한다.

이때 피터가 필름 통을 만지작거리는 모습은 피터 자신이 개인을 넘어선 공동체에 대한 신념과 그의 소명을 이해하게 되는 상징적인 순간이다. 반면 만섭은 가장 솔직한 개인, 즉 가난한 소시민으로서, 공동체보다는 개인의 입장을 드러낸다.

눈물을 흘리며 고백하는 만섭의 모습은 명백한 신파적 특징을 띤다. 이 장면에서 표면적으로는 개인보다 공동체를 우선시하는 피터와 개인을 우선시하는 만섭이 입장에서 차이를 보이며 대립하는 것처럼 보일 수 있다. 하지만 만섭의 진실한 고백은 그가 자신에게 솔직하게 되면서 그의 마음이 개인을 넘어서 공동체를 향하고 있음을 보여준다. 이것은 그가 순천에서 서울에 있는 딸에게로 갈 마음을 버리고 다시 광주로 돌아가려 결정하는 순간 명확하게 드러난다.

만섭의 고백 장면은 그의 심리적 갈등을 가장 직접적으로 보여주는 순간이다. 이를 통해 〈택시운전사〉는, 영화 속에 포스터를 통해 등장하는 다른 1980년대의 신파 영화보다 한층 더 발전된, 자기 성찰에 이르는 과정을 담은 신파의 형태를 보여준다.

이 장면을 통해 감독은 〈택시운전사〉가 신파 영화의 전통에서 출발한 작품임을 보여주고, 동시에 그런 신파 영화를 〈택시운전사〉를 통해 혁신하려는 의지를 드러내는 것이다.

민주화에 대한 염원과 개인의 의식 변화

〈택시운전사〉에서 서울 브리사 택시(김만섭)는 광주 포니 택
시(황태술)를 포함한 광주 택시(많은 운전사)의 도움으로 독일인
기자 피터가 광주를 필름으로 기록한 영상들을 가지고 독일로 돌
아가도록 돕는다. 만섭은 1970년 이전에 태어난 세대들을 대신해
광주민주화운동에 대해서 미안함과 애도의 두 가지 마음을 담은
눈물을 흘린다. 그는 1970년대에 사우디아라비아에서 외화벌이를
했던 산업화의 일꾼이었다. 만섭은 중동에서 번 돈을 쓰러진 자신
의 병원비로 다 써버리기 전에 택시를 구입하라는 아내의 권유를
따른다. 병이 중했던 아내의 권유로 산 택시는 만섭과 그의 딸과
의 기본적인 생계유지를 가능하게 해주는 만섭의 일터인 것이다.
그런 그이기에 영화의 초반에 서울에서 계엄 철폐를 외치며 시위
하는 대학생은 만섭에게는 교통 체증만을 유발하는 골칫거리일
뿐이었다. 그런데 1980년 5월 서울에서 시위를 하다가 도망가는
대학생을 피하려다가 만섭은 상자에 부딪치고 택시의 사이드미러
가 부서진다. 바로 이 순간 만섭은 차의 유리창을 통해 대학생을
뚫어지게 응시한다. 차의 유리창이나 거울이 만섭에게 세계 인식
을 위한 도구의 역할을 한다고 볼 수 있다면, 만섭이 유리창을 통
해 민주화 시위의 대학생을 보는 것은 만섭이 새로운 역사적 이미
지를 보게 되는 것과 다름없다. 이 장면에서 "형제여, 일어나라"라
는 대학생의 머리띠나 대학생의 뒤에 걸려있는 현수막에 적힌 문

구는 역사의식의 변화를 명령하는 역할을 한다. 멀게만 느껴졌던 민주화 운동이 만섭의 현실에서 전경화前景化되고 각인되는 순간인 것이다. 산업화 시대의 의식에 갇혀 있던 만섭은 갑자기 튀어나온 대학생을 통해 다가오고 있는 민주화의 시대를 순식간에 인식하게 된 것이다. 그리고 대학생과 맞닥뜨리기 직전에 투덜대면서 하는 독백에서 만섭은 사우디아라비아에서 트럭을 운전했던 경험과 그곳에서 일하는 것이 얼마나 어려웠는지, 그리고 그것에 비하면 한국이 얼마나 살기 좋은 곳인지를 직설적으로 말하고 있었다.

변형된 마트료시카 구조는 캡슐화된 다중 서사구조를 의미한다. 이를 쇼트 바이 쇼트 장면 분석을 통해서 정치적 상징성에 대해서 고찰하면 다음과 같다. 사이드미러가 부서지는 에피소드는 이후에 만섭이 목격하게 될 광주민주화운동의 전조로서, 만섭이 산업화 시대에 부합하는 개인에서 민주화 시대에 부합하는 개인으로 나아가는 의식의 변화가 일어날 것을 암시하는 것이다. 영화 후반부에 광주에서 서울로 돌아온 만섭의 택시는 측면 문이 심하게 찌그러져 있는데 그 부분에 개인택시임을 의미하는 '개인'이라는 문구가 있다. 그리고 만섭의 택시 뒤쪽 창문과 룸미러에는 추격전 당시의 총격과 충돌로 인한 총알 자국이 있으며 금이 가 있다. 이렇게 택시는 역사의 상흔 또한 간직하고 있는 하나의 기억장치(혹은 만섭의 마음의 시각적 표현)라고 볼 수 있다. 그렇게 본다면 영화의 후반부에 피터가 출국한 뒤 만섭의 택시를 정면으로 보여주는 쇼트에서 택시에 달린 양쪽의 사이드미러는 산업화와 민주화를 모두 인식하게 된 한 개인의 서로 다른 눈들을 의미한다고 볼 수 있다. 만섭이 타고 다니는 택시의 왼쪽 사이드미러와 오른쪽 사이드미러는 만섭의 왼쪽 눈과 오른쪽 눈을 상징할 수 있다. 그리고 이를 또한 이념적으로 좌파와 우파로 해석하면 영화의 서사를 상징적으로 해석할 수 있다. 이는 민주화 시대를 맞이한 개인의 정체성 혹은 초상화를 형상화한 이미지다. 마트료시카의 구조와 같이, 만섭의 택시보다 훨씬 더 큰, 캡슐화된 새로운 서울을 상정할 수 있으며, 그보다 더 큰 캡슐화된 새로운 국가가 존재할 것이다. 이러한 캡슐화된 사회가 개인에게 어려움을 줄지, 아니면 새로운 희망을 줄지는 역사를 통해 드러날 것이다.

예외 상태에서 자행되는
극한적인 폭력에 대한 응시와
평화에의 희망

문병호

군사 쿠데타 세력의 권력 찬탈과 극한 폭력의 자행

영화 〈공동경비구역 JSA〉는 한반도에서의 이데올로기 대립이 개인에게 강요하는 고통을 형상화한 영화로 해석될 수 있다. 영화 〈택시운전사〉는 외부 관찰자의 시점으로 1980년 5·18 광주민주화운동을 형상화한다. 신군부 세력은 1979년 12·12 유혈 군사 쿠데타를 저지른 후 국가권력을 거의 모두 장악한 단계를 거쳐 정권 탈취를 한다. 5·18 광주민주화운동은 1980년 5월 신군부 세력의 폭력과 민주주의를 갈망하는 광주 시민의 의지가 충돌하여 발발한 사태이다. 〈공동경비구역 JSA〉에서는 죽음 등의 극한적인 고통을 직접적으로[1] 받는 개인들이 국가권력에 의해 강제로 임무를 부여받은 소수의 군인인 데 비해, 〈택시운전사〉에서는 다수의 광주 시민이 일차적으로 고통을 받는 대상들이며, 이차적으로는 광주 시민을 학살하는 데 동원된 다수의 군인도 고통을 강요받은 대상들이다. 당시 투입된 다수의 군인은 자신의 의지와는 관계없이 군대의 명령에 따라 강제적으로 동원되어 학살에 투입되었다는 점에서 이들은 고통을 강요받은 피해자들이었다고 간주할 수 있다. 1980년 5월 당시, 국가권력을 이미 거의 장악했던 신군부 세력이 구축한 권력관계들의 작동에 핵심적으로 연루되어 있었던 것은 극소수의 지휘관들이었기 때문이다. 실제로 지휘부가 아니었던 군인 중의 일부는 광주 학살에서 경험한 상흔으로 인해 장기적으로 지속된 정신적·심리적 장애 상태에서 정상적인 생활을 영위하지 못한 것으로 알려져 있다.

5·18 광주민주화운동에서는 1961년 5·16 군사 쿠데타를 통해 정권을 탈취하고 군사독재를 통해 한국 사회를 장악한 군부 세력이 한국 사회의 구성원들에게 강요한 고통의 총체화가 매우 잔혹한 형식으로 드러난다. 다시 말해, 5·18 광주민주화운동에는 1961년 이후 지속된 군사독재정권이 한국 사회의 구성원들에게 강요한 고통이 총체적으로 퇴적되어 있다. 이렇게 볼 때, 이 항쟁은 특정 지역에서 발생한 학살 사건, 민중의 저항이라는 차원을 넘어선

1. 한반도에서의 이데올로기 대립으로 인해 직간접적으로 고통을 받는 사람은 한 민족 전체라고 보아야 할 것이다. 이 자리에서 "직접적으로"라는 표현은 영화에 국한하여 사용한 것이다.

다. 1961년 이후 퇴적된 군사독재정권의 ― 잘 알려진 대로 신군부 세력의 핵심 지휘자들은 군사독재정권의 비호를 받으면서 군부에서 세력을 형성해 온 고위 장성들이었다 ― 폭력이 5·18 광주민주화운동에서 총체적으로, 그리고 가장 비극적으로 그 모습을 드러냈기 때문이다.

따라서 5·18 광주민주화운동에서 자행된 이 극단적인 형태의 군사적 폭력이, 그저 이 항쟁을 무력으로 진압하기로 결정한 핵심 지휘자들의 개인적 차원의 판단의 산물이라고 볼 수는 없다. 이처럼 단순한 시각은 군사적 폭력의 본질과 구조에 대한 인식을 저해한다. 국민이 낸 세금으로 구입하고 생산한 최신 무기를 대량 학살에 악용한 극단적 형식의 군사적 폭력은, 1961년 5·16 군사 쿠데타 이후 군사독재정권이 통치 수단으로 이용한 여러 차례의 비상계엄, 유신 쿠데타 강행, 긴급조치 선포, 1979년 부마민중항쟁의 폭력적 진압 등을 통해 민중을 지배해 온 폭력의 연장선에서 그 본질과 구조가 더욱 명확하게 드러날 수 있을 것이다. 그러므로 신군부 세력이 광주에서 자행한 극한적인 폭력은 군부의 특정 지휘자들이 저지른 행위, 광주라는 특정 지역에서 저지른 행위로 축소될 수 없다. 이 폭력은 1961년 5월 이후 군사독재정권이 한국 사회와 한국 사회의 구성원들에게 자행한 폭력이 그 모습을 비상계엄, 긴급조치 등으로 보여주면서 장기간에 걸쳐 퇴적된 상태에서 ― 민주주의를 갈망하면서 저항하는 ― 민중을 상대로, 광주라는 특정 지역에서, 극한적 형식을 드러낸 총체적 폭력이다.

이렇게 볼 때, 이 폭력은 1961년 이후의 한국 사회와 한국 사회의 구성원 전체를 대상으로 한 폭력이다. 이 폭력에 대한 과거 청산은 아직 충분히 진행되지 않았으며, 미래에도 항구적으로 진행되어야 할 과제이자 필연성이다. 예컨대 나치즘의 폭력을 자행한 독일은 2차 세계대전 종전 이후 오늘날까지 과거 청산을 70여 년 동안 지속적으로 행하고 있고 이는 미래에도 계속될 것이다. 이런 점에서 볼 때 5·18 대량 학살에 대한 과거 청산이 여전히 답보 상태인 것은 — 이 학살의 최고 책임자가 자신의 학살 책임을 부인하고, 그가 저지른 갖은 종류의 경제 범죄에 대해서조차 전혀 처벌받지 않은 것, 그리고 5·18 학살에 핵심적으로 연루된 지휘자들이 제대로 처벌을 받지 않은 상태에서 부정한 방법으로 취득한 막대한 재산을 소유하면서 자유롭게 살고 있는 것, 5·18 학살의 연장선상에서 정당의 형식을 통해 정치권력을 장악한 정당이 오늘날까지 한국 정치의 한 축으로 여전히 기능하고 있는 것 등은 앞에서 말한 답보 상태의 사례들에 지나지 않는다 — 과거의 불행한 역사로부터 교훈을 얻어 더욱 좋은 미래로 나아가는 역사 발전에서 걸림돌이 되고 있다고 할 수 있을 것이다. 이러한 관점에서, 〈택시운전사〉는 5·18 학살에 대한 과거 청산을 영상미학적으로 실행한 작품으로 평가할 수 있다.

5·18 광주민주화운동은 1961년 이후 장기간에 걸쳐 한국 사회에 퇴적된 군사적 폭력이 그 모습을 적나라하게 드러낸 비극적 사태이다. 〈택시운전사〉는 5·18 광주민주화운동을, 남승석이 영상기법적인 관점에서 매우 상세하게 분석하고 있듯이, 제3의 관찰

자의 시선을 통해 응시하고 있다. 이러한 응시는 특정 지역에서 발생한 특정 사태에 대한 응시라는 차원을 넘어 1961년 5·16 쿠데타 이후 군사독재 정권이 한국 사회와 한국 사회의 구성원들에게 강요한 폭력에 대한 응시라는 차원까지 통찰하게 한다. 즉, 〈택시운전사〉의 응시는 5·16 쿠데타 이후 한국 사회에 군사 문화의 형식으로 총체적으로 구조화된 폭력에 대한 응시로도 해석될 수 있는 것이다. 나는 이 점을 후반부에서 예외 상태의 개념을 도입하여 논의할 것이다.

극한 폭력, 파편, 폐허, 고통, 죽음에 대한 〈택시운전사〉의 응시, 응시의 알레고리적 성격, 응시를 통한 무의식적인 역사 서술

〈공동경비구역 JSA〉가 상업성·오락성으로부터 전적으로 자유롭지 못하듯이, 〈택시운전사〉도 역시 상업성·오락성을 갖고 있다는 점을 부인하기는 힘들다. 그럼에도 불구하고 위대한 예술작품의 해석에서 고도의 설득력을 갖는 벤야민과 아도르노의 미학·예술이론에 〈택시운전사〉를 접맥시켜 이 영화가 획득하는 현실 인식·현실 비판 기능, 그리고 더 나아가 의미 형성 기능을 성찰하는 것은 영상 매체의 긍정적 존재 가치를 고양하는 데 기여할 수 있을 것이다. 영상 매체들이 인간의 삶에 결정적인 영향을 미치고 있는 오늘날의 세계 상황에서, 그리고 영상 매체들이 이러한 영향력에도 불구하고 대부분의 경우 아도르노가 말하는 문화산업으로 타락적으로 빠져들고 있는 세계 상황에서, 〈택시운전사〉는 1950년에 발발한 한국전쟁 이후 최악의 비극적 사태였던 5·18 광주항쟁을 제3자 관찰자의 시각이라는 영상기법을 통해 비판적으로 응시한다. 더 나아가 이 영화의 두 주인공인 택시운전사와 독일 기자의 죽음을 무릅쓴 행동을 통해, 이처럼 처참한 비극이 없는 평화를 갈망하는 데 도달한다. 이 점은 이 영화의 상업적·오락적 성격을 상당 부분 무력화하는 데 기여하고 있다. 이런 관점에서, 나는 〈택시운전사〉가 영상 매체의 형식을 통해 성공에 도달한 예술작품으로 보고 — 이 시각에 적지 않은 무리가 있음을 스스로 인정하면서도 — 벤야민과 아도르노의 미학·예술이론·사회이론의 몇몇 개념들을 차용해 이 영화를 해석하고자 한다.

이 작품의 두 주인공인 서울의 택시기사 김만섭과 광주에서 비극적인 유혈 사태가 발생했다는 소식을 듣고 기자로서의 사명을 행동으로 실천하기 위해 일본에서 한국으로 들어온 독일의 기자 위르겐 힌츠페터가 광주에서 목격한 것은 극한 폭력, 파편, 폐허, 고통, 죽음이다. 그들이 목격한 것은 아비규환의 생생한 현장이다. 그러나 〈택시운전사〉의 카메라는 두 주인공이 일차적이고도 직접적으로 목격한 충격적인 장면을 사실적으로 영상으로 옮기는 형식을 취하지 않는다. 이 영화가 이러한 형식을 취했다면, 르포르타주의 수준에 머물렀을 것이며 예술작품의 위상으로 올라가지 못했을 것이다. 이 영화가 충격적이고 비극적인 장면을 대하는 방식은 두 주인공의 응시를 통해서 이루어진다. 응시의 강도는 5·18 광주민주화운동에서 군인들이 자행하는 폭력이 강화되는 정도, 그리고 이에 따르는 파편, 폐허, 고통, 죽음이 강화되는 정도에 비례하여 상승한다. 응시의 강도가 상승한다는 것은 비극적 사태에 대한 — 영상 매체를 통한 — 인식과 비판의 강도가 높아진다는 것을 의미한다. 나는 〈택시운전사〉를 관통하는 응시의 기법이 이 영화가 예술적 인식을 매개하는 차원에 도달했다고 적극적으로 해석할 수 있는 가능성을 영화에 부여한다고 본다.

남승석은 〈택시운전사〉가 구사하는 응시의 방식을 추상화 개념으로 해석한다. 추상화를 통해 이 영화는 관객이 5·18 광주민주화운동을 역사적으로 대상화할 수 있도록 만든다. 이는 일정한 거리감을 확보하며 일어나는 사실적인 사건을 특정한 방식으로 존재하는 것처럼 보이게 만드는 효과를 창출한다. 남승석의 해석은 이 영화의 예술적 성격을 확보하고 강화하는 데 중요한 근거가 될 수 있기 때문에, 이 자리에서 그 해석의 요체를 살펴보기로 한다. 그에 따르면, 〈택시운전사〉는 두 주인공을 5·18 광주민주화운동의 비극적 사태에 던지고 나서 이들이 현장에서 이 사태를 "목격하는 것을 재현"하는 방식을 취함으로써 비극적인 "이미지를 너무나 보편적인 특징을 갖는 풍경의 상태로 재현"하고 있다. 이렇게 함으로써 〈택시운전사〉는 "실제로 존재하지 않았던 허구의 장소와 인물이 가장 사실적으로 존재하는 것"처럼 보이게 한다. 더 나아가 5·18 광주민주화운동을 광주가 아닌 다른 곳에서도 발생하는 것처럼 느끼게 하는 효과를 창출한다는 것이다. 이것이 바로 〈택시운전사〉가 구사하는 추상화이며, "추상화된 이미지의 성찰성은 설명 불가능한 역사적 사건에 접근하는 윤리적인 태도"라고 남승석은 말한다.

나는 남승석이 말하는 추상화를 벤야민의 사유를 빌려 더욱 깊게 들여다보려고 한다. 〈공동경비구역 JSA〉의 해석에서 그 요체를 논의하였던, 벤야민의 "세계가 인간에게 강요하는 고통의 역사"[2]라는 생각, 곧 알레고리 개념과 「역사의 개념에 대하여」에 퇴적된 "과거의 진정한 형상이 현재에 대해 갖는 의미"에 대한 사유가 앞에서 말한 추상화가 갖는 역사철학적 차원을 드러내 줄 수 있는 것이다. 응시에 토대를 둔 추상화는 과거에 경험적으로 실재했던 역사적인 비극을 지금 여기에 존재하는 것처럼 보이게 하여 현재화하는 효과를 발휘함으로써 세계의 고통사에 대한 성찰을 관객에게 매개한다. 여기에서 세계란 1979년 12·12 유혈 군사 쿠데타로 국가권력을 찬탈한 신군부 세력에 의해 강압적으로 설치된 경험세계, 경험적 현실을 말한다. 종합하여 정리하면, 〈택시운전사〉는 신군부 세력이 설치한 경험세계가 인간에게 강요한 고통을, 응시를 통해 형상화하고, 공간과 시간을 뛰어넘어 현재화시킨

---

2. 〈공동경비구역 JSA〉에 대한 해석에서 밝혔듯이, 나는 이 개념을 이렇게 옮기는 입장을 갖고 있지만, 뒤에 이어지는 글에서는 문맥의 흐름을 고려하는 원문 그대로 '세계의 고통사'로 직역하여 사용하는 경우도 있을 것이다. 이 개념의 요체는 〈공동경비구역 JSA〉의 해석에서 벤야민의 원전을 인용하여 이미

영화이다. 벤야민의 "세계의 고통사" 개념은 위대한 예술작품들에 해당하는 개념이다. 따라서 이 개념이 상업성·오락성으로부터 완전히 자유롭지 못한 〈택시운전사〉에 해당한다고 해석하는 것은 물론 적지 않은 문제가 있다. 그럼에도 불구하고 앞에서 언급하였듯이, 〈택시운전사〉는 "세계의 고통사"를 영상미학을 통해 표현했다는 평가에 일부분 접근할 수 있다.

〈택시운전사〉는 "세계의 고통사"에 대한 형상화에 이어서 과거 고통의 현재화를 일부분 성취한다. 이런 성취는 벤야민이 「역사의 개념에 대하여」[3]의 5번 테제에서 사유한 내용에 해당할 수 있다. 이 자리에서 벤야민의 5번 테제를 인용해 보자. 이 테제는 이 책에서 시도되는 대만·중국·일본 영화에 대한 해석에서도 자주 인용될 것이기 때문이다.

과거의 진정한 형상은 휙 지나간다. 과거는, 과거의 진정한 형상에 대한 인식 가능성의 순간에, 다시는 볼 수 없는 것 위에서 섬광閃光처럼 번쩍이는 형상으로서만 붙잡아질 수 있다. "진실은 우리로부터 달아나지 않을 것이다." 고트프리트 켈러로부터 유래하는 이 말은 역사주의가 갖고 있는 역사에 대한 형상에서 다음과 같은 자리를 자세히 나타낸다. 역사주의가 갖고 있는 이러한 형상

---

3. 이 글은 18개의 테제로 구성되어 있으며, 이런 이유에서 「역사철학 테제」로 불리기도 한다.

이 사적 유물론에 의해 때려눕혀지는 자리를 나타내주는 것이다. 그 이유는 다음과 같다. 과거의 진정한 형상은 모든 현재와 함께, 곧 과거의 진정한 형상에서 의도된 것으로서 스스로를 인식하지 않았던 모든 현재와 함께 사라질 위협에 처해 있는 형상, 다시 말해 과거의 다시 불러들일 수 없는 형상이기 때문이다.[4]

5·18 광주민주화운동이라는 과거의 비극적인 형상은 "다시는 볼 수 없는 것 위에서 섬광처럼 번쩍이는 형상으로서만 붙잡아질 수" 있는 것이다. 이것은 "과거의 진정한 형상에 대한 인식 가능성의 순간"이기도 하다. 〈택시운전사〉는 광주에서 발생한 과거의 진정한 형상을 남승석이 말하는 추상화를 통해 "섬광처럼 번쩍이는 형상"으로 붙잡는 것에 성공하고 있다고 볼 수 있다. 이렇게 함으로써 이 영화는 "모든 현재와 함께 사라질 위협에 처해 있는 형상"인 광주의 비극적인 형상을 현재에도, 곧 지금 이 시각에도 사라지지 않게 하는 영상미학에 도달한 작품이다. 이런 점에서, 〈택시운전사〉는 광주항쟁 이후의 한국 역사에서 과거 청산이 아직도 제대로 이루어지지 않고 있는 현실에 대한 영상미학적 비판으로도 볼 수 있다. 결론적으로 말해서, 앞에서 도입한 벤야민의 두 개념이 〈택시운전사〉에 ─심오한 차원에서는 아니지만 본질적인 차원에서는─ 해당할 수 있다는 점에서 이 영화를 알레고리적 성격을 갖

---

4. Walter Benjamin, *Über den Begriff der Geschichte*, p. 695.

는 영화로 해석할 수 있는 가능성이 열리게 된다.

앞에서 나는 남승석이 응시에 토대를 두고 근거를 세운 추상
화를 벤야민의 사유와 접맥시켜 〈택시운전사〉가 역사철학적 차
원에서 갖는 의미를 해석하려고 시도하였다. 그 해석에서 차용했
던 벤야민의 역사철학적 사유는 세계의 고통사에 대한 형상화 그
리고 과거의 고통을 현재화하는 것 등이다. 이러한 의미는 아도르
노의 미학·예술이론의 관점에서 보면 이 영화가 '무의식적인 역사
서술'을 성취했다는 차원에 해당한다. 아도르노에 따르면, 모든 위
대한 예술작품들은 "무의식적인 역사 서술"[5]에 참여한다. 예술작
품이 성취하는 이러한 역사 서술은 예술작품이, 특정한 의도, 특
정한 이념, 특정한 이데올로기를 미리 설정하지 않은 상태에서 경
험적 현실의 부정성을 표현하지 않고는 견딜 수 없는 충동인 미메
시스적인 충동을 통해 – 수수께끼적 성격을 갖는 – 작품으로 형상
화하는 것을 통해 실행된다. 〈택시운전사〉는 물론 수수께끼적 성
격을 충분히 띠고 있다고 볼 수는 없지만, 응시와 응시의 추상화,
그리고 추상화가 매개하는 '세계의 고통사에 대한 성찰, 과거의 비
극적인 역사에 대한 현재화를 통해서 5·18 광주민주화운동의 비
극에 대해 무의식적으로 역사를 서술하는 데 도달했다고 평가할

5. "무의식적인 역사 서술"은 아도르노 미학·예술이론의 개념 중 하나로, 방대한
   의미를 품고 있다. 이를 구체적으로 논의하는 것은 이 글의 목적이 아니므로
   이 자리에서는 이 개념의 요체만을 언급한다. 자세한 내용은 문병호, 『아도르
   노의 사회 이론과 예술이론』, 127~248쪽을 참조하라.

수 있다.

예외 상태가 인간에게 강요하는 고통과 죽음의 형상화

1980년 5월 광주에서 잔혹한 폭력, 대량 학살, 도시의 폐허화, 생활공간의 초토화가 자행되었다. 이러한 폭력은 유혈 쿠데타를 일으켜 국가권력을 찬탈한 신군부 세력이 형식적으로나마 존재하고 있었던 국가권력의 명령 체계를 모두 무력화시킨 채 자의적으로 설치한 예외 상태state of emergency, Ausnahmezustand에서 10일 동안 진행되었다. 신군부 세력은 질서 유지라는 명분으로 폭력 행위를 자행하면서 예외 상태 즉 비상계엄의 선포라는 법적 행위를 동원했다. 예외 상태는 절대 권력자가 헌법의 핵심 효력을 자의적으로 정지시키고 모든 법률 행위를 독점하는 상태를 의미한다. 예외 상태에서는 절대 권력자가 결정 독점권을 행사하며, 그의 결정은 옳고 그름의 기준으로부터 독립되어 있다. 신군부 세력의 절대 권력자는 5·18 광주민주화운동 당시 결정 독점권을 행사하였으며, 그의 결정에 대해 시시비비를 가리는 일은 금기였다. 이러한 금기는 이른바 제5공화국 기간 내내 지속되었다. 절대 권력자가 가진 이처럼 절대적인 권력이 예외 상태에서 자행되는 절대적이고 극한적이며 무한적인 폭력의 원천이 되었고, 이 폭력의 대리적인 희생자들이 바로 광주 시민이었다. 광주 시민이 절대 권력자의 결정 독점권이 옳지 않다고 집단으로 항의하였기 때문이다.

서구의 경우 고대 로마 시대에 이미 독재관, 원로원비상결의, 삼두정치의 형식으로 예외 상태가 존재하였다. 또한, 예외 상태는 근대 이후 절대 왕정 시대에 통치 수단으로 빈번하게 이용되었다. 20세기에 출현한 예외 상태의 가장 부정적인 예는 파시즘이라고 볼 수 있다. 20세기 후반부에도 아시아 국가, 남미 국가들에서 자주 출현하였다. 아래에서 더 자세히 논의하겠지만, 1961년 이후 한국 사회도 대단히 심각하게 예외 상태의 피해를 겪었다. 대표적인 예외 상태 이론가들은 토마스 홉스, 칼 슈미트, 그리고 최근에 세계적으로 주목을 받는 철학자인 조르조 아감벤이다. 벤야민이 슈미트의 예외 상태 개념으로부터 영향을 받았다는 사실은 그의 『독일 비애극의 원천』에서 확인되고 있다. 그리고 예외 상태에 대한 벤야민의 사유는 아감벤에게 특히 강력한 영향을 미쳤다.[6]

예외 상태는 1961년 5·16 군사 쿠데타 이후의 한국 현대사에 특히 부합하는 개념이다. 군사 쿠데타로 국가권력을 장악한 후 18년간 절대 권력을 행사하였던 박정희는 위수령, 비상계엄, 유신, 긴급조치 등의 수단들을 통해, 곧 예외 상태의 자의적인 선포를 통해 한국 사회를 통치하였다. 그는 18년의 집권 기간 중 11년 동안

---

6. 나는 예외 상태에 대해 압축적으로 논의한 바 있다(문병호, 『왜 우리에게 불의와 불행은 반복되는가? 관리된 개별 인간과 예외 상태로서의 권력관계』, 28~43쪽). 그러나 이 자리에서는 벤야민이 『독일 비애극의 원천』과 「역사의 개념에 대하여」에서 예외 상태에 대해 사유한 내용만을 도입하여 〈택시운전사〉를 해석하는 것이 관건이므로, 예외 상태에 대한 논의를 확대하지 않는다.

이러한 극단적인 수단들을 사용함으로써 자신의 권력을 유지하였다. 단적으로 말해, 1961년부터 1979년까지의 한국 현대사는 11년 동안 예외 상태에 처해 있었다. 1979년 12·12 군사 쿠데타로 국가권력을 장악한 신군부 세력의 중요 지휘자들은 군대에서 장교로 근무하면서 박정희 군사독재정권 기간에 예외 상태를 직접 실행해 본 경험이 있는 장교들이었다. 이런 경험을 가진 그들이 1980년 5월 18일 광주에서 대규모 민중항쟁이 발생하자 비상계엄 선포라는 방식으로 대응한 것은 그들에게는 미리 준비된 선택지와 다름없었다. 이렇게 해서, 군사독재정권의 중심적인 통치 수단이었던 예외 상태는 5·18 광주민주화운동에서 다시 한번 ─ 가장 잔혹한 대량 학살을 부르는 ─ 통치 수단으로서 기능을 발휘하였다. 예외 상태는 광주에서 대량 학살을 자행하는 데 동원된 법적 근거였으며, 군사독재에 저항하는 광주 시민에게 폭력적으로 고통과 죽음을 강요하였다. 예외 상태가 광주에서 잔혹한 형식으로 작동한 결과 나타난 것은 아비규환이었다.

벤야민이 예외 상태의 개념에 주목한 것을 보여 주는 첫 번째 전거는 『독일 비애극의 원천』에서 비애극과 비극의 관계를 분석·해석하는 장에 나오는 '통치권의 이론' 부분이다. 이 자리에서 그는 예외 상태에 관한 이론가인 칼 슈미트의 『정치 신학』을 인용하면서 예외 상태에 대해 언급하고 있다.

근(현)대적인 절대 통치권 개념이 최고의 군주적인 집행권의 결과에 이른다면, 바로크의 절대 통치권 개념은 예외 상태에 관한 토론으로부터 전개되고, 예외 상태를 쫓아내는 것을 군주가 행하는 가장 중요한 기능으로 만든다. 지배하는 자는 전쟁, 반란 또는 다른 파국이 그를 위로 올라가게 하면, 예외 상태에서 독재적인 폭력의 소유자가 되는 것을 처음부터 규정한다.[7]

이 인용문의 두 번째 문장이 5·18 광주민주화운동에서 발생한 비극의 원동력이 되는 것으로서의 예외 상태를 나타내고 있다. 5·18 광주민주화운동이 발발하였을 때 절대 군주와도 같은 절대 권력을 갖고 있었던 신군부 세력의 우두머리는 "예외 상태를 쫓아내는 것"을 자신이 행하는 "가장 중요한 기능"으로 설정했어야 했음에도 불구하고, 대규모 민중항쟁이라는 파국을 발판으로 삼아 "예외 상태에서 독재적인 폭력의 소유자가 되는 것에 대해 처음부터 규정되어 있었던" 것처럼 행위함으로써 광주에서 한국전쟁 이후 가장 비극적인 학살과 만행을 저질렀다. 〈택시운전사〉는 예외 상태에서 자행되는 이러한 비극을 제3의 관찰자의 시선으로 응시한다. 이렇게 볼 때, 〈택시운전사〉는 5·18 광주민주화운동 당시 절대 권력자가 예외 상태를 자의적으로 설치하여 저지르는 극한적인 폭력, 대량 학살을 제3의 관찰자의 응시를 통해 형상화한 알레고리적 성격을 갖는 작품이다. 이 영화는 예외 상태에서 자행되는

---

7. W. Benjamin, *Ursprung des deutschen Trauerspiels*, pp. 245~246.

극한적인 폭력에 대한 알레고리적인 형상화라는 해석이 가능해지는 것이다.

벤야민은 세상을 떠나기 직전에 집필한 글인 「역사의 개념에 대하여」의 8번 테제에서 예외 상태에 대해 『독일 비애극의 원천』에서 보여준 사유보다 더 진전된 사유를 드러낸다. 이 테제는 이 책이 시도하는 외국 영화들에 대한 해석에서도 인용될 것이기 때문에 이 자리에서 원문을 인용하기로 한다.

> 억압을 받는 사람들의 전통은 우리가 그 속에서 살고 있는 '예외 상태'가 (예외가 아닌) 상례임을 가르쳐 준다. 우리는 이에 상응하는 역사의 한 개념에 도달하지 않으면 안 된다. 그러면 진정한 예외 상태를 도래시키는 것이 우리의 과제로서 우리의 눈앞에 놓여 있게 될 것이다. 그리고 이렇게 함으로써 파시즘에 대항하는 투쟁에서 우리의 위치가 더욱 좋아질 것이다. 파시즘이 갖는 기회는 그 반대자들이 하나의 역사적 규범으로서의 진보라는 이름으로 파시즘을 대한다는 점에서, 무엇보다도 특히 바로 이 점에서 성립된다. ─ 우리가 지금 체험하고 있는 일들이 20세기에 여전히 가능하다는 놀라움은 철학적인 놀라움이 아니다. 이 놀라움이 어떤 인식의 출발점에 서 있는 것은 아니다. 이 놀라움이 유래하는 근거인 (세상이 진보한다는) 역사 관념이 지탱될 수 없다는 인식이 제외된다면 몰라도, 이 놀라움이 어떤 하나의 새로운 인식의 출발점이 되는 것은 아니다.[8]

벤야민은 파시즘이 창궐하여 히틀러, 무솔리니 같은 절대 권력자가 예외 상태를 예외가 아닌 상례로 변모시킨 시기에 이 글을 썼다. 헌법과 법률이 규정한 원래의 합법적 질서는 정지되고 절대 권력자가 예외 상태에서 자의적으로 선포하는 법률이 모든 것을 지배하는 규칙이 되면서 억압받은 사람들에게 무한 폭력을 행사하던 시기였다. 이러한 역사적인 배경을 볼 때 벤야민이 예외 상태에 대해 사유한 것은 그에게는 필연적이었다고 볼 수 있다.

예외 상태를 통치 수단으로 이용하는 파시즘은 전체주의적 지배체제이며, 신군부의 쿠데타 세력은 5·18 광주민주화운동이 발발하기 이전에 이미 한국 사회를 전체주의적으로 지배하는 권력을 구축하고 있었다. 쿠데타 세력이 장악한 국가권력은 파시즘적인 성격을 이미 갖고 있었던 것이다. 이들은 5·18 광주민주화운동이 발발하자 예외 상태를 공개적으로 선포하고 파시즘이 유럽에서 자행했던 폭력과 유사한 폭력을 광주 시민에게 저질렀다. 광주에서 억압받았던 사람들이 당한 고통은 1961년 군사독재의 등장 이후 예외가 아니라 거의 상례처럼 기능하면서 한국 사회의 구성원들을 18년의 박정희 집권 기간 중 11년 동안 억압했던 예외 상태의 연장선에 있는 고통이라고 해도 과언은 아니다. 이렇게 보면, 5·18 광주민주화운동에서 광주 시민에게 고통을 주었던 예외 상태는, 예외가 아니고 상례라고 할 수 있다.[9] 〈택시운전사〉는, 앞

---

8. Benjamin, *Über den Begriff der Geschichte*, p. 695.

에서 해설한 벤야민의 역사철학 테제 중 5번 테제와 관련해서 볼 때, 예외 상태가 예외가 아닌 상례이고 규칙임을 – 남승석이 영화의 장면 분석 글에서 엄밀하게 고찰한, 영상 매체가 기법적으로 구사할 수 있는 – 응시와 추상화를 통해 관객에게 매개하는 영화로 해석할 수 있다.

벤야민은 위 인용문에서 예외 상태의 상례화로부터 벗어날 가능성을, 진보가 역사적 규범이라는 시각으로부터의 탈피에서 찾고 있다. 역사의 흐름과 함께 진보가 성취될 수 있다는 믿음은 벤야민에게는 미혹이다. 벤야민에게 중요한 것은, '세계의 고통사' – 이 역사가 퇴적된 곳이 바로 예술이다 – 에 대한 비판적 인식이다. 또 벤야민에게 중요한 것은, 이 인식을 토대로 해서 비로소 도달이 가능해질 구원이다. 비판적 인식 및 구원과 〈택시운전사〉의 관계는 이 영화가 구사하는 기법인 응시와 추상화를 통해 논의될 수 있다. 응시와 추상화는 1980년 5월 18일부터 10일 동안 선포된 예외 상태가 그 당시 그 장소에서 한시적으로 선포된 것이 아니며 지금 여기에서 항상 존재할 수 있는 상태라는 인식을 관객에게 매개하는 효과를 창출한다. 역사의 흐름과 함께 진보가 성취될 수

---

9. 나는 예외 상태가 헌법적·법률적으로 선포되지 않은 상태에서도 은폐된 채 기능한다는 주장을 제기한 바 있다. 권력관계들이 자신의 이해관계들을 유지하기 위해 예외 상태를 공론의 장으로부터 은폐시키는 상태에서 은밀하게 작동시키는 기술을 구사한다는 주장을 펼쳤다(문병호, 『왜 우리에게 불의와 불행은 반복되는가?』, 74~82쪽). 은폐의 관점에서 보면, 예외 상태는 그것이 선포되지 않은 상태에서도 항상 상례이고 규칙으로 기능한다는 것이 나의 생각이다.

있다는 순진한 믿음보다는, 〈택시운전사〉의 경우처럼 응시와 추상화를 통해 1980년 5월 광주에서 발생한 비극적 사태의 "이미지를 너무나 보편적인 특징을 갖는 풍경의 상태로 재현"(남승석)하는 것이 예외 상태의 폭력이 미래에는 반복되어서는 안 될 것이라는 비판적 인식에 기여할 수 있는 것이다.

예외 상태는 1961년 이후 한국 사회의 모든 구성원에게 고통스러운 삶을 강요하는 데 이용된 폭력적인 통치 수단이다. 예외 상태에서 자행된 폭력은 5·18 광주민주화운동에서 가장 잔혹하게 그 모습을 드러냈다. 〈택시운전사〉는 응시와 추상화를 통해 예외 상태의 폭력을 관객으로 하여금 지금 여기에서 사실적으로 인식하게 한다. 이런 맥락에서 폭력 비판을 통한 비판적 현실 인식, 비극에서 벗어나 구원에의 동경을 형상화했다는 평가로 이어질 수 있다.

"삶이 살고 있지 않다."

아도르노는 나치 지배체제를 인간을 절멸시키는 폭력체계로 보았다. 나치즘을, 인간을 지배체제 유지에 소용되는 도구로 관리하면서 없애 버리는 폭력체계로 본 것이다. 인간은 나치즘에는 존재 가치가 없는 도구일 뿐이고 소모품처럼 사용되다가 쓸모가 없어지면 아무것도 아닌 것에 지나지 않는다. 아도르노는 국가가 폭력체계로 전도되어, 독일이라는 국가를 구성하는 개별 인간들뿐만 아니라 유럽 전체의 개별 인간들을 조직적으로 절멸시키는 대재앙을 목도하였다. 동시에 그는 경제 과정에서 전체가 개인에 대해 완벽하게 우위를 점하는 현상에 주목하였다. "사고가 노동 분업의 단순한 섹터가 된 이래로, 결정권이 있는 전문가들과 지도자들이 만든 계획들은 자신에게 고유한 행복을 계획하는 개인들을 불필요한 존재들로 만들었다."[10] 그는 이러한 현상의 근원에 놓여 있는 원리를 "경제적 합리성"이라고 명명하며, 경제적 합리성은 "전체 사회가 경제적으로 규정된 방향"[11]으로 진행되도록 전체 사회를 강제한다. 이러한 사유에서 나온 유명한 테제가 바로 "개인이 어떻게 되든 상관이 없다는 태도"[12]이다.

개인의 폐기는 나치즘의 종말과 함께 극복되지 않았다. 아도르노의 시각에서 개인의 폐기는 2차 세계대전 후에 전개된 관리된 사회에서 더욱 정교하게 진화하였다. 개인은 인간을 기계장치의 부속물처럼 빈틈없이 관리하는 후기 자본주의 사회에 의해 관리됨으로써 개인의 폐기가 극복되기는커녕 오히려 진화했다는 것

---

10. Horkheimer & Adorno, *Dialektik der Aufklärng*, p. 182.

11. 같은 곳.

12. 같은 책, p. 181. 원어는 Gleichgültigkeit gegens Individuum이며, 『계몽의 변증법』이 제기한 중요한 테제 중의 하나이다. 전체가 우선이며, 개인은 전체에 종속되어 주체를 박탈당하게 되고 마침내 폐기된다는 내용을 담고 있다. 아도르노는 이 개념을 추후에 '개인의 폐기'라는 개념으로 정초하였다. 개인과 개별 인간의 개념을 구분하는 나의 입장에 대해서는 〈공동경비구역 JSA〉의 해석에서 이미 밝혔다. 여기에서는 아도르노의 표현을 그대로 수용하여 개인이라는 개념을 사용한다.

이다. 이런 시각에서 그는 1966년 10월 14일 로마에서 '사회'라는 제목으로 행한 강연에 기초하여 쓴 글인 「사회」에서 "삶이 살고 있지 않다"[13]라는 충격적인 주장을 펼친다. 올바른 삶의 가능성은 사라지고, 아무것도 아닌 존재로, 그리고 도구로 전락하여 생존할 뿐인 존재로 살아가는 것이 인간에게 허용된 존재의 조건이 되었다는 것이다.

박정희 군사독재정권 아래에서 한국 사회의 구성원들에게는 올바른 삶의 가능성이 원천적으로 차단되었을 뿐만 아니라, 독재 정권의 시각에서 볼 때 인간은 아무것도 아닌 존재이기 때문에 구성원들은 개인의 폐기 상태에서 생존하는 수밖에 없었다. 개인이 자신을 자신으로서 확인하는 정체성을 확보하는 것으로부터 일차적으로 성립하는 올바른 삶, 개인이 공동체와의 관계에서는 자신이 누리는 권리에 상응하여 책임과 의무를 다하는 올바른 삶은 없었고, 아도르노가 말한 대로 "삶이 살고 있지 않았던" 것이다. 이는 18년 동안의 박정희 집권 기간 11년에 걸쳐 한국 사회의 구성원들이 예외 상태 아래에서 인간의 존재 가치와 모든 권리를 박탈당한 채로 전체주의적 성격을 가진 군사독재정권이 부여한 기능을 담당하면서 생존에만 급급했던 것에서 입증된다. 한국 사회의 구성원들은 일본 제국주의의 폭력에 의해 삶을 박탈당한 후 해방을 맞이했으나 5·16 군사 쿠데타 이후 무엇보다도 특히 예외 상태를

---

13. 테오도르 아도르노, 『사회학 논문집 I』, 21쪽.

통치 수단으로 이용하는 폭력에 의해 삶을 박탈당했던 것이다.

5·16 군사 쿠데타 이후의 특징적인 형태인 예외 상태와 국가 폭력의 결합은 5·18 광주민주화운동에서 최악의 대재앙 형태로 정점에 올라섰다. 국민이 낸 세금으로 유지되는 군대가 최신 무기를 사용하여 국민을 대량 학살하고, 개별 인간을 인간으로 보지 않고 살해 대상으로 보아 절멸시키며, 도시를 무기로 파괴하여 폐허로 만들고, 생활공간을 초토화하는 만행을 저지름으로써 예외 상태가 최악의 대재앙을 유발할 수 있다는 것이 5·18 광주민주화운동에서 입증되었다. 5·18 광주민주화운동이라는 대재앙에서 최신 무기로 무장하고 최강의 전투력을 가진 특수 부대는 청소년부터 노인에 이르기까지 남녀를 가리지 않고 학살하였다. 이것은 개인의 폐기를 극한적인 형식으로 보여주며, 이런 상태에서는 "삶이 살고 있지 않다"라는 테제는 자명한 진실이 된다. 〈택시운전사〉는 아도르노가 말하는 개인의 폐기와 "삶이 살고 있지 않다"가 극한적인 형태로 현실화하는 것을 영상으로 형상화한 예술작품이다.

〈택시운전사〉와 의미 형성 : 극한적 폭력 · 고통에서 공동체의 평화로

〈택시운전사〉에서 형상화된 두 주인공의 응시는 응시에만 머물러 있지 않다. 응시는 벤야민이 말하는 알레고리에서도 특징적으로 나타나는 현상이며, 알레고리적 성격을 갖는 응시는 세계에 대한 인식과 비판, 더 나아가 세계를 구원하려는 의지를 포함한다. 예술작품에서 형상화되는 이러한 세계 구원에의 의지는 아도르노의 사유에서는 예술작품이 형성하는 의미에 해당한다. 〈택시운전사〉는 5·18 광주민주화운동에서 발생한 참극에 대한 인식과 비판을 넘어서서 이러한 참극이 다시는 되풀이되지 말아야 한다는 의미를 형성하는 데까지 나아갔다. 이러한 의미 형성은 이 작품 전체를 관통하면서 관객에게 전달된다.

의미 형성은 또한 두 주인공의 행동으로부터 더욱 구체적으로 파악될 수 있다. 주인공 김만섭은 1980년 5월 광주에서 발생한 비극적 사태에서 자신이 광주 시민과 함께 투쟁하지 못하는 상황에 대해 미안한 감정을 느낀다. 이로써 그는 한국 사회의 구성원 전체의 마음을 대변하였다. 주인공의 이러한 태도는 아비규환에서 벗어나고자 하는 구원과 평화에의 소망을 담고 있으며, 이것이 바로 〈택시운전사〉가 예술작품으로서 형성하는 의미라고 볼 수 있다. 이러한 의미 형성은 이 영화의 1시간 55분 이후 등장하는 자동차 추격 장면에서도 달성되고 있다. 예외 상태가 기능하도록 명령에 따라 정보 수집, 시민들의 동향 파악, 감시 등의 임무를 수행하는 군사정보기관의 비밀 요원들은 예외 상태에서 자행되는 무한 폭력이 광주에서 일어나고 있다는 사실이 알려지는 것을 막으려고 김만섭을 비롯한 택시운전사들을 추적한다. 택시운전사들이 목숨을 내놓고 추격을 피하는 장면은 광주에서의 만행을 외부로 알려야겠다는 의지를 형상화하고 있다. 이 의지는 광주에서 무한 폭력이 하루라도 빨리 종식되고 평화가 다시 도래하기를 소망하는 의지이다.

광주에서의 참극을 전 세계에 알리기 위해 일본에서 한국으로 온 후 서울을 경유하여 위험을 무릅쓰고 택시로 광주에 들어간 독일 기자 힌츠페터의 행동도 〈택시운전사〉의 의미 형성에 기여한다. '타인의 고통과 공감하고 실천해야 한다'라는 독일 기자의 신념과 이를 극한 상황에서 구체적인 행동으로 실천하는 모습을 보여주는 장면들은 평화를 갈망하는 세계 시민의 의지를 형상화한 것이다. 이러한 형상화의 효과는 〈택시운전사〉가 성취하는 의미 형성의 장場을 넓혀주는 것이다.

3장 〈여름궁전〉 2006

〈여름궁전〉은 북한과 중국의 접경 도시 도문 출신의 조선족 여성 유홍의 삶을 중심으로 1989년 천안문 사태와 그 이후의 중국 현대사를 표현한다. 영화는 1989년 천안문 사태, 1989년 베를린 장벽 붕괴, 1991년 소련 연방의 해체, 1992년 덩샤오핑의 남순강화, 1997년 홍콩 반환, 2000년대 초반 중국의 경제발전 등의 역사적 흐름을 반영하고 있다. 유홍과 저우웨이의 방황과 사랑은 이러한 역사적 사건들과 병행하며, 유홍은 도문에서 북경, 우한에서 북대하로 이주하며 중국 전역을 떠돈다. 이 영화는 개인의 이야기와 현대사를 중첩시키는 멜로드라마 장르의 예술영화이다.

1

국가적 트라우마와 감정의
영화적 지도 그리기[1]

남승석

〈여름궁전〉, 천안문 사태에 대한 영화적 형상화

　　로우예婁燁(1965년생)는 중국 영화의 "6세대" 감독으로 20대 시절 경험한 1989년의 천안문 사태와 그 이후 중국에서의 변화된 개인의 삶을 대담한 시각의 작가주의 영화로 표현한다. 특히 〈여름궁전〉(2006)은 중국을 횡단하는 조선족 여성 유홍의 부유하는 삶(20대 초반부터 30대 후반까지)을 통해 중국 내 도시의 현대사를 재현한다. 다른 한편으로 천안문 사태가 일어난 1989년에서부터, 눈부신 경제발전이 진행된 2000년대 중반에 이르기까지 급변

---

1. 이 글은 남승석, 『동아시아 영화도시를 걷는 여성들』, 갈무리, 2023, 6장을 수정 보완한 것이다.

하는 상황 속에 놓인 중국 젊은 세대의 국외자적 삶을 영화는 독일 베를린을 배경으로 보여준다.

1990년대에 유럽이 베를린 장벽의 붕괴와 소비에트 연방 해체 등의 역사적 변화를 경험했던 것처럼, 중화인민공화국 역시 시장경제 도입과 남순강화南巡講話, 티베트와 신장의 분리 운동 진압, 홍콩 반환, 마카오 반환 등 다양한 국면에서 사회 변화를 겪었다. 1980년대 후반의 천안문 사태로 중국에서 기억과 정체성의 문제가 주요하고도 현실적인 주제로 부상하였다. 천안문 사태에서 민중의 국가체제 변화 요구는 국가의 공권력에 의해 무자비하게 진압되었다.

로우예는 장위엔, 왕샤오솨이, 지아장커 등과 함께 천안문 사태 당시 20대였던 중국의 시대상을 사실적으로 반영하는 6세대 감독으로 분류된다. 〈여름궁전〉 이전에 제작한 다섯 편의 영화 중에서 〈주말의 연인〉(1995)은 중국 내 상영이 금지되었으며, 〈수쥬〉(2000) 역시 중국 내 상영 금지와 로우예 감독의 영화 제작 2년 금지 조치를 초래했다. 다섯 편 중 두 편이 상영금지된 것이다. 〈여름궁전〉은 중국 청년들의 현실을 선명하게 그린 영화로, 칸 영화제에 출품되어 전 세계의 비평가로부터 호평을 받았다. 그러나 중국 정부는 칸 영화제에 영화를 공식 승인 없이 출품한 행위에 대해 엄중하게 처벌했다. 영화는 중국 내 상영이 금지되었으며, 로우예 감독은 5년 동안 중국 내에서 영화 제작이 금지되었다.

〈여름궁전〉은 1989년 천안문 사태를 당시 청년들의 사랑, 욕망, 좌절을 직설적으로 묘사한다. 영화에는 신체 전면을 드러내는 여섯 번 이상의 롱테이크 섹스 장면이 있는데 이는 천안문 사태를 성적 탐닉과 상징적으로 병치하는 방식이다. 성과 정치를 연결하여 시대정신을 형상화하려는 이러한 시도는 〈여름궁전〉뿐만 아니라 세계 영화사에 지속적으로 존재해 왔다. 예를 들면, 정치적 억압을 비판하는 광기 어린 성적 자유를 선언하는 블랙웨이브 걸작인 두산 마카베예프의 〈W.R 유기체의 신비〉(1971)와 〈스위트 무비〉(1974), 일본 군국주의에 반대하며 성적 탐닉으로 침잠하는 오시마 나기사의 〈감각의 제국〉(1976), 1968년 5월 혁명 이후의 유럽 격동기를 겪는 세대의 혼란스러운 일상을 성애적으로 보여주는 베르나르도 베르톨루치의 〈파리에서의 마지막 탱고〉(1972)와 〈몽상가들〉(2003), 그리고 필립 가렐의 〈평범한 연인들〉(2005) 등이다. 〈여름궁전〉은 이 영화들처럼 파시즘에 대항하며 성정치 테마를 통해서 혼란한 시대의 감정구조를 형상화하는 작품이다.

〈여름궁전〉의 성애적 표현은 문화와 예술에서부터 비즈니스와 경제에 이르는 중국 사회의 강력한 자유화 과정을 반영하는 것으로 해석될 수 있다. 그러나 유홍의 성적 여정은 그녀가 세상과 소통하고, 자신의 삶에서 의미를 찾아내려는 필사적인 방법일 수도 있다. 유홍이 여러 남녀를 욕망의 대상으로 삼는 성애적인 시도는 영화 전체에서 산발적으로 나타나는 그녀의 일기와 비디제시스적non-diegesis 음성을 통해 표현된다. 이러한 표현은 유홍의 내면세계를 형상화하며, 작품 해석의 가능성을 확장시킨다.

부유하는 군상들, 인터-차이나와 트랜스내셔널

〈여름궁전〉은 인터-차이나 즉 중국 내를 횡단하듯 이주를 반복하는 유홍의 방랑, 그리고 초국가적인 부유浮游 즉 베를린으로 이주하는 리티와 저우웨이의 국외자적인 삶을 통해서 트라우마와 그로 인한 지속적인 자기 파괴의 메커니즘을 표현한다. 예를 들면, 유홍은 다양한 도시를 거치면서 성애적 관계를 맺고 이를 통해 도시들은 친밀한 지리학, 즉 부드러운 지도의 몸-도시로 재현된다. 그녀의 자기 파괴적인 성애는 중국을 가로지르며 문화 지리학적 영화 도시 구축을 위한 감성적 이미지로 재현되는 것이다. 이는 '맵핑mapping 충동'적인 수행적 행동이며 감정의 아틀라스, 곧 대안의 영화적 지도라고 할 수 있다.[2]

〈여름궁전〉의 서사 구조는 크게 두 부분으로 나뉜다. 이에 대해 인물들의 공간적 이동을 중심으로 상세히 살펴보기로 하자.

첫 번째 부분은 중국과 북한의 접경 도시인 도문을 배경으로 한다. 여기서 유홍이라는 조선족 여고생이 등장한다. 유홍은 북청北淸대학(북경대와 칭화대를 합친 가상의 대학)에 입학하고, 이 과

---

2. 영화적 지도 그리기는 '부드러운 장소-보기'와 영화적 '맵핑 충동' 개념을 활용하는 것으로, 산책자 개념과 관련된다. 산책자의 부드러운 걷기의 몸짓과 장소보기 그리고 영화적 맵핑 충동을 반영하여 구축하는 도시 이미지는 촬영, 편집, 연기 등의 영화 작업을 요구한다. 여성 산책자와 영화적 지도그리기에 대해서는 남승석, 『동아시아 영화도시를 걷는 여성들』을 참고하라.

정에서 그녀는 로큰롤 음악, 디스코 파티, 캐주얼한 섹스, 그리고 문화 토론 등 다양한 문화적 르네상스를 경험하게 된다. 이런 변화는 몽타주 형식의 장면을 통해 독자에게 제시된다. 그중에서도 대학의 영화관에서 프랑수아 트뤼포의 〈400번의 구타〉의 엔딩이 상영되는 장면이 있다. 〈400번의 구타〉의 엔딩 장면에서 앙뜨완느 드와넬은 소년원을 탈출해 바다로 뛰어간다. 자유를 향한 드와넬의 열망이 형상화되는 장면이다. 이는 중국의 민주화를 열망했던 당시 젊은이들의 심리 상태와 연결된다.

유홍은 북청대에서 절친한 친구 리티를 만난다. 그리고 리티의 남자 친구 루오구 그리고 유홍의 연인이 될 저우웨이를 만나게 된다. 리티는 성과 자유를 찾아가는 유홍을 이끌어주는 가이드 역할을 하며, 그녀와 저우웨이의 사랑을 도와주기도 한다.

유홍의 첫사랑, 저우웨이와의 첫 만남은 그녀의 생애에서 가장 아름다운 순간으로 묘사된다. 유홍은 루오구, 리티, 그리고 저우웨이와 함께 클럽에 가는데, 처음에는 혼자서 담배를 피우며 어색하게 무리를 지켜보다가, 저우웨이가 그녀에게 손을 내밀면서 분위기에 녹아들기 시작한다. 그들이 춤추는 동안 흘러나오는 음악은 폴 에반스의 〈일곱 명의 소녀가 뒷좌석에 앉아있네〉로, 클럽의 자유로운 분위기를 표현한다. 이 순간, 유홍은 걷잡을 수 없이 저우웨이와 사랑에 빠진다.

유홍은 야외 수영장에 홀로 앉아서 다음과 같이 일기를 쓴다.

그렇게 겉도는 삶에 지쳐갈 무렵 우리들은 만났고 그는 내 삶에 뛰어들었다. 그는 특별하고 소중한 친구…이건 운명이다…난 그를 본 순간 느꼈다. 우리가 이 세상에서 같은 편이라는 걸. 허나 밤새 얘기를 나눴음에도 불구하고 우리 관계에 문제가 생겼다. 하지만 그 문제는 섹스로 해결할 수 없다. 나는 앞으로 계속 열정적으로 살고 싶다. 이런 내 마음은 우리 관계만큼 확실하다. 때로는 내가 그에게 내 주관을 강요한다. 억지로 상대방에게 맞추면 자유로울 수 없다. 난 사랑을 하며 그 사실을 깨달았다. 사랑을 버릴 수는 없다. 그러나 그것은 환상일 뿐. 환상. 사랑은 치명적이다….

유홍과 저우웨이의 북경 여름궁전에서의 추억은 유홍이 일기를 쓰는 장면과 교차편집된다. 북경의 여름궁전, 곧 이화원은 18세기 중반 중국 강남 지방의 정원 양식에 따라 지어진 중국 청나라의 행궁이자 정원이다. 19세기 후반 서태후에 의해 다시 재건되었다. 이화원은 60미터 높이의 만수산과 쿤밍호가 장관으로 그 면적은 2.9제곱킬로미터이고 이 중에 4분의 3이 호수로 구성되어 있다. 일기의 내용은 보이스오버로 구현되며, 그 배경으로는 흔들리는 나무와 휘날리는 꽃가루가 등장한다. 이런 장치들은 그녀의 치명적이고 아련한 사랑의 감정을 시각적으로 형상화한다.

두 번째 부분은 1990년대와 2000년대 초반, 저우웨이와 유홍의 부유하는 삶의 궤적을 보여준다.

1990년대에 유홍은 직접적으로 연고가 있거나 경제적으로 발흥하고 있는 도시가 아닌 호북성 우한으로 이동해 정착한다. 우한은 코로나19로 알려지기 전까지는 호북성의 경제와 문화의 중심지였다. 여전히 저우웨이를 잊지 못하면서도 유홍은 우한에서 부유한 유부남과 연애하고 동시에 맹목적으로 그녀를 사랑하는 회사의 우편실 근무자와도 사랑을 나눈다. 그리고 직장 여자 동료와도 은밀한 관계로 지낸다. 이런 와중에 유홍은 유부남의 아이를 임신하지만 낙태하고 우한을 떠나 중경으로 이주한다.

한편, 독일로 이주한 리티, 루오구, 저우웨이는 베를린에서 자유분방한 섹스를 즐기며 일상을 보내고 있었다. 북경의 천안문 사태를 모두 잊은 듯, 그들은 행복해 보인다. 그러나 베를린에 적응하지 못한 저우웨이는 베를린에서의 부유하는 생활을 정리하고 중국으로 돌아가 유홍을 찾으려는 계획을 세운다. 이 계획을 듣고 리티는 옥상에서 뛰어내려 자살한다. 리티는 10년 전 북경에서 유홍의 자살을 막았지만, 자신의 죽음은 막지 못했다.

결국 저우웨이는 홀로 중국으로 돌아온다. 독일에서 귀국하는 장면에서는 비행기 위에서의 시점으로 강, 다리, 교차로 등 중국의 풍경이 보여지며, 이어지는 쇼트들에서도 자동차의 시점으로 2000년대 초반 중국의 경제 변화를 중경의 일상적인 이미지들로 표현한다. 유홍과 저우웨이는 서로를 잊지 못하고 방황하며 부유하다가, 천안문 사태가 일어난 지 10년이 지난 시점에 중국 하북성의 진황도에서 재회한다. 그러나 이때 그들은 서로를 더 이상 사랑하지 않는다는 것을 깨닫고 결국 헤어지게 된다.

이러한 전개를 통해 영화는 무언가를 광적으로 탐닉하던 시절을 지나 냉정한 현실을 마주한 두 인물의 심리 상태를 보여준다. 천안문 사태 이후의 중국 현실에서 그들은 그때의 민주화 열정과 실패를 뒤로한 채 살아가야 한다. 영화 후반부에 유홍과 저우웨이는 결국 차갑게 돌아서야만 하는 현실을 받아들여야 한다. 이런 방식으로 영화는 천안문 사태와 그 영향 아래 놓인 인물들의 지역 이동과 부유를 중심으로 전개된다. 이를 통해 주인공의 트라우마와 멜랑콜리아 증상을 여러 도시를 배경으로 형상화한다.

유홍은 중국 전역을 부유한다. 그녀가 중국을 실질적으로 인지하고 육감적으로 느끼는 과정은 영화에서 그녀를 포함한 풍경으로 재현된다. 또한, 이 이미지 지도가 5·4 운동이 제시한 근대 중국의 비전과 비슷한 과정을 거친다는 점이 흥미롭다. 5·4 운동은 1919년 5월 4일에 북경 학생들의 항일운동, 반제국주의, 반봉건주의 운동으로 시작되어, 근대 중국의 비전을 과학과 민주주의로 제시하였다. 그러나 군벌 정부는 즉시 학생들을 체포하고 시위를 탄압하였다. 이 사건은 천진, 상해, 난징, 우한까지 확산하였다. 학생들은 여러 곳에서 산발적으로 저항했으나, 군벌 정부는 대규모 탄압을 벌이며 1천여 명의 학생을 체포하였다. 천안문 사태는 5·4 운동처럼 전국적으로 파급되지 못했다. 그러나 당시 청년들의 좌절이 전국적으로 확산되었고, 이는 중국을 가로지르며 이동하는 유홍의 부유하는 삶과 자기 파괴적인 사랑을 통해 형상화된다.

도문, 북경, 우한, 북대하로 이주하며 계속되는 유홍의 부유하는 삶

〈여름궁전〉의 두드러지는 점 중 하나는 주인공 유홍이 북한에서 가장 가까운 중국 도시 도문 출신이고, 조선족 혹은 탈북 가정에서 태어난 것으로 설정되어 있다는 것이다. 유홍, 리티, 동동 등 주요 인물은 다양한 도시와 국가로 이동하며 부유하는 삶을 영위한다. 이들의 모습은 모더니즘 시기에 19세기 파리에서 활동했던 예술가들과 흡사하다. 영화는 다음과 같은 구절로 시작된다.

그것은 뜨거운 여름밤에 불어닥친 바람 같았고 난 그로 인해 중심을 잃고 방황하기 시작했다. 그림자처럼 떨어지지 않는 그것을 뭐라고 정의할 수 없으니 사랑이라고 할 수밖에!

오프닝 텍스트 이후 펼쳐지는 오프닝 시퀀스는 우체국, 기차역, 병원, 대학 등의 국가 기반 시설을 세밀하게 묘사한다. 이런 이미지들은 관료제와 국가체제 속에서의 유홍의 위치와 그녀의 존재를 상징하며, 이러한 국가 체계에 대한 인식을 형성하는 초두효과를 일으킨다. 오프닝 시퀀스는 소수민족 출신으로서의 유홍의 정체성을 구성하는 데 매우 중요한 역할을 수행한다.

도문이라는 지명은 두만강豆滿江의 앞 두 글자인 '두만'의 중국어 발음에서 유래되었다. 통문統們, 치만馳滿, 토문土門, 두만豆滿 등은 모두 두만강을 지칭한다. 영화는 비가 오는 한낮에 중국 도문의 한 건물 현관 앞에서 시작한다. 이때 처음 보이는 것은 우체국이라는 한자 표기 '우전소'郵電所가 쓰여진 큰 간판이다. 그 아래 조선족 청년 샤오준이 비를 피해 서 있다. 그리고 그 청년의 머리 위로는 하얀색의 '최우수단위', 빨간색의 '최우수체신운수업단위', 하얀색의 '문명단위'가 한글로 쓰여 있고, 그 아래 한자로 표기된 간판들이 보인다. 우체국에서 비를 피해 서 있는 샤오준이 편지를 받고 올 것이 왔다고 하는 표정을 지으면서 우체국 장면이 끝난다.

유홍의 연인 샤오준이 편지를 손에 든 채로 오토바이를 타고 유홍 가족이 운영하는 잡화점에 도착한다. 유홍은 빈 병을 모으던 중 샤오준을 맞이한다. 잡화점 내부 벽에 걸린 김일성의 사진이, 유홍이 북한계 중국인 주민의 딸로 설정되어 있음을 알려준다. 영화에서 유홍은 한국어를 사용하지 않지만, 그녀의 아버지와 샤오준이 한국어로 대화하는 장면이 있다. 이러한 장면들을 통해 유홍이 보유한 이중적 정체성이 자연스럽게 드러난다.

도문은 중국과 북한의 접경 도시로서, 길림성 연변조선족자치주 중동부에 위치한 조선족 거주 지역이다. 대부분 중국어로 대화를 나누는 샤오준은 손님을 맞이할 때 "안녕하세요"라고 한국어인사를 하며, 한국 가수 하동진의 〈인연〉이라는 노래를 카세트플레이어로 크게 틀어놓는다.

내 모든 걸 다 주어 봐도. 때가 되면 떠나버리는 무정한 사람이더

라. 인연이라는 것은 때가 되어야만 만나지는 것. 지난날은 괴로워 말자. 언젠간 너도 괴로울 테니까. 이제는 두 번 다시 과거 때문에 울지 않으리. 이제는 두 번 다시 나는 너를 보내지 않으리. 사랑 때문에 괴로웠던 지난날들은.

이 노래의 가사는 샤오준이 유홍에 대해 가진 감정을 나타내며, 또한 유홍의 무심한 성향을 암시한다. 이러한 성향은 유홍이 다른 도시에서 다른 인물들을 만나 사랑을 나눌 때 서사적이고 감정적인 배경으로 활용된다.

다음으로, 유홍이 샤오준과 도문의 한 공원에서 데이트하는 장면을 살펴보자. 유홍의 첫 성관계 장면이 등장하기 직전, 샤오준은 농구를 하는 청년들과 싸움을 벌인다. 그리고 그 공원에서 두 사람은 잠자리를 갖는다. 그들은 어둠이 내린 저녁 공원의 나무 사이에서 사랑을 나누지만, 그 자체는 아름답거나 로맨틱하지 않다. 이 영화에서는 육체적인 사랑이 인물들이 가진 허무함을 채우는 반복적인 행위로 그려진다. 흥미로운 점은 유홍이 경험하는 폭력과 섹스가 도문, 북경, 우한으로 이동을 반복하는 과정에서 늘 함께 등장한다는 점이다.

〈여름궁전〉에서는 인물들이 육체에 입은 상처가 내면의 상처를 직접적으로 시각화한다. 도문의 공원에서 유홍과 샤오준이 경험한 싸움과 섹스의 순환은 북경에서도 이어진다. 비현실적으로 낭만적인 북경 여름궁전에서의 저우웨이와 유홍의 산책과 뱃놀이 사이에 그들이 사랑을 나누는 장면이 삽입된다. 대학 기숙사에서 그들의 육체적 폭력과 동물적 섹스의 패턴이 지속적으로 반복된다. 유홍의 다양한 섹스 장면은 우한의 가난한 우편 담당 직원이나 부유한 유부남 등 다른 인물과의 관계에서도 이어진다. 우한에서의 임신중절 수술과 교통사고처럼 육체적 폭력과 동물적 섹스의 패턴은 변형·강화되어 반복해서 병치된다. 그러나 유홍과 저우웨이의 북경 여름궁전 데이트는 반대로 비현실적이고 낭만적으로 묘사된다. 그 장면은 판타지 같은 과장된 감정으로 표현되는 낭만적인 걷기와 자전거 타기, 그리고 뱃놀이로 구성되어 있다.

여름궁전에서 유홍과 저우웨이가 배를 타는 모습은 노을 진 하늘을 배경으로 실루엣으로 보여진다. 그들의 뒤로는 호수 곤명호의 아름다운 풍경이 펼쳐진다. 이 장면에서는 애잔한 음악과 함께 실루엣이 보이는 남녀의 모습이 결합하여 아름답고 쓸쓸한 감정을 자아낸다. 어두워진 호숫가 장면은 대학 기숙사에서 섹스를 마치고 나란히 누워서 천장을 바라보고 있는 유홍과 저우웨이의 모습으로 이어진다.

이러한 파편화된 이미지들 속에서 일관성을 유지하는 요소는 유홍의 무표정한 얼굴과 아련한 눈빛이다. 수영장에서의 유홍의 무표정한 얼굴은 아메데오 모딜리아니의 그림 속 여성들(특히 잔느 에뷔테른)이나 에두아르 마네의 〈폴리 베르제르의 바〉에서의 무표정한 여종업원을 연상시킨다. 무표정, 무관심 혹은 지향성 없는 태도는 도시성을 대표하는 이미지라고 볼 수 있다. 유홍의 이러한 모습은 이 영화의 주제적인 측면과도 연결된다. 그녀의 허망한 눈빛은 아름다운 젊음의 찰나의 순간과 거대한 흐름 속의 영원함 사이의 허무한 감정을 표지하는 침잠의 표정이기도 하다. 유홍의 허무한 눈빛은 그녀가 저우웨이와의 섹스에 탐닉할 때도 등장한다. 섹스 이후의 감정은 그녀의 눈빛을 통해 전달되며, 이때 격렬한 섹스를 나누는 유홍과 저우웨이의 모습은 해 질 녘 여름궁전 주변의 곤명호 위에서 보트를 타는 그들의 모습으로 갑작스럽게 전환된다. 이 데이트 장면에서도 유홍의 허무한 눈빛이 강조되며, 이어서 그들이 탄 배를 익스트림 롱 쇼트으로 보여주는 롱테이크가 이어진다. 롱테이크는 영화의 전통적인 편집 속도보다 훨씬 더 길게 지속해서 촬영하는 쇼트를 의미한다. 이 장면은 일본 영화 〈아사코〉에서 주인공이 강가의 갈대밭을 달리는 롱테이크를 연상시킨다. 태양이 서서히 저물어 가는 가운데 호수에 반사되어 비치고 있을 때, 카메라는 그들이 타고 있는 보트 주변을 360도로 천천히 회전한다. 카메라의 움직임에 따라 주변이 점점 어두워지고 삽시간에 달이 뜬 밤으로 바뀐다.

여름궁전의 곤명호는 인공호수임에도 불구하고 만수산과 더불어 거대한 자연처럼 보인다. 이런 아름다운 호수와 산의 풍경은 영화에서 가장 숭고한 요소로 강조되며, 실패한 민주주의에 대한 아이러니를 극대화한다. 또한, 이 호수 장면은 낮에서 밤으로의 변화를 그래픽적으로 조작하여 시간성으로 형상화하며, 인물의 비극적인 운명을 강조하는 역할을 한다. 이러한 여름궁전의 호수 장면은 섹스 장면의 전과 후에 배치되어 있어, 오르가슴이 동반된 유흥과 저우웨이의 성적 감정과 연결될 수 있다. 그러나 동시에, 이 장면은 천안문 사건 이전의 청년들이 꿈꾸던 이상향을 시각화한 것으로 볼 수 있다. 이는 후에 이어질 공권력에 의한 폭력과 대비를 이루며, 중국 청년들의 내면적 균열을 강조하는 효과를 가져다준다. 이 유토피아적 풍경은 내면의 균열을 드러내는 폐허와의 대비를 통해 그 효과를 더욱 강화한다.

국가적 폭력, 천안문에서의 비극적 사건

유흥의 정신적 혼란은 6·4 천안문 사태로 극에 달한다. 영화의 중반부에 천안문과 관련된 주요한 시퀀스는 유흥이 '북청대학 학생들이 천안문 광장으로 몰려갔다'고 일기장을 읽는 보이스오버 내레이션으로 시작한다. 천안문을 향하는 트럭들 위로 친구들이 올라탄다. 이 광경을 3층 기숙사에서 바라보던 유흥이 건물 밖으로 뛰어나와 트럭에 올라탄다. 이 장면을 촬영하는 방식은 로베르토 로셀리니의 〈무방비도시〉에서 피나(안나 마냐니 분)가 트럭을 쫓아 뛰어가다가 총에 맞아 쓰러지는 장면을 연상시킨다.

핸드헬드 카메라는 트럭을 향해 뛰어가는 학생들, 트럭 위로 올라가는 학생들, 함께 노래 부르는 학생들, 활짝 웃는 학생들, 다양한 깃발을 들고 트럭으로 이동하는 학생들의 모습을 생동감 있게 잡아냈다. 이런 방식으로 학생들의 감정이 점점 고조되는 장면을 선보였다. 트럭이 "애국민주자유정신고취"라는 구호가 쓰인 대학 캠퍼스를 지나면서 북청대학 입구로 나오는 장면은 관객의 감정을 더욱 격렬하게 흔든다. 이런 천안문 시위 재연 장면에 이어 실제 당시의 시위 아카이브 영상이 병치되었다. 아카이브 영상의 거친 화질이 삽입되는 순간, 갑작스레 영화의 화질이 떨어지면서 관객은 아카이브 영상을 보고 있음을 인지하게 된다. 아카이브 영상에서는 주인공들이 등장하지 않지만, 실제 상황을 촬영한 극도로 사실적인 이미지는 관객들을 순간적으로 냉정하게 만든다. 아카이브 영상은 카메라가 현장에 직접 존재했다는 사실을 통해 강력한 위력을 발산한다. 아카이브 영상에는 청년들이 트럭에 올라 천안문을 향해 진출하는 희망에 가득 찬 장면과 기차역에 도착한 수많은 청년의 모습이 나온다. 기차에서 내려 문으로 나가기를 기다리던 청년 중 한 명이 창문으로 내리는 모습을 보여줌으로써 그들이 어떤 강렬한 감정을 안고 있었는지를 사실적으로 보여준다. 이 장면의 초반에는 각기 다른 다양한 젊은이의 집단을 풀 쇼트로 보여주고 이어서 해방을 염원하는 개인의 감정을 얼굴 클로즈업 쇼트로 보여준다. 이러한 장면들은 당시의 시대적 감정을 암시한다. "언론의 자유를 보장하라", "나라의 주인은 인민이다"라는 슬로건을 외치며 천안문 광장으로 모여드는 청년들, 광장을 가득 채운 거대한 군중의 아카이브 영상으로 마무리된다.

천안문 시위와 관련된 이 시퀀스는 재연, 아카이브, 다시 재연의 순서로 이루어져 있다. 아카이브 영상들의 몽타주는 재연 영상으로 시작하여, 그 재연 영상과 유사한 상황의 아카이브 영상으로 넘어간다. 트럭을 타고 대학에서 출발하는 청년들의 장면으로 시작해, 전국에서 출발하여 기차역에 도착한 청년들의 장면으로 전환된다. 그 후 깃발을 흔드는 청년의 모습이 나오고, 슬로건을 들고 있는 청년들의 클로즈업으로 이어져 천안문 광장을 가득 메운 거대한 군중의 장엄한 모습으로 연결된다.

세 청년(유홍, 저우웨이, 리티)은 민주주의를 추구하며 천안문 시위에 참가한다. 그들은 시위 후 돌아오는 길에 신이 나서 노래를 부르며 춤을 춘다. 오직 가로등 불빛만이 밝혀주는 밤, 시위의 흥분이 아직 가라앉지 않은 모습으로 그들은 8차선 도로를 달린다. 화면은 먼저 유홍과 리티가 손잡고 달리는 모습을 보여준다. 카메라가 전방으로 이동하면, 저우웨이가 뛰어오르며 만세를 부르는 모습이 나온다. 다음 장면에서 저우웨이가 유홍을 업고 돌다가 컷이 변경되며, 이제 세 명이 함께 비틀거리며 걷는 모습이 나온다. 유홍은 빙글빙글 돌며 간다. 다시 컷이 변경되고, 세 명이 고가도로를 건너는 장면이 나온다. 다시 한번 컷이 변경되고, 세 명은 어깨를 나란히 하고 걸으며 "사랑을 갈구하는" 노래를 부르기 시작한다. 이때 시위 후에 이들이 사랑에 관한 노래를 부르는 것은 주목할 만하다. 〈여름궁전〉은 민주주의에 대한 열망이 상실감으로 변하는 과정을 유홍과 저우웨이의 사랑을 통해 표현한다. 노래를 부른 후의 장면은 세 청년이 천천히 걸어가는 모습으로, 이전의 장면들보다 훨씬 차분하다. 시위의 후유증이 가라앉은 듯, 그들의 얼굴은 무표정하고, 도로는 가로등 불빛과 가로수로 가득하다. 심도를 강조하는 화면 구성과 공간 표현을 통해 유홍, 리티, 저우웨이는 마치 무대 위의 배우들처럼 형상화된다.

유홍은 리티와 저우웨이가 기숙사에서 비밀스럽게 사랑을 나누다가 학생부원에게 들켰다는 사실을 듣고 실망하여 자신의 방으로 돌아온다. 이때 샤오준이 그녀를 찾아오며 천안문 사태로 인해 그녀를 걱정한다는 이야기를 한다. 유홍은 샤오준을 안고 통곡하며 집으로 돌아가겠다고 말한다. 샤오준은 유홍을 위로하며 그녀와 함께 침대에 눕는다. 다음날 이른 아침, 유홍은 샤오준이 사라진 것을 발견하고 그를 찾기 위해 밖으로 나갔다가 어느새 시위대 인파 속으로 끌려 들어가게 된다. 영화는 이런 유홍의 시점을 통해 시위대의 다양한 모습들을 파편적으로 보여준다. 학생들이 잠을 자기 위해 이불을 주고받는 모습, 확성기를 들고 말하는 여학생의 모습 등이 그녀의 시선을 통해 보여진다. 이런 장면 속에서 루오구도 시위대의 일원으로 등장하며, 시위의 혼란 속에서도 목적지를 찾지 못하고 방황하는 유홍의 모습은 당시 중국 청년들의 내면적인 혼란을 상징적으로 보여준다.

이런 사태 속에서 동동은 유홍의 실종 사실을 저우웨이에게 알리고 두 사람은 유홍을 찾기 위해 나선다. 리티와 루오구는 시위대의 인파 속에서 우연히 만나고, 샤오준 역시 유홍을 찾아 헤맨다. 이처럼 혼란스러운 상황에서 각자 사랑하는 사람을 찾아 돌아다니는 모습은 천안문 사건의 혼란과 광열을 탁월하게 묘사한다. 카메라는 동동과 저우웨이의 시선을 따라가며 트럭에 돌을 던지는 시위대의 모습을 보여주고, 잠시 후 군대의 발포로 시위대가 흩어지는 장면을 보여준다. 군인들로부터 도망치는 학생들, 시위 현장을 가득 채운 슬로건과 플래카드를 통해 시위의 공기가 전해진다. 비가 내리기 시작하며, 유홍은 자기 방으로 돌아와 동동에게 도문으로 떠날 것임을 알린다. 동동은 저우웨이에게 그녀가 그들의 사랑을 포기했으며, 더 이상 유홍을 찾지 말라고 말한다.

이후 영화는 유홍, 샤오준, 루오구, 리티, 저우웨이의 1989년 천안문 사건 이후부터 1997년까지의 행적을 차례로 그려나간다. 베를린 장벽 붕괴, 소련 해체, 홍콩의 중국 반환 등의 실제 사건이 허구적 장면과 함께 나타난다. 유홍은 1989년에 샤오준과 함께 기차를 타고 도문으로, 1991년에는 선전으로 이동한다. 1995년에는 왕보와 함께 선전에서 우한으로 이동하고, 1997년에는 사고를 당하여 임신중절 수술을 받게 된다. 그 후 유홍은 중경으로 간다. 한편, 루오구는 1989년에 베를린으로, 저우웨이와 리티는 1994년에 베를린으로 간다. 리티는 베를린에서 자살하고, 저우웨이는 2000년에 베를린에서 중국 중경으로 돌아온다.

멜랑콜리아와 트라우마

마이클 베리는 〈여름궁전〉에서 유홍의 성적 욕망이 과잉되게 나타나는 이유는 그녀의 욕망과 심리적 상처가 서로 연결되어 있기 때문이라고 주장했다.[3] 근원적으로 이는 유홍이 섹스를 처음으로 경험한 연인인 샤오준과의 관계에서 나타난 자기 파괴적 메커니즘의 결과로 보인다. 이 메커니즘은 그녀의 삶에 지속적으로 영향을 미치는 요인이다.

영화 초반부 도문에서 유홍이 대학 입학을 위해 북경으로 떠나기 전날 샤오준과 섹스를 하는 장면은 자기 파괴적인 메커니즘의 시작점으로 볼 수 있다. 샤오준은 농구 코트에서 벌어진 싸움으로 여러 곳을 다쳤는데, 그런 상황에서도 황량한 풀밭에서 유홍과 섹스한다. 이 장소는 운명적이거나 낭만적인 곳이 아니라 그저 편리한 공간일 뿐이다. 샤오준은 기계적이고 반복적인 행동으로서의 섹스를 통해 마치 불안을 해소하는 것처럼 보이고, 유홍은 실망한 눈빛을 보인다. 〈여름궁전〉에서 이 장면은 멜랑콜리아의 시작이며, 이런 실패한 첫 섹스의 경험은 유홍이 저우웨이를 만날 때까지 그녀를 그림자처럼 따라다닌다.

영화에서는 이러한 자기 파괴적 메커니즘이 작동하는 장면이 여러 번 등장한다. 첫 번째는 북청대학에서 저우웨이가 유홍을 가볍게 여기는 동급생과 싸우는 장면이다. 싸움 이후 저우웨이는 유홍에게 모든 문제의 원인이 그녀라고 말한다. 두 번째는 대학 기숙사에서 저우웨이가 자기 방에서 자려는 유홍을 쫓아내기 위해 그녀의 뺨을 계속 때리는 장면이다. 그러나 결국 저우웨이는 자

---

3. Michael Berry, *A History of Pain*, p. 345.

신의 폭력을 보상하려는 듯 울음을 터뜨린 유홍과 열정적인 섹스를 한다.

1989년 6월 4일, 천안문 사건이 일어난 날, 저우웨이와 유홍은 헤어진다. 이때 유홍은 리티와 저우웨이의 섹스를 목격하고, 갑자기 도문에서 찾아온 샤오준과 함께 떠난다. 이 행동은 그녀의 룸메이트 동동도 버리는 것이며, 천안문 사태로 인한 학살과 폭력이 상대에 대한 불신과 배신으로 이어진다는 것을 보여준다. 그 이후 유홍은 섹스에만 초점을 맞추고 인간관계를 맺지만, 그 누구도 진정으로 사랑하지 못한다. 이런 성애적인 경향과 허무주의적 자기 파괴는 1989년 천안문 사태의 트라우마의 증상으로 볼 수 있다. 그러나 이러한 폭력과 성애의 결합은 유홍의 심리적 상처의 결과이기도 하다. 그 심리적 상처는 유홍이 북경으로 오기 전에 샤오준과 섹스를 하면서 시작되었다.

이러한 도문에서의 싸움과 섹스의 패턴은 북경에서 저우웨이가 동급생과 싸우고 나서 이어지는 유홍과의 섹스처럼 반복되어 나타난다. 저우웨이와 유홍이 기숙사에서 싸울 때, 유홍은 저우웨이에게 자신이 방을 나가기 전에 자신을 때리라고 요구한다. 이런 폭력적인 충돌이 일어난 이후 그들은 사랑을 나눈다. 이렇게 폭력과 섹스의 메커니즘은 유홍의 삶에서 자기 파괴적으로 반복해서 작동한다.

자기 파괴적인 메커니즘은 자살의 형태로도 나타난다. 리티는 캠퍼스 지붕 가장자리에 서서 자살을 시도하는 유홍을 보고 유홍을 구한다. 그러나 저우웨이가 리티를 독일에 남겨두고 중국으로 돌아갈 준비를 하자 리티는 베를린의 한 건물 옥상에서 저우웨이와 루오구가 보는 앞에서 몸을 던져 자살한다. 이에 대해서 이주 후앙은 리티가 "유홍의 자살을 뒤늦게 수행하고 있다"라며 "뒤늦은 희생자의 형태를 취하고 있다"라고 말한다.[4] 베리는 유홍의 삶에서 성애와 폭력의 끊임없는 결합은 "반복의 자기 파괴적인 순환"이라고 표현하고 있다.[5]

유홍이 텅 빈 수영장에 앉아서 일기를 쓴다. 노란 나뭇잎들이 바람에 흔들리고 외로운 공간과 함께 흩날리는 나뭇잎, 우울한 음악, 길을 잃은 얼굴이 보인다. 일기를 읽는 유홍의 보이스오버는 서사를 전개하고 그녀의 멜랑콜리아의 상태를 형상화하는 데서 중요한 역할을 하고 있다. 오프닝 크레딧에서 자막으로 제시되는 유홍의 일기는 천안문 사태가 일어난 날 밤에 저우웨이와 헤어진 유홍의 모호한 감정을 묘사하고 있다.

그것은 여름 저녁에 부는 바람과 같이 갑자기 불어오는 것이다. 그것은 당신을 지키고 평화 없이 당신을 떠난다. 그림자처럼 당신을 따라다닌다. 그리고 난 그로 인해 중심을 잃고 방황한다. 그림자처럼 떨어지지 않는 그것이 무엇인지 알 수가 없다. 그래서 그것

---

4. Yiju Huang, "By Way of Melancholia."
5. M. Berry, *A History of Pain*.

을 사랑이라고 할 수밖에 없다.

유홍의 내레이션(일기)은 "평화 없이 당신을 떠난다"는 것과 "그림자처럼 따라다니는" 매우 중요한 "무언가"를 언급하며 멜랑콜리아를 유발한다. 유홍은 그녀의 진정한 사랑인 저우웨이에 대한 갈망을 다른 연인들의 몸을 이용해 충족하려고 한다. 영화에서 내레이션(일기)은 성애적 이미지를 덜 에로틱하게 만들며, 동시에 성애적 행위를 통해 그녀가 겪는 상처와 슬픔을 부각시키고 있다. 유홍은 설명할 수 없는 상실감으로 인해 자신을 파괴하는 섹스에 몰두하게 되고, 그런 섹스의 순간들은 1989년 6월의 저우웨이와의 행복한 아침을 그리워하는 시간이 된다.

〈여름궁전〉은 천안문 사태 당시 국가가 개인에게 자행한 폭력을 목격하고 경험한 개인의 트라우마를 소재로 한 작가주의 예술 영화이다. 그리고 이를 국가의 공식 역사와 개인의 사적 기억의 교차점에서 포착하는 멜로드라마이다. 영화는 중국과 북한의 접경 도시 도문의 여고생 유홍의 이야기로 시작한다. 주요 인물들은 천안문 사건 이후 중국에서 해외로, 해외에서 다시 중국으로, 그리고 중국 내의 도시에서 다른 도시로 이동을 반복하고 있다. 이런 이동을 중국 내부의 이동을 영화적으로 보여주는 인터-차이나의 차원에서 해석할 수 있다. 그리고 북경에서 베를린으로의 초국적 이동 또한 부유에 대한 영화적 표현의 한 예로 볼 수 있다. 유홍은 중국의 한 도시에 정착하지 못하고 이주를 반복한다. 그리고 저우웨이는 유럽으로 이주하지만 중국으로 다시 돌아온다. 이렇게 영화는 중국의 새로운 세대를 인터-차이나 또는 초국가적 국외자로 표현하고 있다. 유홍의 이동 경로를 살펴보면, 그녀는 고향 도문에서 북경, 무안, 중경 등 중국 내의 여러 도시를 경험한다. 그녀는 지역을 이동할 뿐만 아니라 애인을 계속 바꾸는 삶을 살아간다.

이런 유홍의 삶을 보면, 도문에서 겪었던 폭력과 섹스는 다시 북경에서 반복되고 그리고 새로운 도시에서 또다시 반복된다. 그녀가 경험한 가장 거대한 폭력으로서의 천안문 사태와 트라우마적 기억은 이를 극복하기 위한 끊임없는 시도를 강화하는 추동력으로 작용하고 있다. 한편, 저우웨이와 리티의 이야기는 천안문 사태의 역사적 트라우마를 치유하고자 베를린으로 탈출하는 트랜스내셔널 차원의 이동으로 그려진다. 이들의 이동 경로는 북경과 베를린이라는 두 도시 사이를 연결하는 동시에, 동유럽과 중국을 중심으로 하는 트라우마의 '심상의 아틀라스'를 그려낸다. 이런 영화적 아틀라스는 유홍과 루오구에 대한 저우웨이의 배신, 리티의 남자 친구 루오구와의 우정, 그리고 유홍과 리티의 복잡한 관계에 대한 저우웨이의 당황스러움을 포함하고 있다.

유홍의 반복된 이주와 성애적 관계는 지역, 계급, 젠더를 가로지르는 성찰적 행위이다. 이는 자기파괴적이며 부유하는 삶의 반복을 통한 유홍 자신의 정체성에 관한 탐색이다. 이런 맥락에서 예술작품으로서의 〈여름궁전〉은 유홍의 탐색을 통해 현대 중국의 감정구조를 이해하는 영화적 지도그리기를 성취하고 있다.

세계가 인간에게 강요하는 고통과
개별 인간들의 운명, 영혼의 파편화

문병호

일회적 사태가 아닌 운명적 비극으로서의 천안문 사태

영화 〈여름궁전〉의 역사적 배경이 되는 것은 1989년 6월 4일 중국 북경의 천안문 광장에서 발생한 천안문 사태[1]이다. 관객은 영화가 시작하고 50분가량이 지난 시점부터 1시간 3분경까지 등장하는 시위 장면 등을 통해 이 영화의 제작 동기가 된 역사적 배경을 인지할 수 있다. 〈여름궁전〉은 대사가 거의 배제된 충격적인 시위 장면들을 보여줌으로써 이 작품이 역사적으로 발생한 처참한 비극을 주제로 삼고 있음을 관객에게 확실하게 매개하고 있다.

---

1. 나는 이 사태를 천안문 민주화 운동이라고 명명하는 것이 옳다고 본다. 그럼에도 이러한 명명이 현재까지 일반화되어 있지 않으므로 천안문 사태로 표기한다.

더 나아가 이 영화는 관객이 영상으로 표현된 장면들을 감정이입의 차원에서 받아들이는 방식이 아니고, 장면들과 거리를 유지하면서[2] 장면들이 매개하는 의미를 관객 스스로 깊게 생각해 보도록 유도하는 방식을 구사한다. 그럼으로써 역사적으로 발생한 비극적 사태에 대한 비판적 의식이 관객에게서 형성되도록 하는 효과를 창출한다. 이는 중국 공산당 권력이 이 영화에 대해 상영금지 조치를 취한 것에서도 입증된다.

천안문 사태는 1960년대 중국을 유혈로 뒤덮었던 문화대혁명과 함께 중국 현대사에서 가장 처참한 비극에 해당한다. 중국의 집권 세력은 북경 시민의 민주화 요구를 군대를 투입하여 진압하였고 이에 분노한 시민들은 전차를 불태우는 등의 방식으로 격렬하게 저항했다. 그리하여 민간인뿐만 아니라 군인도 다수 사망하는 비극이 발생하였으며, 이러한 비극이 바로 천안문 사태이다. 중국 공산당 권력은 시민들의 민주화 요구를 유혈 진압한 이후에도 시위에 참가한 시민들을 체포하고 자수를 강요하며 밀고를 독려함으로써 공산당 권력의 폭압성과 잔혹함을 적나라하게 드러냈다. 이 사태는 서방 각국이 중국 공산당의 유혈 진압과 탄압을 비

---

2. 연극 무대에서 펼쳐지는 사건이 관객의 감정이입을 유발하여 관객이 감동과 카타르시스를 느끼게 하는 연극이 아리스토텔레스 극이다. 이에 반해 브레히트가 도입한 서사극은 관객이 무대에서 전개되는 사건과 거리를 유지함으로써 사건을 공부하는 태도를 갖고 대하는 것을 가능하게 한다. 브레히트는 관객이 이러한 거리 유지를 통해 현실 비판적인 의식을 형성할 수 있다고 보았다.

난하는 단계로 나아가면서 국제 정세에까지 영향을 미쳤다.

그러나 천안문 사태는 이틀에 걸쳐 발생하고 지나가 버린 일회적인 사태가 결코 아니다. 중국 공산당이 1949년에 권력을 장악한 후 구축한 권력관계들이 중국 사회의 구성원들에게 필연적으로 강요하는 고통이 천안문 사태라는, 겉으로 보기에 일회적으로 보이는 사태를 통해 충격적이고도 가시적으로 그 모습을 드러낸 것이다. 이 사태가 중국 공산당 권력에 의해 이틀 만에 진압되었다면, 문화대혁명 사태는 장기간 지속되면서 수천만 명의 중국인을 죽음의 나락으로 몰아넣은 거대하고도 처참한 비극이었다. 천안문 사태가 수도 북경의 천안문이라는 가장 공적인 공간에서 일어났기 때문에 중국 공산당 권력 출범 이후 중국 사회의 구성원들이 당한 고통 중 천안문 사태가 가장 가시적이고도 충격적이라고 할 수 있다. 하지만 중국 공산당 권력이 구축한 중국 사회라는 경험적 세계가 사회구성원들에게 강요한 고통은 1949년부터 오늘날까지 항상 본질적으로 동일한 상태로 이어지고 있으며 앞으로도 계속될 것으로 보인다.

역사를 보는 이러한 시각은 중국에서 청조가 무너지고 중국 공산당 권력이 중국을 지배하기 전까지의 역사에서 중국인, 그리고 일본인, 한국인에게 강요되었던 고통의 역사에도 똑같이 적용 가능하다. 더 나아가 이 시각은 중국 역사 전체에 부합하는 시각이다. 단적으로 말해서, 중국에서 지배 권력에 의해 경험세계가 구축된 이후 중국인뿐만 아니라 중국의 영향을 받은 주변국에서 살았던 수많은 사람의 경험세계가 인간에게 강요하는 고통의 굴레에서 신음하였다.

이 자리에서 나는 〈택시운전사〉의 역사적 배경이 되는 5·18 광주민주화운동 역시 앞에서 제시한 시각의 맥락에서 해석될 수 있음을 언급할 필요가 있다고 생각한다. 이 시각으로 보면, 5·18 광주민주화운동은 1961년 군사 쿠데타 이후 군사독재정권이 구축하였던 경험세계가 한국인들에게 강요하였던 고통의 역사에서 가시적이고도 충격적으로 출현한 사태로 해석될 수 있으며, 더 나아가 한국의 역사 전체에 걸쳐 세계가 인간에게 강요한 고통의 역사에서 충격적인 비극이 그 모습을 선명하게 드러낸 사태로 볼 수 있다. 예컨대 조선시대의 역사만 보아도, 절대다수의 사회구성원이 노비로서 왕권과 신권이 구축한 절대적 지배체제가 강요하는 고통을 받았으며, 이러한 고통이 지배체제의 시각에서 명명하는 민란이라는 사태에서 가시적이고도 충격적으로 확인되었다.

바로 이러한 고통의 역사가 벤야민이 최초로 인류에게 인식시켜 준 세계의 고통사, 곧 세계가 인간에게 강요하는 고통의 역사이다. 이 역사가 벤야민이 말하는 자연사이다. 세계의 고통사, 곧 자연사는 개별 인간의 의지와는 관계없이 개별 인간을 위에서 아래로 덮치는 힘인 운명이 진행되는 역사이다. 천안문 사태는 단순히 일회적인 사태가 결코 아니며, 세계가 자행하는 폭력과 이 폭력에 의해 고통을 받는 개별 인간과의 관계에서 필연적으로 발생하는 운명적 비극이다. 천안문 사태는 자연사의 본질인 운명적 비극의 역사가 진행되면서 그 모습을 드러낸 하나의 사례이다.

〈여름궁전〉에서 관객은 주인공 유홍을 비롯한 등장인물들이 — 이들이 자신의 미래에 이어질 삶에 대해 꿈과 희망을 품고 있는 청춘 남녀라는 점에 특히 주목할 필요가 있다 — 절망적 현실에서 방황하면서 영혼이 파편화되는 삶을 이어가고 있는 것을 목도할 수 있다. 그들의 삶이 이처럼 비극적으로 되는 것은 세계가 인간에게 강요하는 고통 때문이다. 다시 말해, 그들의 삶은 중국 공산당 권력이 구축한 경험세계라는 위압적인 힘이 그들의 의지와는 전혀 관계없이 그들의 머리 위에 드리워져 있는 상태에서 그들의 육체와 정신, 더 나아가 영혼까지 지배하는 힘인 운명에 의해 미리 결정된 것이다. 그들의 운명은 중국 공산당 권력이 구축한 경험세계가 강요하는 고통과 동일한 궤적을 가질 수밖에 없는 것이다. 바로 이러한 관점에서, 곧 벤야민의 세계의 고통사와 직결된 그의 운명 개념의 관점에서, 나는 〈여름궁전〉이 성취하는 예술적 인식의 핵심이 포착될 수 있다고 본다.

앞에서 언급하였듯이, 천안문 사태는 5·18 광주민주화운동과 본질적으로 동일한 사태이다. 나는 앞에서 '예외 상태' 개념을 통해, 5·18 광주민주화운동을 주제로 한 영화 〈택시운전사〉에 대한 해석을 시도하였다. 〈여름궁전〉 역시 벤야민이 사유한 '예외 상태' 개념을 도입하여 해석될 수 있을 것이다. 내가 보기에 〈여름궁전〉은 〈택시운전사〉에 비해서 더 높은 예술적 형상화의 단계에 도달한 작품이다. 〈여름궁전〉은 영화의 장면들이 매개하는 의미를 관객으로 하여금 스스로 인식하는 계기를 제공할 뿐만 아니라 오락성으로부터도 거의 완벽하게 벗어나 있는 작품이기 때문이다. 그래서 관객은 이 영화를 보면서 장면들과 거리를 유지하면서 사유하고 비극적인 역사와 개별 인간들의 운명의 관계에 대해 성찰하는 자세를 취할 수 있다. 또한 〈여름궁전〉은 〈택시운전사〉에 비해 수수께끼적인 성격을 더욱 강하게 형상화하는 데 성공하고 있다. 수수께끼적인 성격이 강하면 강할수록, 다시 말해 알레고리적 성격이 강하면 강할수록, 예술적 형상화의 수준이 올라간다. 나는 이러한 변증법의 정점에 카프카, 베케트와 같은 예술가들이 형상화한 작품들이 위치하고 있음을 〈공동경비구역〉의 해석에서 이미 언급한 바 있다. 이런 이유에서, 벤야민 사유의 심오함을 보여주는 운명 개념을 끌어들여 〈여름궁전〉을 해석하려고 한다.[3] 나는 이 작품을 벤야민의 운명 개념을 통해 해석할 것이다. 이렇게 할 때 이 작품의 예술적 가치가 더욱 정확하게 인식될 수 있고, 다른 한편으로 독자들이 벤야민의 운명 개념을 접할 수 있는 부수적인 효과도 뒤따르기 때문이다.

벤야민의 운명 개념

---

3. 물론 〈여름궁전〉도 아도르노의 "개인의 폐기" 같은 개념을 통해 해석할 수 있을 것이다. 〈여름궁전〉의 주인공인 유흥을 비롯한 모든 등장인물, 그뿐만 아니라 모든 무력한 중국인들은 폐기된 개인에 지나지 않기 때문이다.

먼저 운명의 일반적인 의미에 대해 살펴보자. 개별 인간이 가진 힘을 압도하는 더욱 강력한 힘으로서 개별 인간 위에 드리워져 있으며 개별 인간을 위에서 아래로 짓누르면서 지배하는 힘, 그리고 개별 인간이 이러한 힘에 대해 어떠한 가시적인 추가 행위도 할 수 없게끔 개별 인간에게 다가오는 힘이 바로 운명이다.

벤야민의 운명 개념은 운명의 이처럼 일반적인 의미보다도 훨씬 심오하며 비의적秘義的이기까지 하다. 운명에 대한 벤야민의 사유는 『독일 비애극의 원천』과 「운명과 성격」에서 펼쳐져 있다. 그러나 나는 이 글에서는 앞의 저작에 기대어 그의 운명 개념을 살펴보려고 한다. 『독일 비애극의 원천』 중 「비애극과 비극」으로 명명된 장에는 세 개의 절이 있으며, 그중 두 번째 절에 '운명드라마에서 운명의 개념'이라는 제목이 붙은 글이 있다. 이 글에서 벤야민은 운명에 대해 심오한 사유를 펼치고 있다.

그리고 세계의 진행에 대한 자연법칙적인 사실성Faktizität에 관한 교설들은, 이것들이 세계의 진행을 또한 총체성에서 관련시킨다고 해도, 중요하지 않은 것들로 머물러 있다. 결정론이 갖고 있는 직관은 예술 형식을 규정할 수 없다. 참된 의미에서 전개하는 운명에 관한 생각은 이와는 다르다. 운명에 대한 이처럼 진정한 생각의 결정적으로 중요한 모티프는 그러한 결정되어 있는 상태 Determiniertheit에 들어 있는 하나의 영원한 의미에서 찾을 수 있을 것 같다. 결정되어 있는 상태는 자연법칙들에 따라 영원한 의

미로부터 출발하여 실행될 필요는 결코 없다. 기적은, 이와 똑같은 정도로 잘, 이러한 의미를 가리켜 보여줄 수 있다. 이 의미는 사실적인 불가피성에 놓여 있지 않다. 운명 관념의 핵심은 오히려 죄가, 곧 그것 자체로 이러한 연관관계에서 항상 피조물적인 죄가⋯ 행위하는 사람의 윤리적인 과오가 아니라는 확신이다. 항상 도망가는 하나의 표명일지라도 이 표명을 통해 저지할 수 없이 굴러가 버리는 숙명의 수단으로서의 인과성을 환기시키는 것이 운명 관념의 핵심이다. 운명은 죄의 장場에서의 사건의 엔텔레키 Entelechie [4]이다. 그러한 고립된 힘의 장을 통해 운명의 그림이 그려지고, 이러한 힘의 장에서 모든 착수된 것과 기회적인 것이 상승되며, 그 결과 착종들이, 대략 명예의 착종들이 이것들의 역설적인 격렬함을 누설한다.[5]

자연법칙들은 사실성을 증명한다. 해가 뜨고 지는 현상, 바다에서 밀물과 썰물이 교대되는 현상, 달의 모양이 변화하는 현상은 법칙적이며, 이러한 현상들은 불변적인 사실성을 보여준다. 벤야민이 볼 때, 이러한 사실성을 세계의 진행에 관한 교설로 채택하는 것은 중요하지 않다. 그는 세계가 자연법칙들과 같은 법칙들에 의해 진행되며 이러한 진행이 사실성으로 나타난다고 보는 관점에

---

4. 내적으로 작용하는 형식원칙을 의미한다. 아리스토텔레스는 이 개념을 존재하는 것 안에 들어 있는 형상 가능성의 실현으로 파악하였다.

5. Benjamin, *Ursprung des deutschen Trauerspiels*, p. 308.

서 세계의 진행을 파악하는 것을 배제하며, 헤겔의 경우처럼 세계의 진행을 총체성의 전개로 보는 관점으로부터 떨어져 있다. 벤야민에게 중요한 것은 '결정되어 있는 상태'이며, 이 상태에 들어 있는 영원한 의미이다. 다시 말해, 그에게 중요한 것은 세계가 인간에게 고통을 강요하게끔 '미리 결정되어 있는 상태'이며, 이 상태에 영원한 의미로서 들어 있는 것이 바로 운명이다. 이 의미는 자연법칙들에 들어 있는, 사실성에 토대를 둔 영원한 의미와는 전적으로 다른 의미이다. 영원한 의미는 따라서 사실적인 불가피성에 놓여 있지 않고, 오히려 행위하는 사람의 윤리적인 과오와 죄를 넘어서서 존재하는 의미이다.

예컨대 폭군이 수많은 사람의 생명을 빼앗는 행위를 저질렀을 때 이 행위가 유발하는 윤리적인 과오 및 죄와는 무관하게 영원히 존재하는 의미가 바로 운명이다. 행위하는 자의 과오 및 죄와는 무관하게 세계가 인간에게 강요하는 고통의 영원한 의미, 바로 이것이 운명이다. 고통의 장場은 피조물로서의 인간에게 드리워져 있는 죄의 장이다. 운명은 그 본질을 "도망가듯이 일시적으로 표명"한다. 천안문 사태도, 5·18 광주민주화운동도 운명의 본질을 — 도망가듯이 일시적으로 — 표명한 사태들이다. 이 사태들이 표명하는 것은 "저지할 수 없이 굴러가 버리는 숙명의 수단으로서의 인과성"이며, 그것들은 이러한 인과성을 환기시켜 준다. 다시 말해, 벤야민의 시각으로 보면 자연사의 진행 과정에서 어느 순간 출현하였다가 도망가듯이 사라져 버린 천안문 사태와 5·18 광주민주화운동과 같은 사태들에서 운명이 인식될 수 있다. 그러므로 자연사는 운명이 전개된 역사이다. 벤야민은 운명의 이러한 본질을 죄의 장과 엔텔레키 개념을 통해 사유하고 있다. 운명은 죄의 장에서 발생하는 사건이 내적으로 작용하는 모습을 보여주면서 세계의 진행에 내재하여 있다. 천안문 사태나 5·18 광주민주화운동은 운명과 죄의 장의 필연적인 결합 관계를 드러내는 사건들이며, 이 사건들이 죄의 장에서 내적으로 작용하는 형식을 보여준 역사적인 비극들이다. 다시 말해, 운명적 비극들인 것이다.

위 인용문의 마지막 문장에서 나는 벤야민의 심오한 사유의 정점이 빛을 발하고 있다고 본다. 군주 등 권력자의 권력 행사를 통해 출현하는 제도, 조직, 기구, 그리고 이것들이 작동하면서 보여주는 - 예컨대 전쟁, 사회구성원들에 대한 통제 등에서 구체화하는 - 힘은 고립된 힘이 아니고 그 모습을 가시적으로 드러내는 힘이다. 이에 반해 세계가 인간에게 강요한 고통의 산물인 역사적인 비극들은 고립된 힘의 장에서 그 모습을 일시적으로 드러낼 뿐이다. 이처럼 고립된 힘의 장에서, 곧 군주의 권력 행사와 같은 힘처럼 세계의 진행을 구체적으로 지배하는 힘이 될 수 없기 때문에 고립된 힘의 장에서, 세계의 진행을 구체적이고도 실질적으로 지배하는 군주의 권력 행사와 같은 힘은 그것이 착수하고자 하는 것과 그것이 포착하고자 하는 기회를 더욱 상승시키게 된다. 군주의 권력 행사와 같은 힘은 벤야민의 시각에서는 근본적으로 세계가 인간에게 강요하는 고통을 산출하지만, 다른 한편으로 이러한 권력 행사는 – 지배 권력을 이데올로기적으로 유지하고 강화하기 위해 – 명예와 결합한다. 따라서 거의 모든 지배 권력은 모든 지배자의 모든 행위를 명예로 치장하려는 속성을 갖고 있다.

천안문 사태에서 중국인들이 죽음과 고통을 당하였고 그것이 영구히 치유될 수 없는 비극으로 남아 있음에도 불구하고, 중국 공산당은 생명 박탈을 대가로 해서 성립되는 사태의 진압을 공산당의 명예와 관련시키고 사태 진압을 지휘한 지휘관들에게 인민의 안녕을 위해 질서를 회복시키고 국가를 보위한 명예를 부여하였을 것임이 틀림없다. 5·18 광주민주화운동에서 아무런 죄가 없는 수많은 광주 시민과 신군부의 명령에 따라 광주에 투입된 많은 군인이 죽임을 당하였고 이로 인한 고통은 지금 이 시각까지 계속되고 있음에도, 신군부는 시민을 폭도로 매도하고 신군부의 고위 지휘관들은 광주의 질서 회복과 국가 보위에 공을 세웠다면서 그 자체로 최고의 명예를 상징할 뿐 아니라 죄를 사면 혹은 경감받을 수 있는 위력을 가진 가장 높은 등급의 훈장을 받았었다.

특정 시기와 지역에 고립된 힘의 장이 존재한다. 그리고 이러한 장에서는 권력이 권력의 행사로 얻고자 하는 결과와 기회가 서로 착종되며, 이 착종에서 명예라는 개념이 이용되는 것이다. 원래 존재하는, 역사적으로 장기간에 걸쳐 인정된 긍정적인 가치들에 토대를 두고 성립하는 진정한 의미에서의 명예와 수많은 개별 인간을 죽음과 고통의 나락으로 떨어뜨린 대가로 지배 권력에 의해 부여되는 명예가 서로 모순되는 관계를 보이면서도 후자가 명예로서 인정되는 역설이 성립하고 있음을 벤야민은 자신의 운명 개념에서 통찰하고 있다. 명예의 착종들에 내재하는 "역설적인 격렬함"에서 자연사가 인식될 수 있으며, 격렬함의 한편에서는 세계의 진행에서 승리하는 힘으로서의 지배 권력의 빛나는 영광과 축복이 명예의 이름으로 환호성을 올린다. 다른 한편에서는 지배 권력의 권력 행사로 인해 죽음과 고통을 당하는 수많은 개별 인간의 비극이 존재한다.

로마의 지배 권력이 지휘하는 군대가 특정 지역을 점령한 후 지배 권력의 상징인 로마 황제의 앞에서 벌이는 화려하고도 장엄한 퍼레이드는 "명예의 착종들이 이것들의 역설적인 격렬함"을 누설시키는 행사이다. 퍼레이드의 화려함과 장엄함이 명예라는 이름으로 진행되는 동안에, 다른 한편으로는 로마의 군대가 생명을 강제적으로 박탈한 수많은 개별 인간의 죽음과 영구히 존재하는 고통이 명예로 치장된 사실관계와 역설적인 사실관계를 구성한다. 극소수의 지배자들만이 명예의 수익자에 해당하는 반면에, 절대 다수의 개별 인간은 생명을 박탈당하고도 야만인·이교도·반역자 등으로 낙인이 찍힌다. 역사는 승리자의 기록으로서 극소수 지배자들의 행위들의 결과만을 기록하며, 세계의 고통사인 수많은 개별 인간의 죽음과 고통을 외면한다. 세계의 고통사는 "항상 도망가는 하나의 표명일지라도 이 표명을 통해 저지할 수 없이 굴러가 버리는 숙명의 수단으로서의 인과성을 환기시킴"으로써 인간에게 운명을 인식시켜 주는 것이다.

세계가 인간에게 강요하는 고통과 개별 인간 영혼의 파편화

〈여름궁전〉은 주인공 유홍이 북경으로 유학을 와서 남자 친구인 저우웨이를 만나 사랑과 고뇌, 격렬한 성행위, 만남과 헤어짐의 긴장의 연속 안에서 영혼이 고통을 받는 장면을 보여주며, 유홍이 남자 친구 이외에도 심리학 교수와 동침하는 등 영혼이 방황하는 장면을 어둡게 묘사한다. 장면들이 이처럼 음울한 분위기와 함께 진행되며, 영화가 시작된 이후 34분경에는 천안문 광장에서 사람들이 자전거를 타고 가는 장면이 등장함으로써 유홍을 중심으로 형성되는 우울함이 천안문과 관련이 있음을 관객들에게 암시한다. 영화 시작 후 50분경에 천안문 시위 장면이 본격적으로 등장하며, 곧바로 여자 2인과 남자 2인이 성행위를 벌이는 장면이 이어짐으로써 천안문 사태에서 발생하는 고통, 곧 중국 공산당 권력이 인간에게 강요하는 고통이 개별 인간들의 영혼에 우울함을 불러일으킨다는 인식을 관객에게 매개한다. 영화 시작 1시간 3분 이후부터는 천안문 시위의 과격성과 비극성이 영상으로 표현된다. 격문, 구호, 화염에 휩싸인 자동차, 불타는 자동차에 돌을 던지는 시민, 총소리, 어둡게 내리는 비로 이어지는 장면과 슬픈 음악은 중국 공산당 권력이 구축한 경험세계가 인간에게 강요하는 고통에 대한 알레고리라고 볼 수 있다. 앞에서 개략적으로 서술한 내용을 더 자세히 살펴보자.

영화가 시작한 이후 22분경에 유홍은 "열정적으로 살고 싶다"

라는 젊은 여성의 소망을 드러낸다. 그러나 25분경에는 남자 주인공 저우웨이의 "동독에서는 만리장성을 가진 중국이 동독을 이해해 주어야 한다고 말을 한다"라는 대사가 음울한 분위기의 영상을 뒤덮는다. 만리장성은 중국에서의 세계의 고통사를 가장 확실하게 입증하는, 셀 수 없이 많은 사람의 죽음과 고통을 대가로 해서 강제적으로 축조된 건축물이다. 유홍과 저우웨이의 대사는 유홍의 소망과 만리장성으로 상징되는 세계의 고통사가 서로 대립한다는 것을 암시하며, 이는 유홍이 처해 있는 운명에 대한 암시이기도 하다. 열정적으로 살고 싶다는 유홍의 소망은 천안문 사태가 그 모습을 드러내는 순간의 중국 역사뿐만 아니라 중국 전체의 역사를 관통하는 죄의 장場에서 — 이러한 죄의 장에서 진행되는 역사가 벤야민이 말하는 세계의 고통사, 다른 표현으로는 자연사이다 —, 곧 "결정되어 있는 상태"로서 유홍의 삶을 지배하는 죄의 장에서 좌절될 수밖에 없다. 이것이 유홍의 운명이다.

자신의 소망이 성취될 수 없음을 경험적 현실에서 감지할 수밖에 없는 유홍은 동료 학생, 심리학 교수 등 여러 남자와의 성행위에 빠져들고 과도한 흡연을 하면서 허름한 공간에서 동료 학생들과 음주하는 생활을 이어간다. 영화 시작 26분경부터 35분경까지 세 차례에 걸쳐 나타나는, 음울한 분위기에서 흡연과 함께 이루어지는 격렬한 성행위는 유홍의 육체적인 차원에서의 일탈로 해석되기보다는 경험적 현실이 강요하는 고통으로부터 일시적으로나마 벗어나고자 하는 영혼의 몸부림으로 해석되는 것이 타당할 것이다. 영화 시작 47분경에 나오는 "얽히고설킨 욕정, 냉담과 무관심"이라는 대사가 이를 방증한다. 34분경에 등장하는 천안문 광장과 이 광장에서 사람들이 표정을 잃고 자전거를 타고 가는 장면, 39분경에 나타나는 체코 작가 하벨의 『감옥에서 온 편지』에 대한 대사는 유홍의 영혼이 고통을 받는 것이 경험적 현실과 관련이 있음을 암시한다.

〈여름궁전〉은 영화가 시작한 후 대략 50분까지는 유홍의 영혼이 고통을 받는 음울한 영상들을 보여주는 형식을 취하다가 그 이후부터는 격렬한 시위 장면들, 격문들, 자동차가 화염에 불타는 장면, 불타는 자동차에 시민이 돌을 던지는 장면, 총소리가 대략 1시간 3분경까지 충격적으로 이어진다. 이와 동시에 유홍과 저우웨이의 성행위 장면뿐 아니라 다른 연인의 성행위 장면, 유홍이 고향의 남자 친구를 만나 흐느끼는 장면이 서로 겹치면서 영화가 진행된다. 마침내 1시간 4분경에 비가 내리고 중국 교육부의 조치가 공고되며 1시간 5분경에 "천하의 몹쓸 놈들"이라는 대사가 나오면서 6분경에는 비 오는 장면과 함께 슬픈 하프 음악이 나온다. 영화 시작 1시간 7분경 유홍은 북경을 떠나 도문으로 돌아갔다가 심전으로 다시 떠나며, 무한에서 직장생활을 하면서 우강이라는 남자를 만나 성행위를 한다. 1시간 43분경 유홍은 중경으로 떠난다. 유홍은 중경에서 결혼식을 올린다. 저우웨이가 아닌 다른 남자의 아내가 된 유홍은 1시간 58분경 저우웨이와 함께 고속도로를 주행하지만 말이 없다. 유홍의 이러한 방랑은 경험적 현실이 그녀에게 강요하는 고통과 궤를 이루는 방랑이며, 경험적 현실에 의해 그녀의 영혼이 파편화된 모습을 상징한다.

〈여름궁전〉에서는 유홍 이외의 다른 청춘 남녀들에게서도 방랑과 영혼의 파편화가 암울한 장면들에서 묘사되어 있다. 천안문 사태 이후 저우웨이와 리티는 베를린으로 떠나고 루오구는 베를린으로 돌아간다. 리티는 베를린에서 방황하다가 고층 건물에서 투신하여 생을 마감한다. 이 장면은 세계가 개별 인간에게 강요하는 고통의 극치를 상징한다고 해석될 수 있다. 리티가 죽은 다음에 루오구는 베를린을 떠났고 연락이 끊겨 아무도 그의 행방을 모른다. 저우웨이는 독일을 떠나 중경으로 와서 유홍을 만나지만 앞에서 언급했듯이 말이 없다. 〈여름궁전〉은 영화 시작 2시간 이후에는 어두운 장면들과 결합한 침묵을 보여주며, 저우웨이가 떠나는 장면과 함께 끝난다.

〈여름궁전〉은 크게 보아 천안문 사태라는 역사적인 비극을 암시하는 장면들과 — 이 장면들에 많은 시간이 할애되어 있지는 않지만 — 유홍을 비롯한 청춘 남녀들의 방황을 묘사하는 장면들이 서로 결합되어 있다. 이 영화는 이러한 기법을 통해 세계가 인간에게 강요하는 고통과 이로 인해 청춘 남녀들의 영혼이 파편화되는 모습을 서로 결합하여 형상화하는 데 성공하고 있다. 이들 청춘 남녀의 삶은 세계의 고통사가 미리 결정해 놓은 죄의 장場인 운명에서 삶에 대한 그들의 열정과 의지를 실현하지 못하고 좌절하며, 영혼이 파편화된다. 이는 리티의 충격적인 자살 행위에서 드러난다.

〈여름궁전〉에 나오는 비극적인 삶을 이어가는 청춘 남녀들은 이 글의 앞부분에서 살펴본 벤야민의 운명 개념으로 보면 중국 공산당 권력에 의해 미리 "결정되어 있는 상태"에서 육체, 정신, 영혼이 파편화된 형상들이다. "결정되어 있는 상태"에는 영원한 의미가 내재하여 있다. 영원한 의미로서의 운명이 그들의 힘보다 절대적으로 우월한 힘으로서 그들의 머리 위에 드리워져 있는 상태에서 그들의 삶은 그들의 의지와는 전혀 무관하게 진행되는 삶, 곧 세계의 고통사에 의해 지배받는 삶이 될 수밖에 없다. 이러한 삶의 모습이 청춘 남녀들의 영혼이 파편화되는 모습으로 〈여름궁전〉에 형상화된 것이다.

의미 매개와 의미 형성

〈여름궁전〉이 매개하는 의미는 지배 권력이 폭력으로서 기능하면서 개별 인간에게 강요하는 고통을 관객에게 인식시키는 것에서 성립한다. 더 나아가 이 영화는 이러한 고통이 반복되어서는 안 될 것이라는 의미를 관객의 의식에서 형성하게끔 하는 계몽의 차원을 갖는다. 의미 매개와 의미 형성의 가장 직설적인 표현은 "나라의 주인은 인민이다"라는 대사에서 드러난다. 의미 형성과 의미 매개는 이 영화 전반에 걸쳐 전개되는 장면들을 통해 알레고리적으로, 일부는 수수께끼적인 특징을 보이면서 성립한다. 이렇게 함으로써 이 영화는 교육적인 기능과 계몽적인 기능을 획득한다. 이 영화에 내재하는 의미 매개와 의미 형성의 기능 때문에, 다시 말해 자신의 삶을 미리 결정하는 족쇄로부터 해방되어야 한다는 의식을 중국인들이 갖게 될 가능성 때문에 중국 공산당 권력은 이 영화에 대해 상영 금지 조치를 내린 것이다.

〈여름궁전〉에는 관객이 이 작품이 인간의 삶과 관련하여 내보이고자 하는 의미를 파악하는 데 도움을 주는 대사들이 나온다. "도시의 회색 벽 안에 내 집은 없다네." "복잡한 거리를 헤치며 세상 끝까지 갈 테야." "삶의 무게가 무겁게 나를 짓누르지만 끝까지 함께 나아갈 거야." "사랑해 줘, 어차피 인생 별거 없어." 정신과 영혼이 회색 도시의 어느 곳에서도 머무를 수 없는 암울한 현실에서, 삶을 무겁게 짓누르는 암울한 현실에서 인생이 별것이 아니라면서 사랑에 기대는 개별 인간들의 모습, 그러면서도 삶의 의미를 찾아 끝까지 가 보겠다는 의지를 내보이는, 그러나 방황하고 좌절하는 인간들의 모습이 〈여름궁전〉에 묘사되어 있다. 이는 이 영화가 관객으로 하여금 삶의 의미를 성찰하게 하는 계기를 제공한다.

천안문 사태로 그 모습을 가시적이고도 충격적으로 내보인 세계의 고통사가 전개되면서 중국인들과 청춘 남녀들 앞에 놓인 것은 세계의 고통사가 강요하는 죽음과 고통이었음에도, 곧 운명이었음에도 청춘 남녀들은 죽음에서도 빛을 포기하지 않는 의지를 보여준다. 베를린의 고층 건물 옥상에서 투신하여 자살한, 다시 말해 영혼의 파편화를 견디지 못하고 죽음을 선택한 리티의 묘비에 새겨진 글은 〈여름궁전〉의 예술적인 가치를 한층 높여 주고 있다. 세계가 인간에게 강요하는 고통을 넘어서서, 죄의 장場인 운명과 함께 개별 인간들에게 강요되는 고통을 넘어서서 빛을 찾아보려는 청춘 남녀들의 절규가 묘비에서 통곡하고 있다. 벤야민이 말하는 메시아적인 구원에의 빛을 기다리기라도 하는 듯이.

자유와 사랑을 알았든 몰랐든 죽음 앞에서는 평등하다. 죽음이 네게 끝이 아니길… 빛을 그토록 사랑한 너였으니.

4장 〈고령가 소년 살인사건〉 1991

1. 소년 살인사건을 소재로 하는
   국가독재체제에 대한 비판적 형상화
   남승석

2. 거대 폭력의 틀에 갇힌 절망적인 삶의 암호 표지
   문병호

〈고령가 소년 살인사건〉[1991]은 에드워드 양 감독이 대만의 근대화와 그로 인한 개인의 폭력성을 알레고리적으로 탐구한 작품이다. 영화는 1961년에 한 14살 소년이 살인을 저지르게 되는 과정을 그리면서, 대만 사회의 부조리한 사회구조와 그로 인한 미시적 폭력들을 집요하게 탐색한다. 즉, 영화는 아름다운 소년이 어떻게 그가 사랑했던 소녀를 살해하게 되는지를 대만 뉴웨이브의 특징인 건조함과 집요함으로 그려내면서, 소년을 둘러싸고 있는 가족·학교·친구 등의 사회적 상황을 마치 현미경으로 들여다보듯 미시적으로 조명하고 있다. 이 영화는 대만 사회의 감정구조를 형상화한다.

소년 살인사건을 소재로 하는
국가독재체제에 대한 비판적 형상화

남승석

가장 순수한 이가 가장 모호한 이를 죽이는 비극적 사건

〈고령가 소년 살인사건〉(1991)의 러닝타임은 4시간이며, 출연 배우도 100여 명이 넘는다. 파편적인 서사 구조를 가진 이 작품은 이미지의 파편들이 모여 거대한 벽화를 만드는 프레스코화와 유사성을 보인다. 이러한 모자이크식 구조를 살펴보는 영화 비평은 이 영화에 대한 논의를 더욱 풍성하게 만드는 접근방식이 될 것이다. 이 글에서는 파편화된 다섯 개의 메모를 배열하고, 이를 통해 프레스코화적인 비평을 시도해볼 것이다.

메모 01 : 소년 살인사건을 소재로 한 대만 사회의 예술적 형상화
메모 02 : 트랜스 컬처의 향연으로서의 대만 뉴웨이브 영화

메모 03 : 아버지와 아들, 세상을 바꾸려던 두 세대의 실패

메모 04 : 정체성의 혼란 속에서 파멸되는, 구원 가능성을 가진 자

메모 05 : 미장아빔을 구축하는 운명의 소도구 손전등

소년의 살인사건과 대만 사회에 만연한 폭력성

〈고령가 소년 살인사건〉(1991)은 1961년 14세의 소년이 고령가에서 저지른 살인사건을 테마로 하는 작품이다. 에드워드 양 감독은 이 영화에서 소년의 살인을 통해서 대만의 근대화와 사회에 만연했던 폭력을 알레고리적으로 탐구하였다.

에드워드 양은 대만 뉴웨이브의 대표적인 감독으로, 〈고령가 소년 살인사건〉은 그의 다섯 번째 작품이다. 에드워드 양의 영화들은 '진지한 영화'로 간주되고 그 미학적 특징은 거대한 틀, 지성적인 카메라 언어, 독립 제작, 비판적 리얼리즘, 정교한 예술 기교이다.[1] 뛰어난 예술성과 해석의 어려움으로 인해, 이 작품은 전 세계의 시네필이 각 장면을 암기하는 경전과 같은 작품 중 하나가되었다.

대만의 사회 갈등은 기본적으로 대만 내의 민족 간 갈등과 관련이 있다. 대만은 원주민(고산족), 본성인(민남인과 객가인), 외성인 등 크게 네 개의 민족 집단으로 구성되어 있다.[2] 이들 사이에는

---

1. 임춘성, 「도시 폭력의 우연성과 익명성」, 421쪽.

네덜란드, 스페인, 명나라, 청나라, 일본, 국민당 등의 정복 혹은 식민 지배 역사와 함께, 정체성 문제와 정치·사회적 권력 자원의 배분 문제를 빌미로 대립할 수 있는 여지가 항상 존재해 왔다.[3]

　　1945년 이전까지 대만은 51년 동안 일본의 식민지였다. 일본은 대만이 그들의 첫 식민지였기 때문에 사회 기반 시설과 교육, 치안, 산업 발전 등을 위한 유화정책을 추진하며 대만을 지배했다. 이로 인해 대만 사람들은 다른 식민 지배 시기에 비해 일본 식민지 시기를 비교적 긍정적으로 보는 경향이 있다.[4]

---

2. 대만의 역사와 인구 구성은 다음과 같다. 원주민(인구의 2퍼센트)은 대만에 원래 살았던 사람들로 오스트로네시안이라고도 부른다. 본성인은 민남인과 객가인으로 크게 나뉜다. 민남인(인구의 70퍼센트)은 중국 푸젠성에서 건너온 사람들이다. 객가인(인구의 10퍼센트)은 송나라 시대의 요나라 또는 거란의 침입으로 남쪽으로 피신하다가 내려온 사람들이다. 외성인이라고 부르는 인구는 1949년 중국 내부의 국민당과 공산당의 싸움에 패배한 장제쓰와 그의 사람들이 대만으로 넘어온 사람들(인구의 10퍼센트)이다.

3. 17세기 초중반 스페인이 대만의 북부 지역을 점령하고, 네덜란드가 대만의 남부 지역을 차지하였다. 네덜란드 동인도 회사는 농사를 짓기 위해 한족들을 모집해 대만으로 이주시켜 농업에 종사하게 하였다. 이들이 대만에 정착하면서 현재 본성인 그룹을 형성하게 된다. 17세기 말 명나라 장군과 20세기 중반 국민당 정부는 각각 청나라와 공산당으로부터 본토를 수복하는 데 활용할 기지로 대만을 점령했다. 18세기에서 19세기까지의 대만 섬에 대한 청나라의 지배는 명나라의 잔당을 토벌하고 영토 확장을 위해서였다. 김윤진, 「대만 사법통역의 역사」.

4. 1895년 청나라가 청일전쟁에서 패배하면서 시모노세키 조약이 체결되었고 이 조약으로 일본제국은 대만총독부를 설치하여 51년간 대만을 식민 지배했다. 일본은 대만에 대해서 유화적인 정책을 펼쳤다. 특히 해적을 토벌하고 대만 내 치안을 확립하고 도로, 철도, 전기, 항만, 수리시설을 건설하고 교육 제도와 생활 수준을 높였다. 대만은 한반도와 비교해서 일본에서 상당히 멀고 첫 번째

국민당이 대만으로 후퇴한 후, 대만은 대다수의 본성인과 소수의 외성인의 대립이 두드러지는 사회 구조를 가지게 된다. 이러한 사회 갈등은 1940년대의 2·28 사건[5] 등에서 비극적으로 드러났다.

　1949년 12월, 중국 국민당이 중화민국 정부를 타이베이로 이동시키면서 수백만 명의 중국인이 본토에서 대만으로 이주하게 된다. 이 때문에 새로운 이주민인 외성인과 원래 대만에 거주하던 본성인 사이에 복잡한 갈등이 생기게 된다.

　1950년대와 60년대에 대만의 청소년들은 이런 복잡한 역사적 배경의 네 개의 민족 집단 사이에서 정체성의 혼란을 겪었다. 당시 대만 청소년들은 이 혼란을 해결하고 집단 소속감을 통해 자신들의 정체성을 재확인할 필요성을 느꼈다. 이러한 요구로 인해 청

───────────

식민지였다는 점에서 훨씬 더 유화적인 식민 지배 기조가 유지될 수 있었다. 주성환, 「대만의 대 중국 및 미국·일본 무역의 외부효과에 관한 분석」.

5. 1947년 2월 27일 탈세와 관련해서 대만 본성인 담배상에 대한 외성인 경찰의 폭행이 일어났다. 그다음 날부터 시작된 본성인과 외성인의 갈등은 거대한 비극적 사건으로 귀결된다. 대만 전역에서 본성인의 봉기가 일어나고 소수 지배 계층의 외성인을 보호하는 국민당의 경찰과 계엄군은 이를 잔혹하게 진압했다. 10일여간 진행된 진압으로 인해서 약 3만 명이 살해되었다. 이것이 2·28 사건이다. 이 사건 이후 1980년대 말까지 40여 년 동안 대만에서 2·28 사건은 언급 자체가 금기시되었다. 대만의 2·28 사건을 다루고 있는 영화 〈비정성시〉(1989)는 1990년대 2·28 사건을 대만 사회 금기의 봉인에서 해제하는 데 기여한다. 〈고령가 소년 살인사건〉에서도 대만 내 본성인과 외성인의 갈등이 주인공의 정체성 혼란과 서사적 긴장감의 실제적 근간으로 작용한다. 정형아·정창원, 「두 번째 중국화」.

소년 갱단이 대거 형성되고, 대다수 청소년은 그중 하나의 집단에 합류하였다.

영화 〈고령가 소년 살인사건〉에서는 본성인과 외성인 사이의 이러한 갈등이 주인공의 정체성 혼란과 서사적 긴장감을 형성하는 실질적인 기반이다.[6] 그리고 대만 원주민의 숫자가 상대적으로 적기 때문에 주목받고 있지는 않지만, 원주민의 본성인(민남인)과의 갈등 역시 심각하다. 역사적으로 청나라를 피해서 이주한 한족과 대만 원주민의 충돌이 있었고, 현재도 본성인과 대만 원주민 사이에는 갈등이 존재한다.

이 영화의 주인공 샤오쓰(장첸 분)는 이러한 상황 속에서 청소년 시절을 보내게 된다. 샤오쓰는 '소공원'파의 일원으로서, 1961년에 살인을 저지르기 전까지 대만 사회에 만연하던 불합리한 미시적 폭력들을 경험하게 된다. 샤오쓰의 가족은 중국 본토 상하이 지역에서 대만으로 이주해온 외성인이다.[7] 이들은 이주 과정에서 필요한 서류를 잃어버려 신분을 제대로 증명할 수 없었고, 어디에도 속하지 못하는 존재가 되었다.

샤오쓰의 생활 환경인 대만 사회에서 학교, 병원, 청소년 갱단

---

6. 원주민들은 본성인이라고 불리는 중국 대륙의 한족이 대만 섬에 당도하기 전 8,000년 동안 대만 섬에 살고 있던 오스트로네시아 원주민족을 의미한다. 총 16개 부족이고 대만 인구의 2퍼센트를 차지한다.
7. 이들이 상하이 사투리를 쓰는 설정 같은 것은 에드워드 양의 치밀함이 엿보이는 연출이다. 상하이에서 홍콩으로 이주했던 왕가위 감독이 홍콩의 정체성을 탐색하는 영화들의 연출 속에도 유사한 지점을 찾아볼 수 있다.

등은 본성인과 외성인의 갈등으로 항상 긴장감을 띠고 있다. 이러한 긴장감은 샤오쓰가 속한 청소년 갱단의 도덕적 체계를 형성하는 데 큰 역할을 한다. 청소년 갱단에는 외성인과 본성인 출신의 청소년들이 각각 소속되어 있으며, 그들은 서로를 공격하고 영역 싸움을 벌이고 있다.

트랜스 컬처의 향연으로서의 대만 뉴웨이브 영화

〈고령가 소년 살인사건〉은 유럽 예술영화와 공통된 경로를 따르는 대만 뉴웨이브의 대표작 중 한 편이다. 이는 이 영화가 전통적인 할리우드 고전영화들의 서사 문법과 다소 거리를 두고 있으며, 흥행보다는 순수 예술적 가치에 중점을 두는 베케트의 연극처럼 형식적인 미학에 주력하고 있다는 것을 의미한다.

대만 뉴웨이브 영화는 1980년대 에드워드 양, 허우 샤오시엔, 첸 쿠오푸 등이 주축이 되어 시작되었고 세계 영화사에 큰 족적을 남겼다.[8] 이들은 다큐멘터리적 사실주의 묘사를 위해 롱테이크 위주의 미학을 구축했으며, 영화 내에서는 집단의 거시적 담론보다는 거대한 흐름 속에 놓인 개인의 욕망과 좌절을 포착하고 있다. 이러한 미시적 역사 서술 기법으로 대만 뉴웨이브 영화는 대만의 근대화된 도시 속에서 살아가는 현대 대만인의 일상과 고독을 섬

---

8. 이태훈·장이란, 「대만 뉴웨이브 영화의 사회의제 표현 분석 연구」, 350쪽.

세하게 그려내었다.

〈고령가 소년 살인사건〉은 트랜스 컬처의 향연, 즉 문화적 혼
종성을 보여준다. 미국의 대중영화(필름 누아르)와 대중음악(로
큰롤), 유럽영화(모더니즘 영화), 일본영화(고전영화)와 러시아문
학(사실주의 문학) 등을 내용과 형식 면에서 차용해서 대만 뉴웨
이브 영화의 미학을 구축하고 있다.[9]

영화는 특히 미국 대중문화의 소재와 형식에 기반을 두는 팝
아트처럼, 대만 사회를 유럽 모더니즘 영화 스타일로 재해석하여
형상화하고 있다. 이 영화의 영어 제목과 중국어 제목은 각각 중
의적인 의미를 지닌다. 중국어 제목 〈고령가 소년 살인사건〉은 미
국 B급 탐정소설(하드보일드)의 제목 스타일을 빌려 왔다.

또한, 이 영화는 내용적으로, 줄스 다신의 〈밤 그리고 도시〉
(1950)와 같은 필름 누아르처럼 팜므 파탈로 인해 도시의 뒷골목
과 거리에서 결국 파멸하는 반영웅 주인공이 등장하는 작품을 연
상시킨다. 필름 누아르는 독일 표현주의의 영향을 받았다. 필름 누
아르는 형식적인 면에서 도시의 밤거리를 콘트라스트가 강한 명
암 대비를 보여주는 공간으로 시각화한다는 특징이 있다. 이런 필
름 누아르와 유사하게 〈고령가 소년 살인사건〉에서도 밤이라는
시간적 배경은 매우 중요하며 영화의 클라이맥스에 해당하는 살
인사건도 밤거리에서 일어난다. 따라서 시각적인 특징 면에서 〈고

---

9. 정병언, 「권력과 상실의 지리」, 1002쪽.

령가 소년 살인사건〉과 필름 누아르의 유사성을 찾을 수 있다.

영어 제목은 'A Brighter Summer Day'인데 대만 청소년들에게 당시 영향을 끼쳤던 미국 대중문화의 아이콘인 엘비스 프레슬리의 노래 〈Are You Lonesome Tonight?〉의 가사에서 따온 것이다. 영화의 영어 제목의 의미는 '빛나는 여름날'이다. 이것은 국민당 정권의 폭압의 시대였던 당시 대만 사회의 억압된 분위기에 대한 반어적인 강조라고 볼 수도 있다. 다른 한편으로는 그 어두운 시대에 낭만을 꿈꿨던 청소년들의 이상을 반영한 표현이기도 하다. 이 영화에서 미국의 로큰롤은 대만 청소년들의 일상에 깊이 뿌리 박혀있으며, 서사를 추동하는 주요한 소재로 등장한다. 영화 속에서 실제로 캣을 포함한 청소년 갱단의 일원들이 공연하는 장면도 볼 수 있으며 로큰롤 공연을 둘러싸고 두 개의 갱단인 '소공원'파와 '217'파가 세력 다툼을 하는 에피소드도 나온다.

이 영화는 스타일의 측면에서 유럽 예술영화의 영상미학과 관련이 있다. 이와 관련하여 유럽의 대표적인 모더니스트 감독인 미켈란젤로 안토니오니를 언급하지 않을 수 없다. 모더니즘 영화를 설명하는 여러 가지 방식이 있지만 '형식이 곧 내용이다'라는 방식으로 안토니오니의 영화 〈밤〉(1961)에 대해서 논할 수 있다. 아도르노는 「영화의 자명성」이라는 글에서 안토니오니의 비유기적인 전개를 쇤베르크의 12음조와 대비해서 소개한다.[10] 안토니오니는

---

10. Theodor W. Adorno & Thomas Y. Levin, "Transparencies on Film", p. 201.

어떤 감정, 예를 들면 등장인물들의 권태, 지리멸렬함을 표현하기 위해서 형식적으로 매우 느슨한 비유기적인 전개를 취하면서 탄탄한 논리적 근거에 의한 일련의 사건들의 병치로 진행되는 할리우드 영화의 서사 방식과는 거리를 두는 미학을 추구했다. 그리고 현대인들의 고독과 소외를 시각적으로 형상화하기 위해 공간을 인물의 정서 상태와 긴밀하게 연결하는 건축적인 미장센을 구사했다.

〈고령가 소년 살인사건〉에서 에드워드 양이 인물을 묘사하는 방식은 항상 인물이 속해 있는 공간과 연결되어 있다. 시각화의 측면에서 보자면 롱 쇼트를 사용해 인물을 둘러싸고 있는 공간을 강조하는 경우가 많다. 그리고 안토니오니의 영화처럼 주로 롱테이크를 이용해서 느린 호흡으로 극을 전개해 나간다는 측면에서도 공통점을 찾을 수 있다. 에드워드 양의 영화는 한 시대를 묘사하는 방법에 있어서 공간의 미학을 중시하는 경향이 있는데 이것은 안토니오니의 미학을 에드워드 양만의 방식으로 전유한 결과라고 볼 수 있다.

일본은 식민지였던 대만을 통치하는 동안 한국과는 달리 유화정책을 펼쳤다. 이로 인해서 대만인들은 일본에 대해서 한국인과는 다른 아이러니한 감정을 가지고 있다. 그리고 미장센과 촬영 및 편집 방식 등 영화의 제작 방식에서 일본영화의 직접적인 영향을 받았으며 그것을 감추려고 하지 않았다. 〈고령가 소년 살인사건〉은 표면적으로는 미국 문화의 영향 아래에 있고 다른 한편으로 유럽 모더니즘 영화의 스타일을 지향하지만, 그 근간에는 일본 영화의 미학 또한 자리 잡고 있다. 에드워드 양에게 영향을 준 일본의 감독으로는 오즈 야스지로나 나루세 미키오를 들 수 있다. 카메라의 움직임이 극히 제한된 가운데 정적이고 절제된 화면으로 극을 이끌어나간다는 측면에서 이들과 유사점이 있다. 또한 에드워드 양이 인물의 감정을 표현하는 방식에서도 오즈나 나루세의 영화처럼 절제된 묘사를 하는 경우가 많다. 〈고령가 소년 살인사건〉은 도시 및 건축과 관련된 유럽 모더니즘 영화 미학, 그리고 정서적인 측면에서는 일본 고전영화 미학을 결합하고 절충하여 흡수한 결과물이다.

〈고령가 소년 살인사건〉에는 B급 대중문화뿐만 아니라 러시아 고전문학도 고도로 상징적으로 사용된다. 레프 톨스토이의 『전쟁과 평화』는 수많은 사건이 파편적으로 일어나며 그 사건들 사이에 실존했던 인물과 허구적 인물까지 5백여 명이 등장하는 대작이다. 〈고령가 소년 살인사건〉에서는 100여 명의 인물이 나오는데 영화를 한 번 봐서는 누가 누구인지 구별하기 힘들다. 그래서 이름, 조직도, 관계도 등을 그리고 나서 분석적으로 파악해야 하는 호메로스의 『일리아드』 같은 작품과 유사한 방식으로 영화를 감상해야 한다. 극 중 '소공원'파의 보스 '허니'는 고전문학과 관련해 상징적인 인물로 등장한다. 허니는 톨스토이의 『전쟁과 평화』를 언급하면서 그 소설은 일종의 무협 소설이라고 말한다. 허니가 말하는 『전쟁과 평화』의 내용에는 나폴레옹을 암살하려다가 실패하는 인물이 나온다. 허니는 이 인물을 상징한다고 볼 수 있다. 샤오쓰와 샤오밍이 밤중에 영화 세트장에서 만나는 시퀸스에서 샤오밍이 "눈에 거슬리거나 아니꼬운 일을 그냥 못 넘겼어…그래도 세상은 안 바뀐다고 했지"라고 말하는 장면이 있다. 이 대사를 통해 허니가 현실에 불만을 품고 있고, 세상을 바꾸고 싶어 한다는 것을 알 수 있다. 이는 『전쟁과 평화』에서 나폴레옹이라는 절대 권력자를 암살하여 세상을 바꾸려는 인물과 유사성을 보인다.

허니의 이런 모습은 이 영화에서 중요한 역할을 하는 공연장 에피소드에서도 확인할 수 있다. 대만 국가가 울려 퍼지는 공연장 장면은 영화 전체를 정치적으로 형상화하는 핵심적인 장면 중 하나이다. 당시 대만 사회의 억압 구조를 잘 보여주는 이 장면은 영화 중반에 등장한다. 공연 시작 전 대만 국가를 부르는 장면에서 모든 사람은 멈추고 국가를 따라 부른다. 이는 체제에 어쩔 수 없이 순응하는 모습을 보여주는 것이다. 심지어 폭력 집단인 '소공원'파와 '217'파조차도 멈추고 있는 모습은 당시에 존재했던 거대한 권력이 얼마나 대만인들을 억압하고 있었는지를 두드러지게 보여준다. 그리고 스크린이 잠시 정지하는 듯한 효과는 마치 시간이 멈춘 것 같은 느낌을 주며, 이를 통해 극에 몰입하던 관객들이 잠시 멈추고 당시의 대만 사회를 냉정하게 바라볼 기회를 제공한다. 모든 사람이 멈춘 순간, 단 한 사람만이 움직이는데 바로 허니이다. 해군 복장을 착용한 허니는 대만 국가가 울려 퍼지고 모두

가 움직이지 않는 가운데 유일하게 움직이면서 그 시스템에 순응하지 않는다. 그러나 허니는 『전쟁과 평화』의 인물처럼 대만 사회를 바꾸려는 시도에 실패하고 결국 '217파' 보스의 계략에 의해 목숨을 잃는다.

허니의 죽음 이후, 그의 자리를 채우는 인물로 샤오밍에게 샤오쓰가 등장한다. 영화에서 샤오밍은 그녀의 연인인 '소공원파'의 두목 허니가 샤오쓰와 같은 존재라고 이야기하는데, 이는 허니와 샤오쓰를 일종의 더블링doubling 형태로 해석할 수 있게 한다. 이는 샤오쓰가 샤오밍을 죽이기 직전에 샤오밍에게 말하는 대사에서도 확인할 수 있다. 샤오쓰는 "내가 너의 허니야"라고 말하며, 시대의 흐름에 순응하는 샤오밍을 바꾸려 한다. 이런 샤오쓰의 행동은 허니의 행동과 매우 비슷하다. 그러나 샤오밍은 샤오쓰의 제안을 거절하고, 결국 샤오쓰는 샤오밍을 죽이게 된다. 이로 인해 허니처럼 샤오쓰도 세상을 바꾸는 데 실패하게 된다. 이처럼 영화에서는 『전쟁과 평화』가 샤오쓰와 허니를 연결하고 영화의 주제를 전달하는 데서 두드러진 역할을 하고 있다.

아버지와 아들, 폭력적인 세상에 대항했던 두 세대의 실패

〈고령가 소년 살인사건〉은 크게 보면 샤오쓰 가족에 관한 이야기와 샤오쓰가 다니던 중학교의 이야기로 구성되어 있다. 이 두 서사는 두 세대의 이야기라고 볼 수 있다. 우선 가족 이야기는 샤오쓰의 아버지, 즉 1세대를 대표하는 인물에 집중되어 있고, 다음으로 중학교 이야기는 샤오쓰, 즉 2세대를 중심으로 전개된다. 그래서 거칠게 말하면 이 영화는 두 세대의 실패를 보여준다. 아버지는 빨갱이 색출과 관련해 정부에 끌려가 심한 심문을 받아 정신이상을 앓게 되고 직장에서도 해고당한다. 샤오쓰는 자신의 정체성에 대한 혼란 속에서 결국 자신이 사랑하던 샤오밍을 죽이게 되고 그 결과 감옥에 갇히게 된다.

영화에서는 샤오쓰의 아버지와 샤오쓰가 귀가하는 장면이 두 번 등장한다. 첫 번째는 슬라이가 샤오쓰의 시험 답안지를 보고 쓴 것이 들통이 나서 샤오쓰가 정학을 당했을 때, 두 번째는 샤오쓰가 선생님을 방망이로 공격해 퇴학당했을 때이다. 이 두 장면은 유사한 화면 구도로 표현되어 있으며 롱테이크로 촬영되었는데, 첫 번째 장면과 두 번째 장면의 세부 사항은 서로 다르다. 첫 번째 장면은 낮에 일어나며, 두 번째 장면은 밤에 일어난다. 첫 번째 장면은 아버지가 비밀경찰에게 체포되기 전 상황이기 때문에, 샤오쓰가 정학을 당했음에도 불구하고 아버지는 담대하게 아들에게 자신의 삶에 대한 신념을 표현한다. 그는 정직한 삶이 중요하며 그런 삶은 결국 보상을 받는다고 말한다. 이런 삶의 태도를 표현하며, 샤오쓰의 아버지는 정학 처분을 받은 아들 샤오쓰를 위로하고 격려한다. 그러나 두 번째 장면에서는 아버지의 태도가 완전히 변하게 된다. 해당 장면은 아버지가 비밀경찰에게 잡혀가 가혹한 고문을 받은 이후이며, 아버지는 샤오쓰에게 말을 거의 하지 못한다. 오히려 퇴학당한 샤오쓰가 편입 시험을 보면 된다고 말하면서 아버지를 위로한다. 그러나 샤오쓰는 결국 샤오밍을 살해하고 감옥에 가게 되어 편입 시험을 볼 수 없게 된다. 이 두 장면의 대조를 통해 에드워드 양은 당시 대만 사회에서 아버지 세대의 실패를 보여주고, 일상적인 삶마저 어려웠던 시대의 어두움을 묘사하고 있다. 그러나 두 번째 장면에서 아버지는 첫 번째 장면에서처럼 담배를 사러 가지 않고, 대신 담배를 사던 돈을 아껴 샤오쓰에게 안경을 사주겠다며 삶에 대한 의지를 보여주고 있다. 즉, 이 장면을 통해 어두운 시대를 견뎌온 대만인의 의지를 보여주고 있는 것이다.

샤오쓰는 세상을 바꾸려는 강한 의지를 지니고 있다. 그 의지는 샤오추이와의 첫 만남에서 드러난다. 샤오쓰는 샤오추이에게 세상에는 변하지 않는 진리가 있다고 말한다. 그러나 샤오추이는 그런 말로는 자신을 바꿀 수 없다며 반박한다. 그리고 샤오추이는 샤오쓰에게 자신과 슬라이의 관계는 사실이 아니라고 설명한다. 그리고 사실은 샤오밍이 슬라이와 관계를 맺었다고 샤오쓰에게 폭로한다. 이를 듣고 샤오쓰는 충격을 받는다. 이 장면에서 샤오쓰는 테니스 코트의 철조망을 통해 보여지는데 마치 감옥에 있는 것처럼 보인다. 이는 그가 앞으로 저지를 살인과 그에 대한 처벌을 암시하는 일종의 복선과 같은 장면이다. 이 장면은 샤오쓰가 어떤 방향으로 나아갈 수 없음을 시각적으로 암시하며, 세상을 바꿀 수 없는 그의 운명을 암시한다. 이 상황은 샤오쓰가 샤오밍을 거리에서 만난 장면에서 다시 반복되며, 세상을 바꿀 수 없다는 절망에 이르러 샤오쓰는 손에 든 칼로 샤오밍을 찔러 죽인다. 이로써 샤오쓰는 결국 세상을 바꾸는 데 실패하게 된다.

구원 가능성을 가진 자, 정체성의 혼란 속에서 파멸하다

영화의 마지막 부분에 샤오쓰는 자매가 소개한 목사와의 약속을 뒤로하고 샤오마를 만나러 간다. 서사적으로 볼 때 이 목사와의 만남은 샤오쓰에게 마지막 구원의 기회가 될 수 있었다. 그러나 샤오쓰가 샤오밍을 살해한 결과로 구원의 가능은 완전히 사라진다. 그리고 샤오쓰는 자매에게 목사에게 가지 못한 상황에 대한 편지를 남긴다. 이는 일종의 유서처럼 보인다. 그리고 캣이 엘비스 프레슬리에게서 받은 답장은 샤오쓰에게는 전달되지 않고 관객에게만 공개된다. 샤오마는 유일한 친구인 샤오쓰를 잃었다며 한탄한다. 아무도 원하는 바를 이루지 못한다. 샤오쓰의 형은 어머니의 시계를 훔친 샤오쓰를 대신해 아버지로부터 심한 매를 맞는다. 이런 상황은 기독교의 대속 개념과 연결되어 해석될 수 있다.

샤오쓰가 불안과 혼란에 처하게 된 주요 원인은 크게 세 가지이다.

첫 번째는 폭압적인 대만 사회이다. 이것은 군사 훈련을 받는 군인들이나 도로 위를 지나다니는 탱크에서 드러난다. 결정적으로 샤오쓰의 아버지가 빨갱이 사냥에 연루되어 겪는 고초를 통해 드러난다. 폭압적인 사회에서 정체성의 혼란을 겪는 아이들 또한 폭력에 휩싸여 있다. '소공원'파가 '217'파를 학살하는 장면에서 이런 폭력은 최고조에 이른다. 샤오쓰는 이 학살을 목격하고 큰 충격을 받는다.

두 번째는 로큰롤로 대표되는 미국 대중문화이다. '소공원'파와 '217'파는 밴드 공연의 이익을 두고 대립하고, 샤오쓰의 동료들은 밴드의 일원으로 활동하면서 공연에도 참여한다. 샤오쓰의 친구인 캣은 엘비스 프레슬리에게 편지를 보내고 나중에 엘비스로부터 답장을 받기까지 한다. 영화 속에서는 극장 장면도 몇 번 나오는데 〈고령가 소년 살인사건〉에서 언급되고 있는 영화 중에는 존 휴스턴의 〈기인들〉(1961), 하워드 혹스의 〈리오 브라보〉(1959)도 있다. 이 중에서 〈리오 브라보〉는 서부극인데 서부극에서는 총격전이 자주 등장한다. 이 총격전은 〈고령가 소년 살인사건〉에서는 아이들의 전쟁놀이에서 반복된다. 샤오마와 샤오쓰가 장총을 쏘면서 노는 장면이 있고 나중에 실수로 샤오밍이 샤오쓰에게 실탄을 발사하는 장면도 있다(다행히 총탄은 샤오쓰를 비껴간다. 그러나 그 장면은 샤오밍과 샤오쓰의 관계가 붕괴할 것임을 암시하고 있다). 미국 대중문화에 빠져 있는 대만의 청소년들은 낭만에 취해 있다. 하지만 이는 대만인들의 정체성 혼란을 드러내는 것이기도 하다.

세 번째는 일본 식민지 시대의 잔재이다. 샤오쓰가 샤오밍을 죽일 때 사용하는 칼은 일본 단검이다. 이 단검은 캣의 집 다락에서 발견된 것이다. 단검의 원래 주인은 자결한 일본 여성이다. 영화 초반 샤오쓰의 집에서 가족 모두 모여 식사를 하는 동안 노점상들이 듣고 있는 일본 노래가 들려온다. 샤오쓰의 어머니는 일본군과 8년이나 싸우고 이제는 일본 가옥에서 살면서 일본 노래를 듣고 있다고 불평을 한다. 위의 장면들은 당시 대만 사회가 여전히 일본 식민지 시대의 영향을 받고 있었음을 알 수 있다. 샤오쓰가 자결한 여성의 칼로 샤오밍을 찔러 죽이는 것은, 샤오쓰의 자멸을 예고하는 것으로 해석될 수도 있다.

이 세 요소로 인해 샤오쓰는 스스로 답을 찾지 못한 채 결국 샤오밍을 죽이는 선택을 하게 된다.

샤오쓰는 샤오밍이 '소공원'파 보스 허니의 애인임을 알고 그녀를 멀리하려고 한다. 그런데 샤오밍이 샤오쓰를 부르고 둘은 영화 촬영 세트장에서 대화를 나눈다. 샤오쓰가 그를 쫓아온 샤오밍을 길거리에서 만난 뒤 영화 촬영 세트장 장면으로 이어진다. 영화 촬영 세트장 장면을 분석하기 전에 길거리 장면을 먼저 짚고 넘어갈 필요가 있다. 길거리 장면은 복선을 깔고 있기 때문이다. 영화의 후반부에 그 길거리에서 샤오쓰는 샤오밍을 죽인다. 샤오쓰는 자신이 편입 시험 준비를 하는 동안 친구 샤오마가 샤오밍과 친해진 것을 알고 분노하여 샤오밍을 죽인다. 샤오쓰는 샤오마와 싸울 목적으로 캣의 집에서 몰래 일본 단검을 훔쳐 나와 샤오마를 기다리다가 샤오마를 만나지 못하고 샤오밍을 만나게 된다. 그리고 이전의 상황과 유사하게 샤오쓰는 샤오밍을 피하는데 샤오밍이 전과 똑같이 샤오쓰를 부르고 길거리까지 따라온다. 그 길거리에서 샤오쓰는 샤오밍과 말다툼하다가 우발적으로 샤오밍을 죽이게 된다. 이렇게 볼 때 샤오밍의 죽음은 샤오마와 샤오쓰, 샤오밍의 삼각관계와 깊게 연관되어 있다고 볼 수 있다. 샤오쓰와 샤오밍이 처음으로 길거리에서 만나는 장면에서 샤오마는 자전거를 타고 샤오쓰와 샤오밍을 슬쩍 스쳐 지나간다. 이러한 동선 설정은 이후에 세 명의 삼각관계로 인해 샤오밍이 죽게 되는, 미래에 일어날 비극에 관한 복선이다.

미장아빔 : 주인공의 운명을 형상화하는 소도구

미장아빔Mise en abyme/Mise en abîme은 프랑스어에서 두 가지 어원을 가진다. 첫째, 아빔abyme은 가문의 문장 속에 있는 같은 모양의 작은 문장을 의미하며 이런 경우에는 미장아빔은 그림 속의 그림을 무한반복적으로 새겨 넣는 패턴을 의미한다. 둘째, 아빔abime은 '심연'을 의미하고 이런 경우에 미장아빔은 '심연' 속으로 밀어 넣기, 즉 극 속에 삽입된 가상의 작품인 극중극의 끝없는 반복처럼 서사의 복합적인 의미 효과를 만들어낸다.[11] 루시앙 댈렌바흐(1940년생)는 『텍스트 속의 거울』에서 미장아빔은 다양한 예술 장르에서 극중극 또는 그림 속의 그림 등으로 드러난다고 설명한다. 이러한 과정에서 댈렌바흐가 언급하는 앙드레 지드의 일기

---

11. Amédée de Foras, *Le Blason, Dictionnaire et remarques*, p. 6.

(1893) 구절은 다음과 같다.[12]

어떤 작품들에서 어둡고 작은 볼록 거울은 그림의 그 장면이 발생하고 있는 방의 내부를 비춘다. … 벨라스케스의 그림 〈시녀들〉에서도 … 문학에서 『햄릿』의 연극 장면에서 … 방패를 상감할 때 그 중심부에 더 작은 하나의 아빔abyme을 구성하는 문장의 도안과 비교하는 것이다.[13]

미장아빔이라는 용어는 앙드레 지드의 이 글에 그 기원이 있다.[14] 지드는 이것을 작은 볼록 거울이 소설 공간의 중심부에 박혀서 소설의 구조나 주제, 또는 그 자체를 반영(성찰)하는 방식으로 이해하고 있다. 댈렌바흐는 어떤 텍스트 속에서 그 텍스트의 거울 또는 축소판으로 기능하는 여러 복제물이라는 의미를 갖는 '더블링'이 미장아빔이라고 정의한다.[15] 미장아빔을 포함하는 영화는 자기-반영적(자기-성찰적) 측면이 강한 영화이다.[16]

〈고령가 소년 살인사건〉은 1949년 중국에서 대만으로 이주한

---

12. Lucien Dällenbach, *The Mirror in the Text*, pp. 98~101.
13. André Gide, *The Journals of André Gide 1889-1949, Volume I : 1889-1924*, p. 17.
14. Moshe Ron, "The Restricted Abyss", p. 418.
15. Dällenbach, *The Mirror in the Text*, p. 8.
16. 남승석, 「유고슬라비아에 대한 영화적 지도그리기와 (불)가능한 애도작업」, 232쪽.

사람들의 정체성 혼란과 불안을 그리고 있다. 영화는 이런 역사적 괴리를 표현하기 위해 이질적인 공간이 서로 충돌하는 방식을 주로 사용하였다. 학교와 영화 세트장의 충돌처럼 현실과 픽션의 공간이 충돌한다거나 화면 외부로부터 안으로 침입하는 순간에 화면 안과 밖의 충돌이 일어난다. 영화의 도입부의 영화 세트장 장면에서 그러한 예를 찾아볼 수 있다. 거대한 영화 세트장의 높은 천장에는 철골 구조의 공간이 있다. 14살의 샤오쓰는 높은 천장의 철골 구조에 매달려 영화 촬영 과정을 내려다본다. 바쁜 촬영 스케줄로 간이로 만든 곳에서 의상을 갈아입는 여배우가 보인다. 여배우의 머리 위로 샤오쓰가 들고 있던 책이 떨어진다. 그러자 경비원은 손전등으로 샤오쓰를 비추고 그 빛을 통해 세트장 안과 밖이 연결된다. 이때 처음 등장하는 손전등은 이후 영화 전체에서 '이질적인 공간을 가로지르며 탐색하는 시각적인 도구'로 사용된다. 이 영화에서 손전등은 영화 자체를, 영화 세트장이라는 한정된 공간에서 현실의 공간으로 확장하는 역할을 한다. 그리고 이는 영화와 현실의 관계를 성찰하는 미장아빔의 효과를 만들어낸다.

이제 손전등이 어떻게 샤오쓰의 운명을 상징하는 소도구로 작동하는지 살펴보자. 샤오쓰는 국어 성적이 부진하여 중학교 주간부에서 야간부로 반을 옮기게 된다. 여기서 '국어'는 중국의 표준어인 북경어를 지칭한다. '국어'라는 단어의 사용은 대만인들이 소외된 사람들로 외성에서 살고 있다는 사실을 시사한다. 그리고 샤오쓰는 청소년 갱단 '소공원'파와 친목을 쌓게 된다. 그는 친구

캣과 함께 학교 근처 영화 세트장에 몰래 들어가서 구경을 하다가 관리인에게 발각되었다. 샤오쓰는 관리인에게 잡히지만, 다시 그를 피해 나가며 그 과정에서 관리인의 손전등을 빼앗는다. 이후 손전등의 빛으로 어둠 속의 세상을 부분적으로 들여다보게 되는데, 이것은 샤오쓰의 반짝이는 눈에 비친 대만 사회가 절망으로 가득 차 있음을 보여준다.

결국 샤오쓰는 영화 세트장에 손전등을 다시 반납하고 손전등을 차고 다녔던 바로 그 자리에 일본 단검을 차고 다니다가 사랑하는 샤오밍을 찌르게 된다. 샤오쓰가 손전등 대신 칼을 들고 다니게 되는 것은 당시 대만 사회에서 소년의 운명이 어떻게 변화하게 되었는지를 소도구를 통해서 형상화한다.

벤야민에게 미장센은 예술가의 자기 성찰적 이미지를 보여주며, 예술작품의 자기 반영적인 성격을 드러내는 것이다. 그리고 소도구는 극을 상징하는 어떤 사물이 아니라, 주인공의 충동과 우연적으로 결합하여 그를 파멸에 이르게 하는 도구이다.[17] 이런 맥락에서 가장 명확한 운명의 소도구는 살인에 사용되는 칼처럼 보이지만 칼은 수수께끼로서의 알레고리와 관련되기에는 지나치게 명백한 살인을 표지하며 살인에 사용된다.

이에 비해서 손전등은 칼보다 메타시네마, 곧 관객에게 영화를

---

17. Walter Benjamin, George Steiner, John Osbourne, *The Origin of German Tragic Drama*.

보고 있다는 사실을 알리는 성찰적인 영화 제작 방식의 상징적인 서사 장치로 사용된다. 다시 말해서 영화 세트장에서 샤오쓰가 가져온 손전등은 관객이 영화를 보는 내내 다양한 차원에서 관객에게 영화 속의 영화를 성찰적으로 사유하게 하는 효과를 창출한다. 손전등은 기본적으로 어둠을 밝히는 기능을 가진다.

상징적 서사의 차원에서 보면, 손전등은 어둠을 관통하는 도구이며 미로 같은 캄캄한 세계에서 나가는 길을 제시하는 도구이다. 샤오쓰는 야간 학교에 다니고 정전이 자주 일어난다. 그리고 사건들은 주로 밤에 벌어진다. 이런 설정으로 인해, 손전등은 단순히 어둠을 밝히는 도구 이상의 의미를 가지게 된다. 즉, 손전등은 대만의 일상을 탐색하는 도구로 자연스럽게 활용된다.

메타 시네마의 차원에서 볼 때, 손전등은 카메라의 기능을 수행하는 도구이다. 그러므로 에드워드 양은 이러한 설정을 통해 카메라를 통해 대만 사회를 탐구하고자 한다는 의도를 서사적 차원에서 명확하게 제시하고 있다. 그의 의도를 초반부터 더욱 명확하게 전달하기 위해, 샤오쓰가 영화 세트장에서 손전등을 훔친다는 설정을 넣은 것이다. 영화 세트장은 영화의 후반부까지 여러 차례 등장하며, 픽션과 현실 사이의 관계를 탐색하는 무대로서 메타적인 기능을 수행한다. 샤오쓰와 샤오밍이 가까워지는 계기를 제공하는 이 세트장에서 샤오밍은 영화감독의 주목을 받아 오디션을 보게 되며, 영화의 결말 부분에서는 샤오쓰가 세트장에서 손전등을 놓고 감독과 이야기하는 장면이 등장한다.

샤오밍이 세트장에서 감독에게 캐스팅되는 장면은 이 영화의 메타적인 성격을 더욱 명확하게 드러낸다. 샤오밍이 오디션에서 울부짖는 장면은 사실 연기가 아니라, 실제로 어머니가 병원에 입원함으로 인해서 샤오밍이 느낀 감정의 발현이다. 그러나 이 사실을 모르는 감독은 샤오밍이 연기하고 있다고 오해한다. 이러한 장면은 현실과 픽션 사이의 관계를 섬세하게 드러낸다. 샤오밍을 캐스팅하는 감독은 현실을 픽션으로 잘못 이해하고 있다. 그는 샤오밍의 눈물을 본인만의 기준으로 해석하는 것이다. 이와 마찬가지로 샤오쓰도 샤오밍을 자신의 시각으로 이해한다. 하지만 그의 결론은 감독과는 달랐다. 감독이 샤오밍을 이해하고 명확한 결론을 내렸다면, 샤오쓰는 샤오밍으로부터 분명한 결론을 도출하지 못한다. 샤오쓰에게 샤오밍은 항상 모호한 존재로 남는다.

샤오쓰에게 샤오밍이 모호한 존재로 느껴지는 이유는 영화 세트장에서 두 사람이 대화하는 장면의 시각적인 연출을 통해 확인할 수 있다. 이 장면에서 우리는 샤오밍의 모호함을 느낄 수 있다. 어둠 속에서 희미하게 보이는 그녀의 모습은 그녀의 존재를 시각화한 것이다. 이 장면에서 샤오쓰는 화면 안에만 머무르는 반면, 샤오밍은 화면 안과 밖을 넘나들며 때때로 샤오쓰의 시야에서 사라지기도 한다. 이러한 묘사를 통해 에드워드 양은 샤오밍의 모호함을 탁월하게 시각화하고 있다.

샤오쓰가 샤오밍에게 느끼는 모호함은 샤오밍에게만 국한되는 것이 이니라, 대만 사회 전체에 대한 그의 불확실함을 반영한다. 그의 이런 불안감은 절망으로 이어지며, 영화의 마지막 부분에서 샤오쓰가 감독에게 "결국 당신은 무엇을 알고 영화를 찍었는가?"라는 의문을 던지게 된다. 이는 감독과 샤오쓰가 샤오밍을 각각 다르게 이해했기 때문이며, 당시 대만 사회에 대한 서로 다른 해석을 반영한다. 이러한 의문은 에드워드 양에게도 적용되었을 것으로 보인다.

탐정소설 애독가였던 벤야민은 도시에서의 흔적과 사적 공간을 설명하는 과정에서 탐정에 관해 언급한다. 벤야민은 실내와 거리에서 발견한 사소한 흔적(기호)을 통해 범죄와 관련된 특정한 사건의 단서(상황)를 포착해 내는 탐정의 추리력(해석을 위한 상상력)에 매료된다.[18] 탐정이 기호를 주관적으로 해석해야 하듯이, 관객의 영화에 대한 해석의 가능성은 무한할 수 있다.

이러한 관점에서 보면 영화는 샤오쓰가 탐정과 같은 주관적인 해석을 통해서는 당대의 대만 사회를 명확하게 이해할 수 없었음을 말하고 있는 듯하다. 그리고 그것이 결국 샤오쓰의 살인으로 이어진다는 것이 최종 결론이다. 샤오쓰가 대만 사회라는 기호를 해석하기에, 그를 고전적인 추리물의 사립 탐정과 비교할 수 있다.

필름 누아르에서 사립 탐정은 주어진 단서로 범인을 추적하는 역할을 한다. 단서는 그가 해석해야 하는 기호이기도 하다. 이러한 관점에서 봤을 때, 샤오쓰는 범인을 찾지 못해 미궁에 빠진 사립

---

18. 윤미애, 『발터 벤야민과 도시산책자의 사유』.

탐정과 같은 처지이다. 이 영화 전체에 퍼진 어둠이라는 설정은 강한 대비를 가진 조명을 주요 시각 요소로 사용하는 필름 누아르의 특성과 맞닿아 있다.

영화 세트장에서 샤오밍이 배우 오디션을 본다는 설정은 〈고령가 소년 살인사건〉이라는 영화에 샤오밍 역을 맡은 양정이가 극 중 샤오밍으로 참여하고 있다는 것을 상기시킨다. 이것은 영화를 보는 관객에게 극 자체를 상기시키는 효과를 가져오며 브레히트의 서사기법인 이화효과를 성립시킨다. 이러한 장치를 통해서 관객은 이 영화에 완전히 몰입하기보다는 거리를 두고 대만 사회를 성찰적으로 탐구할 수 있는 수수께끼를 품게 된다.

이러한 해석은 영화 말미에 구체적으로 나타난다. 특히 샤오쓰가 영화 촬영 세트장에 손전등을 놓고 나오고 손전등을 차고 다니던 자리에 단검을 착용하는 장면을 통해, 샤오쓰가 대만 사회에서 희망의 가능성을 탐색했지만 결국 절망만이 남았음을 깨닫고 칼, 즉 폭력을 선택했다는 것을 알 수 있다. 그 칼은 우연한 계기로 필연의 선택이 되어 샤오밍을 살해하는 살인사건으로 이어진다.

이 영화의 메타적인 특성을 보여주는 또 다른 증거로, 손전등의 역할을 들 수 있다. 어둠을 밝히는 손전등의 빛은 극장 내 어둠을 밝히는 빛이라는 개념과 자연스럽게 연결된다. 영화의 필수적인 요소는 빛의 존재인데, 빛이 없다면 영화는 존재할 수 없기 때문이다. 이렇게 보면 손전등에서 나오는 빛은 대만 사회라는 극장에서 상영되는 영화와 같다. 즉 이 영화는 그 자체로 대만 사회를 상영하는 거대한 극장이기도 하다. 손전등은 대만 사회를 포착하는 카메라이자 동시에 대만 사회라는 영화를 상영하는 영사기이기도 한 것이다.

샤오쓰의 점차적인 시력 상실 설정 역시 이 영화의 메타적 요소로 해석될 수 있다. 영화는 착시 현상을 통해 생성되는 예술로, 인간의 시각에 의존한다. 이런 시각 기능을 잃어가는 샤오쓰의 상황은, 그의 시각을 보완하기 위해 손전등이 눈의 역할을 대신하게 되는 영화의 설정을 통해 강렬한 메타적 형상화를 해낸다. 인간의 시각 기능 상실은 영화의 존재 자체를 심각하게 위협할 수 있다. 스크린 위의 기호들을 해석하는 과정이 영화라고 본다면, 샤오쓰는 영화의 시작과 동시에 그 기호를 제대로 해석할 능력을 지니지 못하고 있음을 확인할 수 있다. 이러한 설정은 샤오쓰가 카메라의 피사체임에도 보여지는 존재로서가 아니라 바라보는 존재로 영화의 카메라와 같은 효과를 발휘하게 한다. 이는 이 영화의 메타시네마적 성격을 더 강화한다. 또한, 샤오쓰에게 가장 중요한 사건인 샤오밍과의 만남은 그의 시력 저하라는 서사적 맥락에서 시작된다. 샤오쓰가 샤오밍을 처음 만난 장소는 양호실이며, 그 이유는 샤오쓰의 시력 문제 때문이다. 영화가 스크린에서 보여지는 시각적 기호를 읽고 이야기를 해석하는 과정이라면, 샤오쓰의 시각 상태와 그의 메인 서사 중 하나인 샤오밍과의 만남이 긴밀하게 연결된 설정 역시 이 영화의 메타적 성질과 연관되어 있다.

2

거대 폭력의 틀에 갇힌 절망적인 삶의
암호 표지

문병호

식민 지배, 문화 정체성, 독재 폭압이 복합적으로 착종되어 있는 대만

대만 사회는 300년 이상 지속된 식민 지배의 상처, 문화 정체성 혼란, 국민당 정권의 폭압 통치가 복합적으로 착종되어 있는 사회이다. 〈고령가 소년 살인사건〉은 대만 사회에 내재하는 폭력과 대만 사회 구성원들이 당하는 고통을 영상으로 형상화한 작품이다. 지구에 과거에 존재하였고 현재 존재하는 모든 사회에는, 그 정도와 질에서 차이를 보이지만, 폭력이 필연적으로 내재한다. 폭력의 작동은 사회의 구조적인 법칙이며, 이 법칙이 배제된 사회는 존재하지 않는다. 사회가 구축되어 작동하고 기능한다는 것은 사회가 사회의 구성원인 개별 인간들에게 필연적으로 폭력을 자행한다는 것을 의미한다. 이러한 폭력 메커니즘으로부터 예외적인 사회는 과거에 존재하지 않았고, 현재에도 존재하지 않으며, 미래에도 존재하지 않을 것이다. 사회가 자행하는 폭력을 사회구성원들로 하여금 일방적이고도 강제적으로 수용하도록 하는 사회 형식이 바로 국가이다. 한국인들에게 매우 익숙한 한국이라는 이름은 한국 사회라는 이름과 거의 동의어라고 보아도 된다. 한국이라는 국가가 국민에게 자행하는 폭력은 한국 사회가 사회 구성원에게 자행하는 폭력과 동질적이다.

〈고령가 소년 살인사건〉이 주제로 삼은 폭력은 네덜란드, 중국, 일본 같은 이민족 국가에 의해 300여 년 동안 지속되면서 자행된 식민 통치, 이로 인한 문화 정체성 혼란, 국민당 일당 독재가 저지른 철권통치가 복합적으로 혼합되어 생성된 폭력이다. 대만 사회를 짓누르는 폭력이 복합적이기에, 대만 사회의 구성원들이 당하는 고통의 강도強度와 질도 이에 상응하여 복합적일 수밖에 없다. 이처럼 복합적인 성격을 가진, 대만 사회에서 작동하는 폭력과 고통을 어둡고 암울하며 수수께끼적인 영상들을 통해 형상화한 작품이 〈고령가 소년 살인사건〉이다. 이 폭력의 복합성과 특수성을 이해하기 위해서는 대만의 비극적인 역사를 간략하게 살펴볼 필요가 있다.

중국 대륙으로부터 150킬로미터 정도 떨어져 있는 섬인 대만은 1624년 네덜란드인들이 무역 기지를 건설하기 위해 침략하기 이전에는 국가 형태를 구축하지 않은 상태에서 섬의 주민들이 사회를 이루어 살고 있었다. 1626년에는 스페인이 대만을 침공하여 네덜란드와 다투었으나 후자가 대만에 대한 지배권을 확보하면서 대만에서 식민 통치가 시작되었다. 대만인들은 서구 제국주의의 폭력을 경험했다. 이어서 중국 대륙에서 명나라를 멸망시킨 청나라가 네덜란드를 몰아내고 1661년부터 식민 통치를 이어 갔다. 대만인들은 이번에는 중국 본토의, 황제에게 집중된 절대 권력이 섬에서 자행하는 폭력을 경험하게 된 것이다. 청나라의 지배에 이어 청일 전쟁에서 승리한 일본이 1895년부터 대만을 식민지로 지배하였다. 대만인들은 20세기 전반부에 동아시아 전체를 대재앙으로 몰고 갔던 일본 군국주의의 통치에 50년 동안 시달렸다. 2차 세계대전이 끝난 후 일본은 대만을 중국에 반환하였고, 그 결과 대만에서 살던 본성인과 중국으로부터 유입된 외성인 사이의 갈등이 대만 사회의 폭력 구조의 복합성을 증대시켰다. 서구 열강, 중국, 일본에 의해 이처럼 장기간 지속된 식민 지배의 역사는 대만 사회의 구성원들에게 다양한 종류의 폭력이 자행된 역사이다. 식민 지배의 폭력을 자행한 국가들은 각기 그 국가들에 특징적인 지배 기술과 폭력 행사 방식을 갖고 있기 때문이다.

1949년 중국 공산당이 국공 내전에서 최종적으로 승리하고 패자가 된 장제스의 국민당 세력이 대만으로 들어와서 국민당 일당 독재가 시작되었다. 1626년 이후 네덜란드에 의해 시작된 식민 통치는 국민당이 일당 독재를 개시한 1949년까지 계속되었다. 그러나 300년 이상 식민 통치를 경험한 대만인들은 국민당 정권이 자행하는 새로운 국가 폭력에 시달려야 했다. 국민당 정권은 1949년부터 1987년까지 38년 동안 계엄 상태에서 대만을 통치하였다. 식민 통치의 폭력이 남긴 상처가 여전히 남아 있는 상태에서 국민당 정권이 선포한 예외 상태가 구축한 폭력이 추가된 것이다. 국민당 일당 독재는 계엄 상태를 장기간 유지하면서 대만인들을 완벽하게 지배함으로써 대만 사회의 구성원들이 받는 고통을 가중시켰다. 예외 상태를 이용한 통치는, 예상 가능한 모든 저항을 원천 봉쇄하기 위한 수단이다. 이러한 철권통치는 거대 폭력으로서의 국가 폭력을 대만 사회에 구조화하였다고 볼 수 있다. 장제스의 국민당 정권이 지배한 대만은 공산당이 지배한 중화인민공화국과 적대 관계에 있었던 미국과 친밀한 관계를 유지하는 정책을 채택하였다. 국민당 정권의 친미 정책은 대만에 미국 문화의 유입을 추동하였고, 대만인들은 서유럽 문화, 청나라 문화, 일본 문화에 이어 미국 문화의 영향력에 종속되지 않을 수 없었다. 〈고령가 소년 살인사건〉이 여러 나라의 문화가 어둡게 착종되어 있는 모습을 영상화한 것은 이러한 배경에 기인한다. 또한 이 영화의 영어 제목이 'A Brighter Summer Day'인 것은 미국문화의 지배력에 대한 반감이 반어적으로 표현된 것으로 해석될 수 있다.

식민 통치는 가장 야만적인 폭력 행사의 방식이다. 식민 지배는 피지배자들에게 문화의 차원에서도 폭력을 자행한다. 식민 통치는 어떤 특정 사회에서 장기간에 걸쳐 창출·형성·유지·발전·전래되어 온 문화의 정체성과 고유한 가치를 배제하고 말살함으로써 식민 통치가 강요하는 문화가 피지배자들의 문화가 되도록 하는 것을 목표로 삼기 때문이다. 일본 제국주의가 한반도를 식민지로 지배할 때 창씨개명까지 강요한 것은 수천 년 동안 이어져 내려온 한국 문화를 말살하기 위함이었다. 서유럽 문화에서 미국문화에 이르기까지 여러 문화에 의해 문화적으로도 지배를 강요당한 대만 사회에서 문화 정체성의 혼란이 복합적으로 발생하는 것은 필연적인 귀결이다. 〈고령가 소년 살인사건〉의 주제인 폭력은, 문화의 차원에서는, 네덜란드, 청나라, 일본, 친미 정책을 채택한 국민당 정권으로 지배자가 바뀌면서 지속된 지배체제가 야기하는 문화 정체성 혼란이 복합적으로 결합되어 발생하는 거대 폭력으로 볼 수 있다.

수수께끼적 성격이 강하게 형상화된 알레고리

걸작 중의 걸작으로 평가받고 있는 영화인 에드워드 양 감독의 〈고령가 소년 살인사건〉은 ① 대만에서 여러 국가에 의해 300년 이상 지속된 식민 통치의 폭력, ② 문화 정체성 혼란이 불러오는 비극과 폭력, ③ 1949년 이후 38년 동안 예외 상태에서 지속된 국가 폭력의 총체성을 (i) 어둡고 암울한 영상, (ii) 손전등, 칼, 총과 같은 소도구를 사용하여 이 영화가 매개하려는 의미를 창출하는 탁월한 영상기법, (iii) 남승석이 분석하는 미장아빔 기법, 즉 영화 세트장과 현실이 교차하면서 이어지는 화면 구성, (iv) 일본의 노래와 미국의 팝송을 문화 정체성 혼란을 상징하는 배경 음악으로 삽입하는 화면 구성 등을 통해 영상으로 형상화한 작품이다. 대만 사회에 내재하는 폭력과 〈고령가 소년 살인사건〉에서 소년들의 행위를 통해 형상화된 폭력, 그리고 거대 폭력에 의해 고통을 받는 사람들의 모습이 영상예술의 형식에서 하나의 동치 관계를 형성하고 있는 것이다. 이 점에서 이 영화는 벤야민이 정초한 알레고리에 해당한다. 식민 지배의 폭력, 국가 폭력, 소년 폭력, 좌절, 비애, 문화 정체성 혼란, 이데올로기 대립으로 인한 고통, 심리적 불안, 개별 인간들의 삶의 파편화, 삶의 주변 환경의 폐허 등을 영상으로 표현하는 이 영화의 어두운 형상들이 대만 사회에 역사적으로 내재한 폭력과 동치 관계에 놓여 있기 때문이다.

더 나아가 〈고령가 소년 살인사건〉은 영화 전반에 걸쳐 수수께끼적인 성격을 갖고 있다. 영화의 끝부분에 주인공인 샤오쓰가 저지르는 살인에서 수수께끼적인 성격은 그 정점을 보여준다. 예술작품이 수수께끼적인 성격을 갖고 있을수록, 그리고 그와 동시에 그러한 성격이 현실에 대한 통찰·비판·인식을 설득력 있게 매개하는 정도가 높으면 높을수록, 예술작품이 역사적 가치를 가진 알레고리로 올라설 가능성이 증대된다. 나는 〈고령가 소년 살인사건〉이 이러한 가능성을 보여주는 걸작이라고 본다.

알레고리가 높은 수준에서 결정結晶되어 있는 이 영화는 벤야민의 '세계가 인간에게 강요하는 고통의 역사', 예외 상태, 파편화, 탈영혼화, 운명, 폭력, 소도구 등의 개념들, 아도르노의 '세계가 인간에게 자행하는 고통Weltschmerz'1, 미메시스적 충동, 예술적 가상, 이데올로기, 개인의 폐기, 관리된 사회 등의 개념들을 통해 해석될 수 있다.

벤야민의 사유를 빌려 이 자리에서 간략하게 언급하자면, 대만 사회의 청소년들의 — 폭력에 연루되고 미국의 팝송에 심취하는 — 삶과 그들 부모의 불안정하고 비극적인 삶은 세계가 인간에게 강요하는 고통에서 발원한다. 이러한 비극적인 삶의 형식들은 파편화되어 있고 영혼을 상실한 삶이다. 주인공인 소년 샤오쓰와 그가 사랑한 소녀였음에도 그에 의해 살해당하는 소녀 샤오밍, 샤오밍의 남자인 '소공원 파'의 보스 허니, '소공원 파'와 대립 관계에 있는 폭력 조직인 '217파', 소년 폭력 조직에 가입하여 폭력을 행사하는 소년들, 미국의 팝송에 열광하는 소년들, 샤오쓰의 부모를 비롯한 그의 가족 구성원들 등 이 영화에 나오는 100명 이상의 인물은 대만 사회를 짓누르는 거대 폭력의 복합성·총체성·특수성에 의해 삶이 파편화된 모습을 보여주며, 영혼을 잃은 삶의 형상들이다. 이러한 삶은 또한 벤야민이 세계를 지배하는 '죄의 연관관계'로 파악한 운명의 지배를 받는 삶이며, 국민당 정권이 선포한 예외 상태가 자행하는 폭력에 종속된 삶이다.

아도르노의 시각에서 본다면, 〈고령가 소년 살인사건〉은 거대

---

1. 세계가 인간에게 강요하는 고통을 나타내는 두 개념은 동질적이다. 아도르노는 벤야민이 "Leidensgeschichte der Welt"로 표현한 개념을 "Weltschmerz"로 바꾸었다.

폭력이 개별 인간에게 자행하는 폭력을 표현하지 않고는 견딜 수 없는 미메시스적 충동의 산물이고, 폭력이 지배하는 현실에 대한 예술적 가상으로서 현실에 대한 인식 능력과 비판 능력을 영상 매체를 통해 보여주는 작품이다. 대만인들은 서구 제국주의 침략에서부터 국민당 정권의 일당 독재에 이르기까지 이데올로기가 자행하는 폭력에 종속되어 있었으며, 이러한 비극적인 역사에서 개인은 존재할 수 없었고 오로지 지배·관리·폐기된 개별 인간의 상태로만 노동력을 제공하면서 생존을 이어갈 수밖에 없었다. 특히 국민당 정권이 장기간 유지한 예외 상태 통치는 관리된 사회의 전형적인 형태이다. 앞에서 매우 간략하게 언급한 것처럼, 〈고령가 소년 살인사건〉은 벤야민과 아도르노의 개념들에 힘입어 심층적으로 해석될 수 있는 작품인 것이다.

그러나 나는 〈공동경비구역〉, 〈택시운전사〉, 〈여름궁전〉에 대한 해석에서 벤야민과 아도르노의 중요 개념들을 차용한 영화 해석을 시도하였기 때문에, 〈고령가 소년 살인사건〉에 대해서는 벤야민의 소도구 개념을 빌려 이 영화의 전반에 걸쳐 등장하는 손전등을 해석해 보고자 한다. 또한 나는 이 작품에 형상화된 소년들의 폭력이 대만 사회가 비극적으로 경험한 식민 통치, 문화 정체성 혼란, 특히 국민당 일당 독재로부터 발원하는 거대 폭력의 필연적인 산물이라는 점에 주목하고자 하며, 국가 폭력의 형태로 존재하는 거대 폭력과 소년들이 저지르는 미시적인 폭력의 상관관계를 아도르노의 폭력이론과 접맥하여 해석할 것이다.

〈고령가 소년 살인사건〉의 원천은, 이 영화의 주제가 식민 통치의 경험, 문화 정체성 혼란, 국가 폭력의 총체성의 복합체로부터 발원하는 것에서 인식할 수 있듯이, 수수께끼적인 성격이 앞에서 해석한 3편의 영화와 비교해 볼 때 특히 강하다. 수수께끼적인 성격이 특히 강하다는 것은, 이 영화가 여러 시각에서 다양하게 해석될 수 있고 이 영화가 매개하는 인식과 의미의 관점에서 볼 때가 다층적多層的·다의적多義的인 차원을 갖는다는 것을 뜻한다. 이 영화가 주제로 삼는 폭력이 복합적이듯이 이 영화가 매개하는 인식과 의미도 이에 상응하여 복합적이고 다층적이며 다의적이다. 이 영화가 매개하는 인식의 다층성과 의미의 다양성은, 지배, 폭력, 고통, 문화 정체성 혼란의 문제가 인류의 삶에서 결코 일거에 사라지지는 않을 것이기 때문에, 앞으로도 새로운 시각에서 시도되는 지속적인 해석을 촉발할 수 있을 것이다.

이 영화에서 특히 강력하게 형상화에 이른 수수께끼적인 성격은 벤야민과 아도르노의 역사철학·사회이론·미학·예술이론·인식론을 모두 참조하는 해석으로써만 비로소 충분히 해명될 수 있을 것이다. 이러한 시도를 통해서만 수수께끼적인 성격이 매개하는 의미가 광범위하고도 심층적으로 드러날 수 있을 것이다. 그러나 그러한 시도 자체는 또 다른 한 권의 책을 요구하는 과업이다. 벤야민의 소도구 개념, 아도르노의 폭력이론을 빌려서 이 영화를 해석하는 나의 시도는 이 영화의 수수께끼적인 성격의 일부만을 인식하는 결과에 이르겠지만, 지면의 제약 등으로 인해 인식의 지평을 넓히고 깊게 하고자 하는 소망을 향후 연구로 미룰 수밖에 없다.

손전등이라는 소도구의 역사철학적 의미

역사에 대한 벤야민의 시각은 그의 최고의 저작인 『독일 비애극의 원천』 전반에서 드러난다. 벤야민은 역사를 세계의 고통사로서 조망한다. 인간이 구성한 경험세계가 진행되면서 경험세계를 구성한 주체인 인간에게 경험세계가 고통을 강요하는 과정이 벤야민의 시각에서는 역사이다. 이렇게 함으로써 고통이 역사 인식에서 중심에 들어선다. 예술은 이러한 고통을 수수께끼적인 형상을 가진 알레고리로서 작품으로 형상화한다. 알레고리에 도달한 작품은 그것 자체로서 수수께끼와 같은 모습을 보이기 때문에, 카프카와 베케트에서 전형적으로 드러나듯이, 하나의 암호와 같은 형상으로 출현한다. 나는 앞에서 〈고령가 소년 살인사건〉이 수수께끼적인 성격이 특히 강한 작품이라고 언급하였다. 이런 관점에서 이 글의 제목에 암호 표지라는 표현을 사용하였다. 수수께끼적인 성격을 그 본질로 갖고 있는 알레고리는 암호 표지인 것이다. 암호 표지는 부정적인 현실에 대한 인식이고 비판이며, 부정적인 현실이 변혁되었으면 하는 소망을 담고 있다.

암호 표지로서 〈고령가 소년 살인사건〉이 전달하는 의미는 고통이며, 이 고통은 세계가 인간에게 강요하는 고통이다. 이 영화의 주제는 역사의 진행과 고통의 강요의 필연적인 상관관계이다. 이렇게 해서 〈고령가 소년 살인사건〉은 벤야민에 의해 본격적으로 인식된 예술작품의 역사철학적 의미[2]를 띠게 된다. 〈고령가 소년 살인사건〉은 대만 사회의 구성원들이 역사적으로 강요당한 고통의 여러 측면을 형상화한다. 이렇게 형상화한 내용을 다양한 시각에서 분석하고 해석을 시도할 때 이 의미는 충분히 드러나게 될 것이다. 이 영화는 ① 샤오쓰 세대의 소년들이 갱단을 만들어 폭력적인 싸움을 벌이면서 당하는 고통, ② 소년들의 일탈과 방황에서 드러나는 여러 가지 형태의 고통, ③ 샤오쓰의 아버지가 사상범으로 몰려 취조를 받는 장면이 보여주는, 이데올로기적 대립으로 인한 고통, ④ 외성인과 본성인 사이의 갈등으로 인한 고통, ⑤ 관료주의적 지배체제가 강요하는 고통, ⑥ 일본의 식민지 지배가 남겨 놓은 칼의 문화와 미국의 음악 사이에서 발생하는 문화적 불안처럼 대만 사회에 발을 붙이지 못한 다양한 문화들의 공존이 야기하는 불안에서 오는 고통 등을 영상미학적으로 형상화하는 데 성공한 걸작이다.

〈고령가 소년 살인사건〉에서는 관객이 보기에는 특별하다고 여길 정도로 손전등이 영화 전체에 걸쳐서 반복적이면서도 지속

---

2. 헤겔, 크로체, 루카치도 예술작품이 갖는 역사철학적 의미를 인식하였으나, 벤야민이 자연사, 알레고리 개념을 통해 예술작품의 역사철학적 의미를 인식한 수준과는 큰 차이가 있다. 아도르노 미학·예술이론의 중심에도 이 의미가 놓여 있지만, 벤야민의 사유를 뛰어넘는 수준에 도달했다고 평가하기는 어렵다.

적으로 등장한다. 그래서 이처럼 특별하게 등장하는 소도구인 손전등이 매개하는 역사철학적 의미를 해석하고자 한다. 손전등은 이 영화에서 특별한 의미를 갖고 있다. 남승석은 손전등이 영화 전반에 등장하는 것을 미장아빔의 기법으로 해석한다. 이 기법에 힘입어 손전등이 〈고령가 소년 살인사건〉을 "관객에게 영화 속의 영화를 성찰적으로 사유하게 하는" 기능을 한다고 보고 있다. 이 영화에서 손전등은 샤오쓰가 자신의 몸을 숨긴 채 영화 세트장을 보는 과정에서 들고 있던 책이 수직으로 떨어지는 사태와 함께 등장한다. 영화 세트장의 경비원이 이 사태를 비추기 위해 등장하는 소도구가 손전등이다. 손전등은 남승석의 해석에 따르면 "이질적인 공간을 가로지르며 탐색하는 시각적인 도구"로서 영화 전반에서 기능한다. 경비원에 의해 처음으로 등장한 손전등은 샤오쓰가 손전등을 훔침으로써 이 영화에서 소도구로서 중요한 기능을 하게 된다. 샤오쓰의 손에 들어간 손전등은 대만 사회의 모순, 절망, 비극, 폭력을 비추는 거울의 기능을 하게 되면서 〈고령가 소년 살인사건〉이 대만 사회에 내재하는 폭력의 알레고리가 되는 것에 기여한다. 이처럼 손전등은 알레고리로서의 형상화에 기여하며 관객으로 하여금 영화 장면에서 펼쳐지는 상황에 대해 자기 성찰적인 태도를 갖도록 유도하는 효과를 발휘한다. 이렇게 해서 손전등이 매개하는 의미는 역사철학적 해석을 가능하게 하는 것이다.

이제 벤야민이 소도구에 대해 사유한 내용을 살펴보자. 〈여름궁전〉에 대한 해석에서 이미 논의하였듯이, 운명은 벤야민에게 '죄의 연관관계'이다. 세계가 진행되면서 성립되는 '죄의 연관관계'가 바로 운명인 것이다. 세계가 인간에게 강요하는 고통에 묶여 있는 인간에게 '죄의 연관관계'는 해악과 재앙으로 작용한다. 〈고령가 소년 살인사건〉에서 알레고리로 형상화되어 있는 여러 형태의 식민 통치 폭압의 경험과 문화적인 정체성 혼란으로부터 오는 고통, 국민당 정권의 철권통치가 강요하는 고통은 '죄의 연관관계'로서의 운명이 나쁜 모습으로, 재앙적인 형태로 인간에게 다가오는 것을 보여준다. 벤야민은 운명이 운명비극에서 나타나는 소도구에서 나쁜 모습으로 표현되는 것에 대해 다음과 같이 사유한다.

운명이 나쁜 모습으로 표현되는 것은 등장인물들에게서 나누어질 뿐만 아니라 이와 똑같은 정도로 물건들에서도 지배력을 갖는다. "운명비극에 특징적인 점은, 어떤 저주나 죄를 모든 세대에 걸쳐 상속시킬 뿐만 아니라 저주가…하나의 치명적인 소도구와 연계되어 있다는 점이다."[3] 그 이유는 다음과 같다. 겉으로 보기에 죽은 것처럼 보이는 물건들의 삶이, 인간의 삶이 단순히 피조물적인 삶의 연합에 일찍이 가라앉아 있는 상태에서는, 인간의 삶에 대해서도 권력을 획득하기 때문이다. 죄를 범하는 것의 주변에서 물건들의 삶이 갖는 작용성은 죽음의 전조이다. 인간에게서의 피

---

3. 이 문장은 벤야민이 다음의 문헌으로부터 인용한 것이다. Jakob Minor, *Die Schicksals-Tragödie in ihren Hauptvertretern*, S.75/76.

조물적인 삶의 미친 듯이 날뛰는 운동은, 한마디로 말해서 열광 그 자체는 치명적인 소도구를 활동시킨다. 이 소도구는 다른 것이 아닌, 바로 지진계의 바늘이다. 바늘이 알려주는 것은 미친 듯이 날뛰는 것이 일으키는 진동들이다. 운명드라마에서는 인간의 본성이 맹목적인 열광에서 스스로 말을 한다. 이는 물건들의 본성이, 운명의 공동적인 법칙 아래에서, 단순한 우연에서 스스로 말을 하는 것과 마찬가지이다.[4]

〈고령가 소년 살인사건〉에서 운명은 샤오쓰, 샤오밍, 허니와 같은 주인공들뿐만 아니라 폭력적인 행위를 하는 다른 인물들의 어떤 행위에서도 의도되지는 않았지만 잔인하고 사악한 결과로 표현된다. 이 영화의 등장인물들을 통해서 운명이 잔인하고 사악한 모습으로 표현되고 있다. 〈고령가 소년 살인사건〉에서 운명의 이러한 "나쁜" 표현은 손전등을 비롯한 물건들에 대해서도 지배력을 갖는다. 위의 인용문에서 벤야민은 운명이 "나쁘게" 표현되는 것인 저주나 죄가, 인간에게 상속될 뿐만 아니라 치명적인 소도구와 연계되어 있다는 점이 운명비극의 특징임을 야콥 미노르의 저작을 인용하여 밝히고 있다. 이처럼 벤야민이 소도구에 주목하는 것은 독일 바로크 비애극에 속하는 드라마들에서 소도구가 특별할 정도로 중요한 비중을 갖고 있기 때문이다.

---

4. Benjamin, *Ursprung des deutschen Trauerspiels*, p. 311.

미노르의 통찰을 인용한 후 벤야민은 이어지는 글에서, 소도구에 대한 자신의 심오한 사유를 펼쳐 보인다. 벤야민은 저주나 죄가 소도구와 연계된 이유를 "겉으로 보기에 죽은 것처럼 보이는 물건들의 삶이, 인간의 삶이 단순히 피조물적인 삶의 연합에 일찍이 가라앉아 있는 상태에서는, 인간의 삶에 대해서도 권력을 획득하기 때문이라고" 말한다. 인간의 삶이, 마치 물건들처럼, "단순히 피조물적인 삶의 연합에 가라앉아" 있기 때문에, 물건들의 삶도 인간의 삶에 대해 권력을 획득하는 것이다. 〈고령가 소년 살인사건〉에 등장하는 등장인물들의 삶이 식민 지배, 문화 정체성 혼란, 국민당 정권의 폭압 통치에 의해서 "단순히 피조물적인 삶의 연합에 가라앉아" 있기 때문에, 손전등 같은 물건의 삶도 등장인물의 삶에 대해 권력을 획득하게 된다. 벤야민은 "죄를 범하는 것의 주변에서" 손전등과 같은 "물건들의 삶이 갖는 작용성은 죽음의 전조이다"라고 한다. 이를 〈고령가 소년 살인사건〉에서는 주인공 샤오쓰가 손전등을 반납하고 일본 단검으로 사랑하는 소녀인 샤오밍을 찌르는 장면에 적용할 수 있다. 이 영화의 손전등은 죽음의 전조이다. 이 영화의 감독인 에드워드 양이 벤야민의 이처럼 심오한 사유를 접하였는지는 알 수 없다. 그러나 빼어난 예술가는 이론가의 통찰을 접하지 않고도 예술작품을 통해 이론가와 일치하는 통찰을 형상화하는 경우가 많다. 에드워드 양은 이런 사례에 해당하는 예술가로 평가될 수 있다.

소도구의 작동은 "인간에게서의 피조물적인 삶의 미친 듯이 날뛰는 운동"이다. 피조물적인 삶이 미친 듯이 날뛰기 때문에 소도구가 작동할 수 있는 것이다. 식민 지배의 폭압, 문화 정체성 혼란, 예외 상태를 이용한 폭압적 통치 등은 인간에게서의 피조물적인 삶이 미친 듯이 날뛰는 운동을 하는 모습을 보여주는 것들이다. 이 운동이 〈고령가 소년 살인사건〉에서는 치명적인 소도구인 손전등을 활동시키며, 손전등은 세계가 인간에게 고통을 강요하는 역사를 비춰주는 거울이다. 이미 여러 차례 밝혔듯이, 이러한 역사가 벤야민에게서 자연사이다. 벤야민은 소도구에 대한 사유에서는 자연사를 "지진계의 바늘"이라고 표현하고 있다. "이 소도구는 다른 것이 아닌, 바로 지진계의 바늘이다." 지진계의 바늘은 자연사의 흐름을 알려주는 도구이며, 〈고령가 소년 살인사건〉에서의 손전등은 대만 사회에서 자연사가 어떻게 흘러왔으며 흘러가고 있는지를 보여주는 지진계의 바늘이다.

손전등이 알려주는 것은 식민 통치, 문화 정체성 혼란, 국민당 정권의 폭압 통치가 미쳐 날뛰면서 일으키는 진동들이다. 샤오쓰의 몸에 붙어 있는 손전등은, 벤야민의 사유를 따라 해석한다면, 대만 사회의 폭력이 미친 듯이 날뛰면서 일으키는 진동들을 알려주는 소도구이다. "운명드라마에서는 인간의 본성이 맹목적인 열광에서 스스로 말을 한다. 이는 물건들의 본성이, 운명의 공동적인 법칙 아래에서, 단순한 우연에서 스스로 말을 하는 것과 마찬가지이다"라는 벤야민의 사유를 〈고령가 소년 살인사건〉의 해석에 차용하면 다음과 같은 결과에 이른다.

〈고령가 소년 살인사건〉에서는 식민 통치, 문화 정체성 혼란, 예외 상태를 이용한 폭압 통치에서 드러나는 인간의 본성이 맹목적으로 미쳐 날뛰는 것에서 스스로 말을 한다. 이는 손전등의 본성이, 인간들과 물건들에 드리워진 운명의 공동적인 법칙 아래에서, 단순한 우연에서, 곧 샤오쓰가 영화 세트장에서 자신을 비추는 손전등을 처음으로 접하게 된 후 손전등을 훔쳐 몸에 지니고 다니다가 사랑하는 소녀 샤오밍을 일본 단검으로 살해할 때 버렸던 손전등의 존재에서 드러나는 단순한 우연에서 스스로 말을 하는 것과 마찬가지이다.

이제 손전등에 대한 해석을 정리해 보기로 하자. 소도구인 손전등이 〈고령가 소년 살인사건〉에서 알레고리를 형성하면서, 다시 말해 대만 사회의 폭력과 등치 관계를 형성하면서, 자연사에 대해 인식을 매개한다. 손전등은 세계가 인간에게 강요하는 고통에 대한 인식을 매개하는 것이다. 위의 인용문에서의 벤야민의 사유가 보여주듯이 소도구는 역사철학적 의미를 획득하며, 〈고령가 소년 살인사건〉에서의 손전등 역시 대만 사회의 자연사를 비춰주는 역사철학적 의미를 갖게 되는 것이다.

거대 폭력이 입힌 손상을 배상하는 피해자들

〈고령가 소년 살인사건〉의 주인공인 샤오쓰, 샤오밍과 허니, 캣 등 갱단의 소년들, 샤오쓰의 부모를 비롯한 가족, 교사, 관리,

그 밖의 등장인물은 100여 명에 이르며, 이들 등장인물의 삶은 식민 지배, 문화 정체성 혼란, 국민당 정권의 폭압에 의해 상처받은 삶이다. 이들의 삶이 이처럼 비극적으로 상처받게 된 것은 앞에서 말한 거대 폭력의 작동에 근본적으로 책임이 있다. 거대 폭력이 작동한다는 것은, 아도르노에게는, 사회의 작동에 필연적으로 내재하는 폭력이 그 모습을 뚜렷하게 드러내면서 작동한다는 것을 의미한다. 이러한 폭력은 예컨대 후기 자본주의 사회에서는 테크놀로지와 결합하여 그 모습을 감추면서 작동하는바, 이런 방식으로 작동하는 폭력은 비가시적이다. 거대 폭력은 가시적으로 작동하면서 사회에 강제적으로 편입된 구성원들을 감시·통제·관리·지배·폐기한다. 원시 제전에서 출발한 사회는 그 진행 과정에서 폭력이 없는 상태에서 작동한 적이 한 번도 없으며, 폭력은 그것의 크기와 질에서 차이를 보였을 뿐이다. 예컨대 나치즘, 스탈린주의와 같은 거대 폭력은 특별하고 기이하며 거대하게 그 모습을 드러낸 경우일 뿐이다.

아도르노에게 사회가 작동한다는 것은 '불의의 연관관계'가 기능한다는 것을 의미한다. '불의의 연관관계'는 자연지배가 진행되면서 필연적으로 발생한다. 다시 말해, 외부 자연에 대한 지배를 의미하는 외적 자연지배와 인간의 자기 주체의 자기 포기를 뜻하는 내적 자연지배가 서로 결합하는 형식으로 자연지배가 진행되면서 — 아도르노는 이 과정을 문명의 타락 과정으로 이해하며, 타락을 일으키는 주범은 도구적 이성이다 — 발생하는 것이 '불의의 연관관계'이다. '불의의 연관관계'는 인간이 외부 자연을 지배하기 위해 원시 제전에서 구축한 사회가 개별 인간으로 하여금 자기 주체를 스스로 포기하게 강요함으로써 실제적으로 기능한다. 아도르노에게 '불의의 연관관계'를 작동시키는 주체는 사회이다. 사회가 작동하면서 '불의의 연관관계'에 강제적으로 편입된 개별 인간들은 사회에 의해 상처받는다. 대만 사회가 식민 지배, 문화 정체성 혼란, 국민당 정권의 폭압을 통해 '불의의 연관관계'에 강제적으로 편입시킨 대만 사회의 구성원들은 대만 사회에 의해 상처받는다. 이것을 형상화한 작품이 〈고령가 소년 살인사건〉이다. 이 영화는 말한다. '불의의 연관관계'는 더 이상 작동하지 않아야 하며, 대만 사회의 구성원들에게 더 이상 고통을 강요해서는 안 된다고.

대만 사회의 구성원들이 경험한 야만적인 식민 통치는 일반적으로는 '불의의 연관관계'의 작동에 해당하지만, 대만 사회를 식민지로 지배한 국가들이 각기 상이한 기술과 방식으로 특별하게 형성한 '불의의 연관관계'라고 볼 수 있다. 이처럼 특별한 '불의의 연관관계'가 여전히 남아 있는 상태에서 국민당 정권이 예외 상태를 이용하여 형성한 '불의의 연관관계'는 대만 사회의 구성원들이 받는 고통을 더욱 복합적으로 심화·증대시킨다. 대만의 역사에서 '불의의 연관관계'로서의 사회를 작동시키는 중심적인 원리는 앞에서 여러 차례 언급한 거대 폭력이다. 이러한 거대 폭력이 유발한 고통이 복합적이고 심층적이기 때문에, 이에 상응하여 〈고령가 소년 살인사건〉과 같은 예술작품이 암호 표지로서 출현한다. 2차 세계대전과 같은 거대한 해악과 대재앙이 인간에게 복합적이고 심층적으로 고통을 강요하기 때문에, 베케트의 『고도를 기다리며』나 『막판 극』과 같은 예술작품들이 암호 표지로서 나타나 인류에게 말을 한다. 인간에게 고통을 강요하는 그러한 역사는 정지되어야 한다고.

대만 사회의 구성원들이 받은 고통은 한국 사회의 구성원들이 받은 고통과 유사하다. 한국 사회의 구성원들은 일본 제국주의의 잔혹한 식민 통치, 즉 강제 노동, 인종 차별, 황국신민이라는 이데올로기의 강요, 배제, 폭행, 고문, 살인, 한국어 탄압, 창씨개명, 징용, 징집, 종군 위안부 징용, 한국 문화의 말살 등에서 드러나는 식민 통치가 형성했던 특별한 종류의 '불의의 연관관계'에 의해 35년 동안 형언할 수 없는 고통을 받았다. 식민 통치의 잔혹함이 일제 잔재라는 이름으로 여전히 남아 있는 상태에서 일본군에 충성한 장교 출신인 군인이 주도한 5·16 군사 쿠데타 이후 군사독재정권이 장기간 특별한 방식으로 '불의의 연관관계'를 형성함으로써 한국 사회의 구성원들이 당하는 고통은 더욱 복합적이고 심층적으로 되었다. 거대 폭력으로서 작동했던 '불의의 연관관계'가 남긴 상처는 여전히 한국 사회에 남아 있으며, 이러한 '불의의 연관관계'에 뿌리를 두고 한국 사회를 지배하면서 사회구성원들에게 고통을 강요하는 세력은 아직도 견고하다. 대만 사회의 구성원들처럼 한국 사회의 구성원들이 받는 고통도 복합적이고 심층적임에도, 한국영화에서 〈고령가 소년 살인사건〉이 도달한 알레고리의 수준을 성취한 영상예술작품이 출현하지 않고 있는 것은 아쉬운 일이 아닐 수 없다.

거대 폭력은 절대다수의 무력한 개별 인간에 지나지 않는 대만 사회의 구성원들에게 손상을 입히지만, 손상을 배상하는 주체는 거대 폭력이 아니다. 거대 폭력이 그들에게 손상을 입혔음에도 불구하고, 거대 폭력이 손상을 배상하지 않고 폭력의 피해자들이 손상을 배상한다. 이러한 모순은 대만 사회에만 해당하지 않는다. 인류의 역사에서 수많은 사회가 '불의의 연관관계'로서 작동해 왔다. 무력한 사회구성원들이 사회가 유지되도록 갖은 종류의 부자유한 노동과 굴욕을 감내하고 육체적·정신적으로 상처받았다. 그럼에도 그들이 받은 상처를 사회를 지배하는, 권력과 폭력을 가진 주체들이 배상하지 않았다. 그들이 받은 상처는 그들 스스로 배상하였다. 사회는 그들이 받는 상처를 그들 스스로 배상하는 메커니즘에 의해 작동된다. 아도르노의 사유를 빌려서 더 정확하게 말하면, 사회가 개별 인간들을 지배하는 것으로 인해 개별 인간들이 상처받았음에도 불구하고 개별 인간들은 자기 자신의 주체를 스스로 포기하지 않으면 자기보존을 유지할 수 없기 때문에, 그들이 받은 상처를 그들 스스로 보상하지 않을 수 없는 것이다.

예컨대 나치즘의 지배 이데올로기에 의해 작동되었던 사회는 사회의 지배자들인 소수의 파시스트 지휘자들이 절대다수의 무력한 사회구성원들에게 강제 노동을 부과하고 그들을 강제 징집함으로써 유지될 수 있었다. 그러나 무력한 사회구성원들이 나치의 지배체제로 인해 받은 상처를 가해 주체인 사회나 사회의 지배 자들이었던 소수의 파시스트 지휘자들이 배상해 주지는 않았다. 오히려 무력한 사회구성원들은, 나치 지배체제가 운용한 이데올로기적인 선전 선동에 주체를 내줌으로써 사회구성원들에 대한 일방적인 지배의 결과로 발생하는 손상을 그들 스스로 배상하였다. 나치 지배체제가 그들을 감시·통제·관리·지배·폐기하면서 지배체제를 유지시켰음에도, 그들은 히틀러나 괴벨스와 같은 나치즘의 지휘자들이 주도하는 프로파간다에 열광하면서 그들의 주체를 포기하고 노동을 제공하였다. 그럼으로써 나치즘이 유발한 모든 종류의 파괴로 인해 발생한 손상을 그들 스스로 배상하였다. 가해 주체인 사회가 아니고 피해자인 그들이 손상을 배상하는 모순이 발생하는 것이다.

이러한 모순은 오늘날에는, 특히 한국 사회에서는 정치권력과 유착된 재벌이 노동자에게 가하는 상처에서도 드러난다. 재벌이 족벌 세습 경영으로 일관하고 경제 범죄를 저질러 기업을 파산에 이르게 하였음에도 파산으로 인해 상처받은 수많은 노동자는 가해 주체인 재벌의 권력자들에게 배상을 요구할 수 없다. 자기 주체를 스스로 포기하지 않으면 생존을 유지할 수 없기 때문이다. 노동자에게 상처를 입힌 재벌이 노동자에게 배상하기는커녕 오히려 수많은 노동자가 낸 세금인 공적 자본의 투입으로 재벌이 노동자에게 입힌 손상을 배상하는 사례들이 한국 사회에서 빈번하게 발생하고 있다. 재벌 기업이 도산해도 재벌 총수와 가족들은 도산하지 않는다. 재벌 기업에서 자기보존을 위해 노동을 제공한 노동자들이 재벌 총수 등이 입힌 손상을 떠맡는다. 이들 노동자와 똑같은 처지에 있는 노동자들이 낸 세금으로 재벌 기업이 저지른 손상이 배상되는 것이다. 이것은 사회의 지배 권력에 의해 상처를 입은 무력한 개별 인간들이 처해 있는 실상을 말해 준다.

이제 아도르노의 글을 인용하여 앞에서 논의한 내용을 〈고령가 소년 살인사건〉에서 집중적으로 조명해 보기로 하자. 아도르노는 사회가 개인에게 자행하는 폭력으로 손상을 입은 절대다수의 무력한 사람이 당하는 이중적인 손상을 다음과 같이 통찰하고 있다.

사회적 압력에 의해 손상을 입은 사람들은 그들에게 상처를 입혔던 물리적 폭력과 쉽게 결합된다. 그들은 그들 자신이 당했던 사회적인 강제적 속박의 손해를 스스로 배상한다. 사회적인 강제적 속박이 명백하게 드러나는 사람들에게서 강제적 속박이 가하는 손해가 배상되는 것이다.[5]

아도르노의 이러한 통찰은 〈고령가 소년 살인사건〉의 해석에 적용이 가능하다. 거대 폭력이 대만 사회의 구성원들에게 상처를 입히고 있음에도, 소년들은 갱단을 조직하여 폭력을 자행한다. 이

---

5. 아도르노, 『사회학 논문집 I』, 260쪽.

소년들에 앞서서 오래전부터 대만 사회에서 살았던 사람들, 가까이는 그들의 부모, 그리고 그들 자신이 직접적으로 거대 폭력으로 인해 상처를 받은 사람들이다. 그럼에도 불구하고 그들은 그들에게 상처를 입혔던 폭력에 저항하지 않고 미시적인 폭력 구조를 형성한다. 거대 폭력을 비판하고 이 폭력에 저항하는 것은 주체가 자기 자신을 포기하지 않는 것을 의미한다. 그러나 거대 폭력과 본질적으로 유사한 미시적인 폭력 구조를 형성하여 거대 폭력과 결합하는 행태를 보이는 것은 주체의 자기 포기를 의미한다.

소년들이 거대 폭력에 저항하기는커녕 거대 폭력이 구축해 놓은 틀에 갇힌 채 갱단을 조직하여 상호 간에 폭력을 행사하는 것은, 그들이 입은 손상을 거대 폭력에게 배상해 줄 것을 요구하는 대신에 그들이 입은 손상을 그들 스스로 배상하는 것에 지나지 않는다. 거대 폭력과 소년들 사이에서 소년들의 주체는 존재하지 않으며, 소년들은 자신의 주체를 스스로 포기한 채 자신들 상호 간의 싸움에 빠져든다. 소년들의 싸움을 보면서 환호성을 올리는 것은 거대 폭력이다. 싸움에 몰두함으로써 소년들은 거대 폭력이 그들의 삶에 상처를 입히는 주범이라는 것을 인식하지 못하게 되고, 이는 거대 폭력의 입장에서는 소년들의 주체가 포기되어 있는 상태를 의미하기 때문이다. 사회는 사회의 구성원들이 자신의 주체를 스스로 포기하는 것에 의해 유지된다.

이 소년들은 미국의 팝송에 열광한다. 〈고령가 소년 살인사건〉에 등장하는 일본 노래, 일본의 칼, 미군 행진곡, 미국의 팝송은 대만 사회가 문화 정체성의 혼란을 겪는다는 것을 상징한다. 소년들이 미국의 팝송에 열광하는 것은 국민당 정권이 친미 정책을 취했기 때문이다. 문화 정체성 혼란은 대만 사회의 구성원들에게는 "사회적 압력"이 가하는 손상이다. 일본 문화, 미국 문화가 대만 사회의 구성원들에게 사회적 압력으로 작용하면서 그들에게 손상을 입히는 것이다. 이 영화가 시작된 후 23분경에 나오는 "일본군하고 8년이나 싸우고 일본 노래나 듣고 있다니"라는 대사는 대만인들에게 상처를 입힌 일본의 폭력에 대만인들이 결합하는 것을 보여준다. 이는 일본 군국주의의 통치를 35년 동안이나 당한 한국인들에게서도 발견되는 사례이다. 시작 후 1시간 52분경에는 콘서트가 열리는 가운데 폭력 조직이 대결을 벌이는 장면이 나온다. 1960년대 미국의 팝송을 지배한 엘비스 프레슬리의 로큰롤 콘서트가 열리는 환경에서 발생하는 폭력은 문화 정체성 혼란으로 인해 손상을 입은 사람들이 그들 스스로 손상을 배상하는 모순을 형상 언어로 고발하고 있다.

〈고령가 소년 살인사건〉에서 이처럼 모순적인 손상은 영화의 끝부분에 샤오쓰가 샤오밍을 살해하는 장면에서 — 관객은 이 장면을 명료하게 인지할 수 없다. 이러한 방식의 장면 처리는 이 영화의 수수께끼적인 성격을 강화하는 데 기여한다 — 정점에 도달한다. 꿈과 희망을 갖고 미래를 향해 나아가야 하는 소년이, 그의 삶을 절망에 빠트리는 주범인 거대 폭력과 폭력을 통해 결합하는 행태를 보이면서, 극단적으로 부정적인 행위인 살인을 저지르는 것이다. 거대 폭력으로 인해 삶에서 손상을 입은 소년이 거대 폭력에 저항하는 방향으로 나아가지 않고, 거대 폭력이 저지른 손상을 살인이라는 극단적 형식을 통해 스스로 배상하는 것이다.

의미 매개와 의미 형성

〈고령가 소년 살인사건〉은 수수께끼적인 성격이 특히 강한 작품이다. 어떤 예술작품이 수수께끼적인 성격을 강하게 가질수록, 그것이 매개하는 의미는 더욱더 다양해지며, 역사의 진행과 함께 새로운 시각에서 조명될 가능성을 갖는다. 따라서 이 영화는 대만 사회에서 장기간에 걸친 식민 통치의 잔재가 소멸하지 않는 한, 문화 정체성 혼란이 극복되지 않는 한, 국민당 정권의 철권통치가 남겨 놓은 상처가 사라지지 않는 한, 미래에도 지속적으로 의미를 매개하는 권능을 가질 것이다. 이러한 권능이 이어질 수 있도록 해주는 원동력은 이 영화가 알레고리로서 성공했다는 점에 토대를 둔다.

큰 틀에서 보면 이 영화는 일차적으로는 대만 사회의 구성원들에게 가해진 거대 폭력을 고발하는 의미를 담고 있다. 더 나아가 이 영화는 대만의 역사가 비극적으로 진행되었고 대만 사회가 그 구성원들에게 복합적이고도 심층적으로 고통을 강요하였다는 의미를 매개하고 있다. 이러한 의미를 매개할 수 있는 동력 역시 알레고리로부터 발원한다.

이 영화에서 거대 폭력에 대한 묘사는 군사 훈련 장면, 관리들의 관료주의적 태도, 사상범에 대한 취조, 일본의 단검, 미국의 총, 미군의 행진곡, 총소리, 집단적 살인, 군사 작전 등을 통해 이루어진다. 반면에, 미시적 폭력에 대한 묘사는 소년들의 갱단 조직, 갱단들 사이의 싸움, 학교 교사들의 언어폭력, 주인공 샤오쓰가 방망이를 휘두르면서 범하는 폭력, 샤오쓰의 아버지가 아들을 구타하는 행위, 주인공과 친구가 여자 문제로 다투는 행위, 샤오쓰가 사용하는 칼, 야구 방망이 등을 통해 이루어진다.

거대 폭력은 영화의 배경으로 기능하고, 미시적인 폭력이 영화의 중심에 위치한다. 이 영화는 이러한 기법을 통해 영화의 전반에 흐르는 폭력과 고통이, 곧 대만 사회의 구성원들이 당하는 폭력과 고통이 거대 폭력에서 기인한 것이라는 인식을 관객들에게 제공한다. 이는 대만 사회구성원들의 삶의 파편화, 탈영혼화라는 의미를 관객에게 매개하는 것이다. 그리고 주변 환경과 그것의 폐허화를 암울하면서도 수수께끼적인 장면들을 통해 보여주는 것은 이 영화가 성취하는 의미 매개이다. 다시 말해, 이 영화는 대만 사회의 부정적 현실에 대한 인식을 관객에게 촉발하는 것을 통해 의미 매개에 기여하는 것이다.

〈고령가 소년 살인사건〉이 성취하는 의미 형성은, 역사와 관련해서 볼 때, '대만의 역사는 그렇게 절망적이고도 비극적으로 진행되지 말았어야 함에도 불구하고 그렇게 절망적이고도 비극적으로 진행되었다. 미래에 진행될 역사는 그러한 역사와는 다르게 진행되어야 한다'로 집약될 수 있다. 사회, 폭력, 고통과 관련해서 볼 때, 이 영화는 '대만 사회에서 거대 폭력은 소멸되어야 하며, 거대 폭력으로 인해 인간이 당하는 폭력과 고통에도 종지부를 찍어야 하고, 미래에 전개될 사회는 고통과 폭력이 없는 사회가 되어야 한다'라는 의미를 형성한다. 현실 인식과 현실 비판에 근거하여 현실을 변혁시켜야 한다는 이념을 – 의도가 없는 의도와 함께, 수수께끼적인 암호 표지를 통해 – 형상화하는 것은 위대한 예술작품들이 과거부터 오늘날까지 인류에게 끊임없이 제공한 의미 형성이다. 성공한 알레고리인 〈고령가 소년 살인사건〉은 의미 형성에서도 영상예술작품으로서는 최고의 수준을 보여준 작품이다. 이 영화는 영상예술작품이 성취할 수 있는 예술적 인식의 정수가 무엇인지를 대만 사회의 구성원들에게뿐만 아니라 인류 전체에게 알려주고 있다.

5장 〈복수는 나의 것〉 1979

〈복수는 나의 것〉[1979]은 1960년대 초반 일본의 연쇄살인범 니시구치 아키라(작중 이름은 에노키즈 이와오)의 실화를 바탕으로 한다. 사키 류조가 쓴 동명의 1975년 소설을 원작으로 만들어졌다. 이마무라 쇼헤이 감독은 연쇄살인범에 관한 극영화를 하드보일드 스타일에 기반을 두고 연출하였다. 그리고 일본의 경제성장 속에서 은폐되고 있던 일본 군국주의와 국가폭력의 본질에 민족지 영화와 세미다큐멘터리의 스타일로 접근한다. 주인공의 냉혹한 살인 행위를 통해 감독은 일본의 전체주의적 본질을 탐색한다. 〈복수는 나의 것〉의 오프닝 시퀀스는 일본 경제성장의 상징인 도쿄올림픽이 열리던 해인 1964년 1월 초반에 연쇄살인범 에노키즈가 체포되어 경찰차에 실려 가는 장면으로 시작된다. 취조실에서 에노키즈는 그동안의 행적에 대해 거침없이 진술하면서 과거의 사건들을 하나씩 알려준다.

1

연쇄살인범과 운명의 수수께끼적 착종관계

남승석

〈복수는 나의 것〉의 영화사적 위상과 줄거리

〈복수는 나의 것〉은 이마무라 쇼헤이 감독의 1979년 작품으로 도쿄 올림픽이 열리기 한 해 전인 1963년에 일본을 떠들썩하게 했던 연쇄살인범 '니시구치 아키라'(작중 이름은 '에노키즈 이와오')의 실화를 기반으로 하고 있다. 원작은 사키 류조가 1975년에 출판한 동명의 소설로 일본판『인 콜드 블러드』라고 불리며 74회 '나오키상'을 수상한 논픽션 소설이다. '니시구치 아키라'는 도쿄 올림픽이 열리기 한 해 전인 1963년에 5명을 살해하고 지명수배 기간 78일간 일본열도를 횡단하며 도주극을 벌였다. 당시 그를 체포하기 위해 동원된 수사 인력은 일본 범죄 수사 사상 최대 규모였다. 원작 소설『복수는 나의 것』의 작가인 사키 류조는 트루먼 카포티의『인 콜드 블러드』스타일로 범죄소설을 써보라는 고단샤 출판사의 제안으로 작품을 쓰게 되었다. 그래서 사키 류조는 이 소설을 쓰는 과정에서 범죄에 관해 취재하면서 다양한 관계자를 인터뷰하였다. 그리고 이 냉혹하고 비정한 사건을, 감정 표현을 억누른 간결한 문체로 서술하였다.

이마무라의 영화들에는 〈일본곤충기〉(1963), 〈인류학입문〉(1966), 〈인간증발〉(1967), 〈신들의 깊은 욕망〉(1968), 〈나라야마 부시코〉(1982)처럼 마이너리티에 대한 관심과 전쟁 이전과 이후 일본의 역사에 대한 재인식이 담겨 있다. 이마무라의 극영화 필모그래피에서 〈복수는 나의 것〉(1979) 이전의 영화로는 〈신들의 깊은 욕망〉(1968)이 있는데 이 두 편의 영화 사이에는 10년의 기간이 존재한다. 이 10여 년 동안 이마무라는 극영화보다는 다큐멘터리의 연출에 집중하였다. 그 기간 그는 〈호스티스가 말하는 일본 전후사〉(1970)와 〈무호마쓰, 고향으로 돌아가다〉(1973) 등 7편의 다큐멘터리를 완성했다. 이마무라는 그의 다큐멘터리들을 '기민棄民 시리즈'라 명명한다.[1] 기민은 군국주의적 폭력성에 의해 희생된 개인, 즉 국가에 의해 버려진 개인을 의미한다. 하지만 이는 단순히 사회와 분리된 개인이라기보다는 감독이 공식 역사와 사적 기억이 교차하는 지점에서 몽타주를 통해 형상화한 개인을 명명한 것이다.

세계 영화사에서 〈복수는 나의 것〉은 다큐멘터리와 민족지 영

---

1. 하정현·정수완, 「이마무라 쇼헤이 '기민(棄民) 다큐멘터리'의 전후 일본 해부」.

화, 스릴러 장르에 직접적인 영향을 미쳤다. 〈살인의 추억〉(2003), 〈친절한 금자씨〉(2005), 〈트럭〉(2008), 〈추격자〉(2008), 〈기생충〉(2019) 등의 한국 스릴러 영화들뿐만 아니라 〈수취인불명〉(2001) 등 미군과 관련된 한국 분단영화들도 〈복수는 나의 것〉의 영향을 받았다.

이마무라 쇼헤이는 이전 작품에서는 일본의 마이너리티와 '기민'을 주인공으로 설정했다. 반면에 〈복수는 나의 것〉에서는 연쇄살인 사건이라는 범죄를 소재로 흥행에 큰 성공을 거뒀다. 이 영화는 범죄자인 에노키즈의 폭력성을 재현할 뿐만 아니라, 변호사와 교수 등의 행세를 하며 그가 다인격체처럼 사기를 치는 모습을 그리고 있다. 이마무라는 에노키즈를 통해 공시적으로, 즉 동시대적으로는 다양한 계층과 지역을 가로지르는 일본 사회의 모순을 보여주고, 통시적으로 즉 역사적으로는 현재 폭력성의 역사적 원천으로서의 일본 군국주의를 추적한다. 이러한 방식으로 그는 극영화와 다큐멘터리의 미학을 넘나들며, 인류학자처럼 그의 특유의 민족지학적 스타일로 영화를 전개해 나간다.

이제 범죄 스릴러 장르와 민족지 영화적 접근으로서의 이마무라의 영화적 스타일에 대해서 살펴보자.

우선 1979년에 일본에서 개봉한 〈복수는 나의 것〉은 체포와 이송, 심문과 회상, 살해와 사랑, 추적과 도피 과정을 강렬하게 그린다. 그래서 이 영화는 필름 누아르 혹은 범죄 스릴러 장르로만 간주되는 경향이 있다. 하지만 영화는 중반부 이후 체포 후 조사 과정을 통해 드러나는 연쇄살인범의 가족사와 역사적 배경을 그린다. 그러면서 영화는 단순한 범죄 드라마가 아니라 연쇄살인범의 생애와 그 시대를 다루는 전기적인 요소를 가진 작품으로 확장되어 나아간다. 영화의 서사는 1960년대에 그가 저지른 연쇄살인 사건들을 냉혹하고 비정하게 묘사한다. 그리고 시간을 거슬러 올라가 2차 세계대전 이전의 1940년대의 역사적 배경까지 탐구한다. 공간적으로는 일본 전역을 인류학자의 시선으로 조망하며, 도시에서 어촌, 그리고 삼림 지역으로까지 범위를 확장하고 있다. 이마무라는 이런 인류학적 알레고리를 활용하여, 연쇄살인범의 범죄 및 도주, 그의 일생과 가족에 대한 기억을 통해 군국주의적 일본의 현대사를 탐구하며, 폭력의 역사를 구현한다.

〈복수는 나의 것〉의 스타일적 특징은 다음과 같다. 이 작품은 뉴스릴과 다큐드라마를 섞은 세미다큐멘터리의 기법을 활용하며, 하드보일드 범죄 스릴러의 외형을 유지하면서도 일본의 군국주의를 탐구하고, 아시아의 폭력의 근원을 알레고리적으로 드러내는 작가주의 예술영화이다. 이 영화는 연쇄살인범에 대한 경찰의 조사에서 드러나는 개인의 살인과 폭력, 그리고 국가의 개인에 대한 폭력과 그로 인한 전이적 트라우마를 세세히 다루고 있다. 하지만 결말은 합리적으로 이해하기 어려운 수수께끼 같은 작가주의 예술영화 스타일로 마무리된다. 이 영화는 도시와 시골의 문제를 아우르는, 근대화와 관련된 개인 욕망의 문제를 총망라하는, 사회와 인간에 대한 보고서이면서 예술작품이다.

〈복수는 나의 것〉의 주요 서사는 연쇄살인범 에노키즈를 중심으로 한다. 첫 번째 살인과 두 시체의 발견을 시작으로 에노키즈의 플래시백이 본격적으로 시작된다. 이 두 시체는 다른 장소에서 발견되었지만, 살해된 두 사람 모두 일본 전매공사의 '유카하시' 출장소와 연관이 있다. 한 사람은 트럭 운전사이며, 다른 한 사람은 수금원이다. 경찰의 수사 결과, '에노키즈 이와오'라는 사람이 유력한 용의자로 지목된다. 그는 과거 사기죄로 수감된 전력이 있으며, 그 외에도 공갈과 강간 같은 그의 악행이 발각되면서 결국 '에노키즈 이와오'에 대한 수배가 진행된다. 그러던 중, 경찰은 여객선에서 한 남자가 투신자살을 시도했다는 연락을 받는다. 자살자로 추정되는 사람은 두 통의 엽서를 남겼으며, 엽서에는 '이와오'라는 이름이 적혀 있었다. 그 엽서에는 자신은 절대로 잡히지 않을 것이며 자살할 것이라는 내용이 적혀 있다. 그러나 경찰은 그 누구도 투신자살 장면을 목격하지 못했기 때문에, 에노키즈가 남긴 편지를 자살로 가장하기 위한 해프닝이었다고 생각하게 된다. 원래 사기꾼이었던 에노키즈의 도주는 계속된다. 그는 도주하기만 하는 것이 아니라 변호사와 교수로 사칭하며 사기 행각을 이어가고, 잔혹한 살인을 계속한다.

이 영화에서 연쇄살인을 저지른 주인공, 에노키즈 이와오를 '연쇄살인마'가 되도록 이끈 동기는 이 영화의 서사를 추동하는 핵심 질문이다. 〈복수는 나의 것〉이라는 제목만 들으면 주인공이 원수에게 '복수'를 하는 내용일 것 같다. 하지만 이 영화에서 에노키즈에 의해 살해당한 사람들은 에노키즈에게 잘못한 것이 없다. 따라서 주인공의 연쇄살인은 그의 사적인 복수극이라고 보기 힘들며 영화의 제목인 〈복수는 나의 것〉에서 '복수'의 대상은 영화 속에서 뚜렷하게 드러나지 않는 수수께끼와 같다.

세 가지 시간대가 교차하는 영화의 비선형적 구조

〈복수는 나의 것〉은 세 가지 시간대가 교차하는 비선형적인 서사로 구성된다. 세 가지 시간대는 첫째, 연쇄살인범이 체포된 이후의 경찰 취조 과정, 둘째, 에노키즈의 연쇄살인 범죄들, 셋째, 에노키즈의 성장 과정이다. 에노키즈의 첫 번째 살인 이후 78일 동안의 도주 과정에 대한 보고서를 만드는 과정에서 이러한 세 가지 시간대가 교차로 편집된다. 이를 하나씩 살펴보자.

첫째, 에노키즈가 연쇄살인범으로 체포된 이후의 경찰 취조 과정과 시즈오와의 면회 그리고 에노키즈의 사형 이후에 시즈오와 카즈코가 에노키즈의 유골을 산 위에서 던지는 부분이다. 〈복수는 나의 것〉이 시작하자마자 주인공 연쇄살인범 에노키즈는 이미 체포되어 있다. 에노키즈가 진술하면서 과거의 일들을 하나씩 알려준다. 그를 설득해서 진술을 듣는 과정에서 형사들은 그가 얼마나 괴물이며 시대의 산물인지를 알게 된다. 그리고 그의 진술에서 그의 살인 과정이 구체적으로 묘사된다. 에노키즈의 아버지 시즈오는 체포된 아들의 소식을 듣고 에노키즈를 면회하러 간다.

시즈오는 에노키즈에게 병든 어머니가 끝내 돌아가셨으며 에노키즈가 가문에서 파문당했음을 알린다. 또한 시즈오는 며느리인 카즈코를 품고 싶었지만 계속해서 내면의 짐승의 마음을 억눌러 왔고 결국 자신 또한 스스로 파문하여 에노키즈 가의 무덤에 묻히기를 포기하겠다고 에노키즈에게 말한다. 면회 장면 이후 5년이 지나 결국 에노키즈는 사형당하고 시즈오와 카즈코는 에노키즈의 유골을 던지러 산 위로 올라간다. 시즈오와 카즈코는 계속해서 에노키즈의 유골을 던지지만 그 유골은 공중에서 멈춰 떨어지지 않는다. 마지막으로 시즈오가 유골이 담긴 항아리를 통째로 집어 던지는 모습을 보여주며 영화가 끝난다.

둘째, 영화는 에노키즈가 연쇄살인을 저지르는 78일간의 범죄 과정을 담고 있다. 그는 다양한 신분을 사칭하며 사람들에게 접근하고 그들을 살해한다. 이 과정은 그가 어떻게 범죄를 위한 도구를 찾아내고 사람들의 약점을 이용했는지, 그리고 왜 살인을 결심했는지를 보여주는 수수께끼 퍼즐처럼 전개된다. 영화는 에노키즈가 어떻게 사람들의 약점을 이용했고 사람들로부터 환심을 샀는지 그리고 사람들과 관계를 지속하다가 왜 살인을 저지르는지를 전지적 시점으로 보여준다. 그리고 그것은 범죄 조서를 작성하는 심문 과정과 교차하며 보여진다. 에노키즈는 최초의 살인에서 공사 노동자 둘을 죽인다. 그는 노동자를 죽이고 돈을 챙겨 도망을 나오고 자신의 소변으로 손에 묻은 피를 닦아낸다. 그리고 그는 소변으로 피를 씻어낸 손으로 나무에 걸린 사과를 따 먹는다. 한편 살인사건을 저지른 이후 지명수배자가 된 에노키즈는 대학교수와 변호사를 사칭하며 수사망을 피해 일본 전국을 돌아다닌다. 그는 도주의 상황에서도 여관의 여주인 하루와 사랑에 빠지고 하루는 결국 그가 연쇄살인범이라는 것을 알게 되지만 그를 계속 숨겨준다. 결국 그는 하루가 김치를 담그고 있을 때 목을 졸라 그녀를 살해한다. 그리고 살인죄로 복역하다가 출소한 하루의 어머니 히사노 역시 살해한다.

셋째, 첫째와 둘째의 시간 사이에 에노키즈의 성장 과정이 등장한다. 에노키즈는 어린 시절 가톨릭 신자이면서 어업에 종사했던 아버지 시즈오가 국가로부터 배를 빼앗기는 모습을 본 후로, 반항아로 성장하게 되었다. 그리고 그는 그대로 성인이 되어 소년 형무소에서의 생활을 이어갔다. 그는 미군 부대에 있을 때 미래의 아내 카즈코를 만났다. 아버지 시즈오는 에노키즈가 철이 들고 가정을 이루면 그의 방황이 멈출 것이라고 생각하여 다른 여성과 맞선을 준비했다. 하지만 맞선 당일, 당시 에노키즈의 여자 친구였던 카즈코가 갑작스럽게 임신 소식을 전하며 에노키즈를 찾아왔고, 그들은 결혼하게 된다. 하지만 에노키즈는 사기죄로 징역살이를 하게 되고, 남편 없이 아이와 먹고살기가 힘들어진 카즈코는 아이들을 데리고 산으로 숨어든다. 시간이 흘러 시즈오는 며느리와 손녀를 찾아가게 되고, 시아버지의 간절한 부탁에 카즈코는 다시 시댁으로 돌아간다. 카즈코는 두 딸과 시부모를 돌보며 생활하면서 점점 외로움을 느끼게 된다. 결국 그녀는 시아버지를 육체적으로

원하게 된다. 시즈오 역시 그의 아내가 치매에 걸리게 되자 며느리에게 연모의 감정을 가지게 된다. 하지만 가톨릭 신자로서 그는 겉으로는 아들의 아내 즉 며느리에 대한 욕망을 억누른다.

이런 배경 속에서 〈복수는 나의 것〉은 일본의 현대사에 존재하는 욕망, 권력, 폭력을 인류사적인 시각에서 그리고 있다. 또한 영화는 일본 전역을 무대로 삼아 영화적 지도 그리기를 통해 이를 구현하고 있다. 이 영화는 하드보일드 장르의 특성을 가지고 있지만, 전통적인 탐정물 영화와는 다르게 사건의 단서를 통해 퍼즐을 완성하고 사건의 실체를 파악하는 데 초점을 맞추고 있지 않다. 대신, 에노키즈의 세 가지 시간대에서 서로 관련이 없어 보이는 사건들이 병행되면서, 이 한 사람이 국가의 폭력에 어떻게 영향을 받는지, 그리고 그로 인해 어떻게 운명이 바뀌는지를 보여주는 데 주안점을 두고 있다.

이 영화에서는 에노키즈가 거주했던 일본 전역의 다양한 장소들이 서사를 진행하는 무대로 쓰인다. 홋카이도, 후쿠시마, 도쿄, 히로시마 등의 대도시부터 시골 지역에 이르기까지, 일본 전역이 포함된다. 따라서 이 영화는 일종의 일본 지도를 그리는 것 같다. 그리고 영화는 에노키즈가 다양한 운송 수단으로 이동하는 장면을 통해 모빌리티를 강조한다. 기차, 트럭, 택시, 군용 지프, 배 등 다양한 운송 수단이 끊임없이 등장하며, 이 모빌리티의 상황에 자막이 덧붙여진다. 주로 에노키즈와 관련된 위치, 시간, 장소, 내용 등 그에 대한 경찰의 공식 보고서의 내용이 포함된다.

에노키즈의 이동은 일본 전역을 가로지른다. 영화는 에노키즈의 이동 경로를 따라 오카야마, 히로시마, 후쿠시마, 홋카이도 등 일본 전역의 지명을 자막으로 강조한다. 특히 에노키즈는 하마마쓰시 기차역 근처의 하루 여관을 도쿄와 오사카 사이를 오가는 베이스캠프로 삼아서 사기행각과 살인사건을 벌이며 전국적으로 이동하게 된다. 이렇게 형사들이 그를 추적하면서 일어나는 범죄들은 일본 전역에 대한 공간적 재현을 수행한다. 다른 한편에서 영화는 일본의 역사를 시대적으로 탐색한다. 군국주의 절정기였던 1930년대부터 1945년 세계대전 종전 직후의 시기, 그리고 산업 재건 기간인 1960년대까지, 대략 30년 동안의 시간을 따라 전개된다. 이는 크게 8개의 조각으로 나누어진 시간의 단위로 구성되며, 이 조각들을 바탕으로 줄거리를 살펴보면 다음과 같다.

(1) 대과거 : 1925년 출생부터 1950년대까지

    (1-1) 1930년대, 고토 열도에서 에노키즈의 어린 시절, 집안의 가업은 어업이었지만 배를 군부에게 빼앗김.

    (1-2) 1945년 전쟁 직후, 온천업을 하기 위해 바닷가에서 산으로 이주한 에노키즈의 부모

    (1-3) 1950년, 후쿠오카에서 아내와 만남, 에노키즈가 감옥에 가고 그의 아내는 보모의 온천업을 도움.

(2) 과거 : 1963년 10월부터 1964년 1월까지 78일간

    (2-1) 에노키즈의 살인과 도주

(2-2) 형사들의 에노키즈에 대한 추적

(2-3) 아버지와 아내의 기억

(3) 현재 : 1964년 1월 체포 이후 1966년 사형선고까지, 에노키즈가 체포된 이후 현재의 심문 과정

(4) 미래 : 1966년 사형선고부터 1970년 에노키즈의 사형까지

(4-1) 에노키즈와 아버지와의 면회

(4-2) 에노키즈의 사형 이후, 뼛조각을 하늘로 던지는 엔딩

이 영화의 구조가 매우 난해한 비선형적 구조로 느껴지는 이유는 위에서 정리한 (1), (2), (3), (4)의 시점들이 영화 안에서 선형적인 시간 순서와는 다르게 배치되기 때문이다. 장면들은 주로 플래시백을 사용해 현재와 연결되며 구조망을 이루고 있다. 이런 특성 때문에 영화는 복잡하고 난해한 구조를 가지게 된다.

영화의 '대과거' 부분은 에노키즈가 어린 시절 겪었던 사건을 중심으로 전개된다. 일본 해군이 가톨릭 신자였던 아버지를 구타하고, 아버지의 배를 팔도록 강요하는 장면에서, 아이였던 에노키즈가 용감하게 일본 해군에 맞서는 모습이 그려진다. 주변 사람들은 모두 공포에 떨면서 무력한 상태이고, 에노키즈만이 용감하게 저항한다. 그러나 이 장면에는 아버지의 보이스오버 내레이션이 제공된다. 내레이션은 에노키즈의 부정적인 면을 특히 강조한다. 실제와 내레이션 내용의 이러한 불일치는 화자의 신뢰도를 떨어뜨린다. 그리고 전지적인 시점으로 그려진 영상과 개인의 기억 사이

의 불일치를 만들어낸다. 이는 극적인 긴장감을 야기한다.

'과거' 부분은 일본 도쿄 올림픽이 열린 1964년에 에노키즈가 첫 번째 살인을 저지른 날로부터 78일간에 해당된다. 78일의 도주 기간 동안의 에노키즈의 살인과 도주 과정을 보여준다. 그리고 그를 체포하려는 형사의 추적 과정과 관련자 인터뷰를 보여준다. 이 과정에서 아버지와 아내는 형사를 만나 에노키즈와 그들의 관계와 관련된 과거 기억을 떠올린다.

'현재' 부분은 첫 번째 살인 이후 78일 만에 에노키즈가 체포되어 심문받는 과정을 중점적으로 그리고 있다. 형사들의 조사 과정은, 에노키즈의 진술에 기반을 둔 살인과 도주 과정의 플래시백, 그리고 형사들의 추적 과정에서 관계자 인터뷰를 통해 밝혀지는 그의 어린 시절과 범행 이전의 '과거'와 '대과거'의 접점 역할을 하게 된다. 이러한 서로 다른 시간과 공간의 교차는 극의 전개 과정에서 퍼즐처럼 조각을 맞춰가는 느낌을 준다.

영화의 '미래' 부분은 후반부에 등장하는 에노키즈와 시즈오의 면회 장면, 그리고 면회 후 5년이 지나 에노키즈가 사형을 당하고 시즈오와 카즈코가 그의 유골을 하늘로 던지는 장면으로 구성되어 있다. 필자가 이 부분을 '미래'라고 칭한 것은 '현재' 부분에서 형사들이 에노키즈를 취조하는 과정이 묘사되고 이후 에노키즈와 시즈오와의 면회 장면이 등장하는데, 취조 과정과 면회 사이에 어느 정도의 시간 간격이 있는지 영화 속에서 모호하게 처리되고 있기 때문이다. 면회 부분과 이후의 엔딩 부분은 영화의 이전 장면들과 비교했을 때 독립적인 인상을 준다. 따라서 이 부분을 '현재'라고 하기보다는 '미래'라고 표현하는 것이 더 적절해 보여서 '미래'라는 시간으로 구분하였다.

장르적 스타일 : 영상미학적 장치와 운명의 소도구

이 영화의 스타일은 하드보일드 필름 누아르의 장르 관습적 특징을 가지고 있다. 이 영화는 반영웅 주인공을 통해 구현된 서사극의 면모를 가진다. 그리고 감독만의 시각적인 영화 언어가 사용되고 있다. 이마무라 쇼헤이 감독은 다음처럼 미학적 극단의 경계를 가로지르는 스타일을 구사한다. 첫째, 영화에서 생생한 움직임과 프리즈 프레임 등 몸짓에 대한 상반된 표현양식을 사용한다. 둘째, 극영화와 세미다큐멘터리 스타일의 장르 혼종성을 가진다. 셋째, 선형적인 구조와 비선형적인 구조 등의 극단적인 서사 구조로 테마를 표현한다. 그리고 텍스트 자막과 보이스오버 내레이션을 통해 수많은 정보가 압축적으로 전달된다.

이 영화에서 사용되는 필름 누아르의 관습적인 특징 중의 하나는 플래시백과 보이스오버 내레이션의 사용이다. 극 중에서 형사들의 심문 과정은 마치 느슨한 대화형 인터뷰처럼 진행된다. 이때 재현 영상이 플래시백으로 삽입되면서 인터뷰는 보이스오버 내레이션처럼 작동하게 된다. 내레이션과 영상의 정보 사이의 차이가 드러날 때 다중적 시점의 효과가 발휘된다. 이런 맥락에서 관계자의 인터뷰와 에노키즈의 심문의 서로 다른 내용의 재현 영상들은 진실의 상대성을 드러낸다. 그리고 이와 동시에 관객에게 텍스트 자막에 의한 정보가 계속 전달된다. 그렇게 되면 인물의 주관성이 강조되고 여러 인물 각각의 주관성이 다중의 시점과 목소리로 형상화되어 진실의 모호성을 더욱 심화시킨다. 나아가 〈복수는 나의 것〉에서 정보의 과잉은, 정보의 진실 여부에 대한 확인보다 그 정보가 만들어내는 전체적인 정황 자체에 주목하도록 만들고 있다.

이 영화에서는 시각적으로 초상화/프레임 안의 프레임 그리고 감옥의 쇠창살 같은 이미지가 영화 전체에 걸쳐 지속적으로 사용된다. 이런 방식의 시각화가 주인공의 마음 상태에 대해서 만들어내는 효과는 다음과 같다. 첫째로 프레임 안의 프레임에 인물을 배치하는 방식의 이미지들은 인물이 처한 상황을 암시한다. 예를 들면 주인공의 아내가 임신했다고 고백하는 장면에서 문은 반쯤 열려 있고 그녀의 뒤쪽으로 아기의 그림이 보인다. 둘째로 인물이 창을 통해 바라보는 시선은 모든 것을 묵인하고 있다는 것을 보여주고 창을 닫는 것은 마음을 닫고 있다는 것을 은유적으로 보여준다. 예를 들어 에노키즈가 집의 마당에서 아버지 시즈오와 아내 카즈코 사이의 관계를 눈치채고 시즈오에게 모욕을 주는 장면에서 에노키즈의 어머니는 그 모습을 집 안의 창문을 통해 전부 지켜보고 있다. 그리고 잠시 후 그녀는 창문을 닫는다. 셋째로 에노키즈가 다른 인물들에 비해 프레임의 안과 밖을 자유자재로 넘나드는 장면은 그가 순응적인 인물이 아니라 괴물의 면모를 가지고 있음을 보여준다. 이를 통해 에노키즈가 일반적인 틀에서 벗어나 있으며 결코 윤리적이지 않은 인물이라는 점을 드러낸다.

〈복수는 나의 것〉에서는 프리즈 프레임Freeze Frame 기법이 사용된다. 프리즈 프레임은 이마무라의 초기작인 〈일본곤충기〉부터 지속적으로 사용되었다.[2] 주로 애니메이션과 영화의 마무리 부분이나 결정적인 장면에서 강한 여운을 남기고 극적인 상황을 강조하기 위해 스틸컷을 사용하는 것을 프리즈 프레임이라고 한다. 우리는 무빙 이미지의 한 컷을 정지된 이미지로 쉽게 간주하고 24프레임의 전체 무빙 이미지와 같다고 생각하는 오류에 빠지곤 한다. 하지만 전체는 부분의 합이라는 기계주의적 전제는 세상을 지나치게 단순화한 결론이다.

필자는 무빙 이미지를 볼 때는 발견할 수 없었던 것을 스틸 이미지에서 발견하게 되는 경우가 많다. 그래서 장면 분석을 할 때 스틸컷을 골라 나열하고 그것을 보면서 분석한다. 정지된 이미지는 지속의 시간과 순간의 시간을 구분하는, 개별의 사건을 개념화하는 과정과 관련된 흔적과 같은 것이다. 다시 말해서 개념화 과정의 핵심은 추상화이며 이런 추상화를 통해 얻은 개념은 근본적으로 정지된 이미지와 관련된다. 반면에 실재하는 것은 무빙 이미지로 지속과 관련된 것이다. 추상화하는 과정은 정지된 하나의 이

---

2. 하정현·정수완, 「〈일본곤충기〉가 표상하는 전후일본의 '상상된 개인'」.

미지로의 전환을 의미한다. 이런 맥락에서 우리는 이마무라 영화의 프리즈 프레임의 미학적 효과를 이런 추상화의 과정과 관련된 정지된 이미지로의 변형으로 간주할 수 있다. 프리즈 프레임은 엔딩 시퀀스 분석에서 상세히 다시 논의할 것이다.

영화의 해석에 유용한 벤야민의 개념은 '운명의 소도구' 개념이다. 그리고 영화를 해설할 때 이 개념은 '엠블럼' 개념과 관련된다. 예술영화들은 수수께끼 같은 형상을 갖추고 있기에 관객의 적극적인 해석이 동원되어야 그 매개된 의미에 다가갈 수 있다. '엠블럼'은 적극적인 관객의 해석을 촉발한다. 그뿐만 아니라 알레고리는 무엇보다 엠블럼의 형태로 나타난다. 예를 들면 엠블럼의 대표적인 사례로는 올림픽 메달이 있다. 이 메달은 올림픽 경기장을 하나의 무대로 만드는 효과를 발휘한다. 이와 같은 방식으로 장례식장에서 관을 올려놓는 단인 영구대는 그 화려함으로 인해 장례식을 하나의 무대로 만드는 효과를 낳는다. 그리고 엠블럼은 표제, 도상, 해제 등 세 가지 파편으로 나눌 수 있다. 이는 각자의 의미만으로는 풀어낼 수 없는 수수께끼가 그 세 요소의 연관 관계 내에서 의미를 생성하는 것이다. 이러한 방식으로 파편들을 재료 삼아 알레고리는 새로운 의미들을 생성해 낸다. 예술 영화에서는 엠블럼과 유사한 효과를 발휘하는 운명의 소도구를 활용하여 알레고리의 기능을 하는 것이다.

〈복수는 나의 것〉은 주인공 에노키즈의 운명의 소도구를 통해 폭력의 역사를 서사극으로 재구성하고 있다. 첫 번째 운명의 소도구는 운송 수단이다. 에노키즈가 일본 전역을 여행하면서 자전거, 기차, 트럭, 택시, 지프차, 배, 경찰차, 구급차, 전차, 헬기 등 다양한 운송 수단이 등장한다. 이 운송 수단들은 등장인물들의 운명을 결정하는 소도구의 역할을 한다.

두 번째 운명의 소도구는 살인 도구이다. 에노키즈가 5명의 살인과 1명의 살인미수에 사용한 도구들은 다음과 같다. 망치, 식칼, 밧줄, 송곳 등 다양한 살인 도구를 사용한다. 여기서 가장 중요한 살인 도구는 송곳이다. 송곳은 직접적인 살인의 원인은 되지 않는다. 하지만 살인의 시작을 알리는 결정적인 운명의 소도구의 역할을 한다.

세 번째 운명의 소도구는 의복이다. 에노키즈는 범죄를 저지를 때 특정 직업군의 의복을 통해 가짜 정체성을 만든다. 예를 들면 작업복, 롱코트, 양복과 같은 의상으로 공장 노동자, 변호사, 교수와 같은 직업군의 표면적 속성을 잘 구현한다. 그렇게 그는 피해자들이 그를 신뢰하도록 만든다. 이 영화에서 에노키즈가 입는 의상은 타인을 속이는 서사적 장치이다. 문화 정체성의 대립 관계를 내부에서 외부의 문제로 확대시킨다.

네 번째 운명의 소도구는 다양한 미디어 형태이다. 에노키즈의 흉악한 범죄들이 세상에 알려지면서 그에 대한 대중의 인지도가 높아지고 그는 대중의 관심을 받게 된다. 영화는 그에 관한 대중의 관심뿐만 아니라 그를 체포하려는 경찰의 노력을 보여준다. 우선 대중 미디어에 공개된 그의 사진과 그와 유사한 구도의 일상

이미지를 병치시킨다. 미디어는 텔레비전, 영화, 뉴스릴, 신문, 잡지, 정부 문서, 수배 공고문, 보고서 등을 통해 그의 이미지를 대중에게 전달한다. 이는 폭력과 대중문화 및 미디어의 관계를 반영한다. 예를 들면 텔레비전에서 방송되는 고교 야구중계 사이에 에노키즈의 수배 이미지가 삽입 병치되어 방송되고, 극장에서는 다른 뉴스릴과 함께 에노키즈의 수배 이미지가 병치되어 상영된다.

요약하면 위에서 언급한 소도구들을 통해서 이 영화는 범행의 수행과정을 서사적으로 표현할 뿐만 아니라 폭력의 구조와 인간의 운명을 인류 사회학적으로 고찰하고 있다.

78일간의 도주 과정과 에노키즈의 성장 과정

지금부터는 〈복수는 나의 것〉의 주요 장면들을 분석해 보겠다. 오프닝 시퀀스, 78일간의 도주 과정, 에노키즈의 성장 과정, 엔딩 시퀀스 순으로 살펴보자.

오프닝 시퀀스는 에노키즈가 체포되어 경찰서로 이송되는 모습을 그린다. 겨울 추위를 효과적으로 연출하고 있고, 경찰차의 행렬이 곡선 도로를 질주하는 모습을 부감 쇼트로 보여준다. 차창 밖으로는 세차게 눈이 내리고 있으며, 경찰차 뒷좌석에 연쇄살인범 에노키즈가 앉아 있다. 경찰서 입구에서 경찰은 에노키즈를 외투로 가리고, 수많은 사람과 취재진을 피해 경찰서로 들어간다.

일반적으로는 시체의 발견이 추리소설의 시작이다. 그런데 이 영화는 범인이 이미 잡혀 구치소로 이송되는 장면으로 시작한다는 점에서 기존의 추리소설과 차별화된다. 영화는 첫 시체가 발견된 이후부터는 추리소설의 형식과 순서를 따르고 있다. 즉, 시체 발견과 그로 인한 서사가 전개되고, 첫 번째 살인 장소의 발견 과정과 형사들의 조사 과정이 묘사된다. '쇼와 38년(1963년) 10월 18일 후쿠오카현 사에카이 운송의 에노키즈'라는 자막과 함께 자전거를 타는 에노키즈의 모습으로 첫 번째 살인 시퀀스가 시작된다. 이 장면은 형사들이 살인 현장을 조사하고, 살인 도구인 망치와 칼을 발견하는 모습을 사실적으로 묘사하고 있다. 헬기가 등장하는 장면에서 카메라는 범행 현장과 그 현장을 촬영하는 언론사의 헬기를 함께 포착하기 위해서 로우 앵글로 촬영한다. 그리고 다시 하이 앵글, 즉 헬기에서의 카메라의 시점으로 범행 현장을 보여준다. 이렇게 각각의 쇼트가 수직적인 높이 차이가 나도록 사건 현장을 보여주며 범죄 현장을 일종의 연극 무대처럼 대상화한다.

그다음으로, 살인에 사용된 도구를 추적하는 과정에서도 추리소설의 기법이 활용되고 있다. 첫 번째 살인 장면에서 송곳이 살인 도구로 사용되며, 이후의 장면에서 형사들이 이에 대한 단서를 따라 한 여성을 인터뷰하는 과정이 표현된다. 이런 과정은 에노키즈의 살인자로서의 운명을 상징적으로 보여주고 있다.

이 영화는 에노키즈의 첫 번째 살인을 중요하게 다루고 있다. 첫 번째 살인과 관련된 장면이 세 가지 시공간들로 상세하게 재현된다. 이 영화의 서사 전개는 논리적인 연관성을 중요시하기보다는 한 사건에서 다른 사건으로 점프하듯이 진행된다.

영화는 에노키즈의 첫 번째 살인사건을 세 개의 장면을 통해서 상세하게 고찰한다. 그리고 다음과 같은 세 가지 의문점과 그 대답을 찾는 과정을 통해서 에노키즈와 그의 삶을 탐색한다.

첫째, 살인현장을 조사하는 과정에서 발견된 살인도구 중 치명상을 입히지 못하는 송곳이 범행에 사용되었다. 영화는 희생자의 시체를 조사하는 과정을 보여준다. 그리고 에노키즈의 살해 과정을 정확하게 재현한다. 이렇게 살해 과정, 시체의 발견, 경찰 조사에서 살인 도구 중 송곳과 관련된 의문점을 풀지 못하자, 형사들은 이런 의문점에 대해서 범인과 관계자들에게 묻는다.

두 번째 의문점은 송곳과 관련해서 에노키즈와 전 애인의 진술이 서로 상반된다는 점이다. 체포된 에노키즈의 송곳과 관련된 진술, 에노키즈의 전 애인 하타의 송곳과 관련된 진술, 송곳이 실제로 사용되는 과정을 영화는 차례대로 검토한다. 이러한 검토는 운명의 소도구에 의해 드러난 에노키즈의 인성은 어떠한가를 설명할 때 유용할 것이다.

세 번째 의문점은 송곳의 보편적인 의무는 무엇인가이다. 에노키즈가 사용한 송곳의 의미를 확장하기 위해서 에노키즈 가족의 증언들을 고찰해보자.

우선, 아버지 시즈오의 증언, 아내 카즈코의 증언을 살펴보고 에노키즈의 어린 시절은 어떠했는지 살펴보자. 송곳이라는 도구를 따라서, 에노키즈의 인성 형성 과정에서 그의 개인적 배경과 당시의 사회적 배경은 어떠했는지 고찰해보자.

에노키즈의 첫 번째 살인 사건에 관한 3단계 고찰의 구체적 논의는 다음과 같다. (1) 왜 에노키즈는 살인에 이런 작은 송곳을 사용했는가? (2) 송곳을 통해 드러나는 에노키즈의 심리 상태는 어떠한가? (3) 타인을 찌르고 싶은 욕구와 살인 행위는 사회적 현상으로 간주할 수 있는가? 이 세 단계를 통해, (1)에서 (2)로 넘어갈 때 영화는 추리소설의 서사 기법을 따른다. 이 과정에서는 형사들이 살인사건과 관련된 명확한 단서를 찾아가는 모습을 보여준다. 송곳이라는 사소한 것이 살인범인 에노키즈의 복잡한 심리를 드러내는 핵심적인 단서로 제시된다. (2)에서 (3)으로 이동할 때, 이 사건은 인류학적이고 사회학적인 차원으로 확대된다. 영화는 에노키즈의 가족의 증언을 통해 에노키즈의 성장기를 재현하며, 그가 왜 타인을 찌르게 되었는지에 대한 질문을 던진다.

이제 송곳과 관련된 수사 과정을 구체적으로 살펴보자. 에노키즈는 취조실에서 묵묵부답을 고수하며 조서 작성을 거부한다. 사람의 생명을 어떻게 생각하느냐고 묻는 형사에게, 에노키즈는 언제나 그렇듯 무심하게 대답한다. 형사는 살인 현장의 상황에 대한 정보를 구하고자 노력한다. 그 과정에서 송곳과 관련된 에노키즈의 진술이 그의 본질을 드러내고 있다.

형사 B: 송곳은 어디서 손에 넣었지?
에노키즈: 잘 들어. 이 부분은 조서에 제대로 써야 돼. 알았어? …

송곳은 하타 치요코가 준비했어. 이걸로 팍 찌르라고 말이야.

형사 B: 하타는 그렇게 말 안 하던데?

에노키즈: 제대로 조사한 거야? 응?

형사 A: 봐, 이건 어제 하타한테서 작성한 조서야.

형사 A: (하타의 조서를 그녀의 목소리처럼 읽는다.) 송곳으로는 그놈을 찌를 작정이었습니다. 헤어지자는 요구를 안 들어줘서 그걸로 해결을 볼 작정이었습니다.

형사 A가 위 내용의 조서를 읽는 과정에서 화면은 플래시백을 통해 에노키즈와 하타가 연인이던 시절로 돌아간다. 란제리만 입은 채 누워 있는 하타와 그녀 옆에 있는 작은 식탁이 보인다. 그 테이블 위에는 술잔, 빈 그릇, 사기 주전자, 그리고 재떨이와 담배꽁초가 놓여 있다. 그러나 가장 의미심장한 장면은 이어지는 미장센이다. 교수형 줄처럼 실로 간단히 매듭지어진 줄이 하타의 몸의 위쪽에 걸쳐져 있다. 하타가 몸을 일으키면서, 그 실은 그녀의 얼굴 앞에 놓이게 된다. 이 과정에서 그녀는 이것이 마지막이라고 말한다. 그리고 에노키즈는 어두운 부엌에서 주먹밥을 만든다. 그는 그녀에게 김으로 싸줄 것인지를 묻는다. 하지만 하타는 이것이 마지막이라는 것을 다시 강조한다. 그 후 에노키즈는 주먹밥을 만들어서 하타에게 주고, 그녀를 육체적으로 탐닉하며 죽이겠다고 협박한다. 그러자 하타는 미리 준비해둔 송곳으로 그를 공격하려 한다. 하지만 어처구니없게도 에노키즈는 당황하여 아무것도 하지 못한다. 형사들에게 그녀는 자신이 송곳으로 그의 성기를 찌르려고 하니 성기가 쪼그라들었다고 이야기한다. 하지만 에노키즈는 그녀의 송곳을 간직하고 있다가 이후 그의 첫 번째 살인의 결정적인 도구로 사용한다. 이처럼 송곳은 그의 연쇄살인의 운명적인 시작을 알리는 도구이다.

두 번째로 에노키즈가 첫 번째 살인을 저지른 이후 78일간 도주할 때 일본 전역에서 일으킨 사건들과 관련된 장면들을 살펴보자. 에노키즈는 일종의 다중 인격 리플리 증후군 환자처럼 대범하게도 교토대 교수부터 변호사까지 다양한 인물로 위장해서 하마마쓰역 근처에 있는 하루의 여관, 치바 지방법원, 도쿄 조시 가야와 그 근방에 있는 노년의 전직 판사의 집 등 다양한 장소에서 사기를 친다.

먼저 하마마쓰역 근처에 있는 하루의 여관에 대해서 살펴보자. 에노키즈는 11월 23일 하마마쓰역에서 하차한다. 그리고 우연히 타게 된 택시 운전사의 안내에 따라 한 여관으로 이동한다. 에노키즈가 도착한 여관에는 하루와 그녀의 어머니가 살고 있다. 에노키즈는 영화 후반부에 다양한 장소를 이동하면서도 그 여관을 떠나고 돌아오고를 반복한다. 영화의 서사는 에노키즈가 그 여관에 투숙하기 이전과 이후로 나뉜다.

감독은 이 사실을 의도적으로 강조하려는 듯이 에노키즈가 하마마쓰역에서 하차하는 순간부터 하루의 여관에 도착하는 과정까지를 핸드헬드로 촬영한 롱테이크 기법을 통해 강렬하게 연출하고 있다. 이 장면에서 영화의 테마곡이 계속 흘러나온다는 것도 이 시점부터 영화가 어떤 새로운 국면으로 접어들 것임을 암시하고 있다. 영화는 에노키즈가 어두운 기차에서 내려서 기차역 건물을 걷다가 갑자기 환한 문밖으로 나가는 것을 롱테이크로 보여준다. 첫 번째 살인 이후 장면에서도 생생한 햇빛에 의한 플레어 현상이 과다 노출로 인해 보였다. 이때처럼 기차역 문밖으로 나오는 이 장면에서도 갑자기 햇빛으로 환해지면서 플레어 현상이 나타난다.

하마마쓰역에서 택시를 타고 "작고 한적하며 예쁜 아가씨들이 있는 조용한 여관"을 찾는 에노키즈의 모습은 핸드헬드 카메라로 촬영된 롱테이크 기법으로 계속 추적된다. 여관에 도착하여 '하루'가 안내하는 2층 객실로 이동할 때까지, 카메라는 에노키즈를 멈추지 않고 따라간다. 롱테이크는 실시간으로 에노키즈를 따라가며 픽션 영화에 현장감과 생생함을 더하고, 여관의 지리적 위치와 내부 공간을 효율적으로 소개하는 역할을 한다.

에노키즈는 자신이 원하는 것을 얻기 위해 상대방이 욕망하는 대상과 관련된 약점을 파악하고 이를 공략하는 능력이 뛰어난 캐릭터이다. 여관 주인 '하루'는 냉혹한 세상에서 남자로 인해서 수많은 고난을 경험했음에도 여전히 남성들의 말을 순진하게 믿는 비관적이지만 수동적인 여성이다. 그녀는 경제적으로 어려운 상황 속에서 운영하는 여관에서 의지할 사람을 절실하게 찾고 있다. 에노키즈는 이러한 '하루'의 약점을 파악하고 자신을 교토대 교수로 가장하여 그녀의 신뢰를 얻는다.

이 영화에서 흥미로운 장면 중 하나는 에노키즈가 '하루'의 성기를 바라보면서 일본 지도와 유사하다고 지적하는 장면이다. 에노키즈는 일본 지도를 보며 어디로 가서 어떻게 범행을 할지 고민하다가 이렇게 말한다. 에노키즈는 일본은 지도를 보면 국토의 크기에 비해 아주 좁아 보이지만 실제로는 일본 국토가 넓다고 지적한다. 그리고 '하루'의 성기는 일본 지도와 정반대로 커보이지만 매우 좁다고 지적한다. 이렇게 그는 형태론적 유사성에서 촉감의 대조를 통해 몸의 지도화를 형상화한다. 이 장면은 에노키즈가 '지도'를 '신체 부위'로 비유하는 부분이다. 즉 '일본 지도'에 대한 '여성 성기'의 형태론적 비유와 감각의 오류를 통해서 '몸의 지도로의 형상화'를 수행하는 부분이다.

다음으로 치바 지방법원을 살펴보자. 에노키즈는 12월 12일 치바 지방법원에서 만난 이들에게 사기를 친다. 그는 지방법원 앞에서 택시를 같이 타게 된 노년의 전직 판사의 환심을 사고 살해한 후 그의 집에 거주하는 엽기적인 행각을 벌인다. 에노키즈가 지방법원에서 사기를 치는 장면에서 관객은 그가 인간의 약점을 순식간에 파악하고 남을 속이는 방법을 상황에 따라 창조하는 과정을 볼 수 있다.

에노키즈의 초상화와 같은 쇼트가 영화 전체에서 효과적으로 사용된다. 이런 클로즈업 쇼트의 사례로 12월 12일 치바 지방법원의 첫 쇼트를 들 수 있다. 이 장면은 에노키즈의 클로즈업 쇼트로 시작된다. 그는 대담하게도 변호사인 척을 하며 법원 방청석에 앉아 있다. 에노키즈는 법정에서 판사가 피고인 츠토무에게 "치바시 2-14 마츠시타 사부로의 집에서 현금 5만 엔을 훔쳤다는 사실을 인정합니까?"라고 묻자 츠토무의 어머니가 아들 대신에 반박하는 것을 보고 그의 어머니에게 사기를 치기로 마음을 먹는다.

주인공의 대사와 제스처를 중심으로 이 장면을 살펴보자. 에노키즈는 법정을 나와서 보호 감찰사 아키타와 츠토무의 어머니와 대화를 나눈다. 에노키즈가 아키타에게 "보호 감찰사 아키타 씨군요? 이름은 익히 들었습니다. 전 변호사 아이하라 에자부로입니다. 보석 전문입니다. 담당인 쿠보타 변호사한테 부탁받아서 수속을 밟고 왔어요."라고 말한다. 그러자 아키타가 "어디선가 저랑 만난 적 있나요?"라고 에노키즈에게 묻고 그는 "치바 법조계에서 선생님 이름을 모르면 간첩이죠."라고 말한다. 그러자 아키타는 에노키즈에게 "당치도 않은 말씀을 …."이라고 말한다. 그때 화면의 후경으로 쿠보타 변호사가 나타나는데 에노키즈는 마치 그를 아는 것처럼 그에게 손을 들어 인사를 한다. 이렇게 에노키즈는 상대의 환심을 살 수 있는 법을 잘 알고 있다. 이런 방식으로 그는 사람들의 마음을 얻고 그들을 상대로 범죄를 저지른다. 에노키즈와 아키타, 츠토무의 어머니는 식당에서 식사한다. 에노키즈는 대화 중에 아키타에게 "아버님이 도쿄 고등법원 판사시라 …"라는 말을 한다. 이 대화를 통해 아키타와 츠토무의 어머니는 에노키즈의 사회적 위상에 대해 확신을 가지며 결국 그의 사기에 걸려든다.

치바 지방법원 장면의 영상예술 문법을 분석해 보자. 이마무라 쇼헤이 감독은 지방법원에서 에노키즈가 만난 인물들이 그에게 속을 때 패닝 기법을 서사적 장치로 적극적으로 사용한다. 우선 감독은 'ㄴ'자 모양으로 복도에서 원경에서 근경으로 인물이 이동하게 동선을 만드는 방식으로 이미지의 깊이감을 활용하고 난 후 인물들의 이동을 따라서 카메라를 오른쪽으로 패닝을 한다. 즉 패닝을 하기 전에 근경에서 에노키즈, 아키타, 츠토무의 어머니가 나온다. 그리고 중경에서 두 명의 사람이 나오고 그들은 근경에 위치한 이들과는 반대 방향인 원경으로 걸어간다. 근경에 있는 에노키즈가 중경의 사람들과 서로 비언어적인 제스처 게임, 즉 셔레이드charade로 인사를 나눈다. 이 셔레이드는 아키타와 츠토무의 어머니로 하여금 에노키즈의 신분을 착각하게 만들고 에노키즈가 원하는 대로 그가 변호사임을 증명해 주는 증거처럼 작용한다. 근경에 있던 세 사람은 다른 복도로 걸어가는데 이때 카메라는 패닝으로 쫓아간다. 이 법정 장면에서 감독은 어두운 실내 공간에서 소나기가 쏟아지는 실외로 나갈 때와 같은 변환의 시점이나 갈림길의 'ㄴ'자 구도가 등장할 때 패닝을 사용해서 인물의 이동과 함께 의식의 변화를 강조한다.

다음으로 12월 15일, 도쿄 조시 가야에서 에노키즈가 샤부샤부 재료를 사기 위해 장을 보는 거리 장면 그리고 노년의 전직 판사의 집에서 그를 살해하고 시신을 처리하는 과정이 나오는 장면을 살펴보자.

우선 도쿄 조시 가야의 장면은 에노키즈가 샤부샤부 재료 그리고 칼을 상점에서 사는 것으로 시작한다. 이 장면의 첫 쇼트는 에노키즈의 초상화와 같은 클로즈업 쇼트이다. 에노키즈는 노인의 목도리를 하고 있다. 그는 소시지가 매달려 있는 고깃집에서 스키야키용 고기 400그램을 산다. 그리고 철물점에 가서 망치와 짧은 못 30개와 마스킹 테이프를 산다. 그 후 그는 유유히 도쿄 조시 가야를 걷는다. 관객은 아직 변호사 노인이 살해당했다는 것을 모르고 있다.

에노키즈는 노년의 전직 판사의 집에 무심하게 들어가, 자기 집인 양 방에서 채소를 꺼낸다. 그 순간, 그의 옆에 위치한 장롱의 문이 살짝 열리고, 문 틈새로 죽은 노인의 눈부신 얼굴이 드러난다. 죽은 노인은 교살당했음을 암시하듯이 입 안에는 재갈이 물려 있다. 에노키즈는 시체 냄새를 방지하기 위해 시신 위에 술을 뿌리고, 장롱의 문이 열리지 않도록 망치와 짧은 못을 사용해 문을 막아버린다. 또한, 장롱의 문 틈새에서 냄새가 새어 나오지 않도록 마스킹 테이프로 문틈을 봉인한다. 이러한 장면들은 에노키즈가 노인을 살해한 이후의 상황을 상세하게 묘사하고 있지만, 살해 장면 자체는 생략되어 있다. 이는 관객에게 상상의 공간을 제공함과 동시에, 에노키즈의 차가운 현실성을 보여준다.

이제는 도쿄의 이케부쿠로 지역이 배경인 장면을 살펴보자.

우선 살펴볼 장면은 이케부쿠로의 한 극장에서 에노키즈가 하루와 함께 영화를 보는 장면이다. 에노키즈는 하루에게 우편으로 돈을 보내고, 그녀는 에노키즈의 전화를 받은 후 그를 만나러 이케부쿠로로 온다. 두 사람은 일반적인 연인처럼 사랑에 빠지고, 즐거운 시간을 보낸다. 그 후, 그들은 영화를 보러 간다. 극장에서 상영되는 영화는 〈유럽의 해방 제3부 격멸작전〉OCBBOKAEHNE 라는 제목의 러시아 다큐멘터리이다. 영화 시작 전에는 국외와 국내 뉴스릴이 상영되는데, 국외 뉴스릴은 존 F. 케네디 대통령의 장례식에 대한 기록 영상이다. 뉴스릴에 이어서 나오는 국내 뉴스릴은 에노키즈에 관한 내용이다. 그는 '사기 전과자로서 변호사, 대학 교수로 위장하고 있을 가능성이 있다'라는 주의를 함께 전하고 있다. 이 모든 영상을 에노키즈와 하루가 함께 본다.

그리고 다음 장면은 극장 밖의 거리 장면이다. 극장에서 나와 거리를 걸으며 하루는 민망해하는 에노키즈에게 다가가 "죽을까요? 진심이야."라고 말한다. 그러자 에노키즈는 "너까지 끌어들이고 싶지 않아."라고 대답하고, 하루는 그에게 "절 속였군요."라고 말한다. 그는 하루에게 "미안하게 생각해."라고 말하고, 하루는 에노키즈에게 매달려 통곡한다. 이 시점에서 에노키즈는 하루를 데리고 빠르게 걷기 시작한다. 이 장면은 영화 전체에서 에노키즈가 유일하게 인간적인 감정을 표현하는 장면이다. 자신에 대한 하루의 사랑의 진정성을 보고, 에노키즈는 하루를 속인 것에 대해 죄책감과 후회를 느낀다. 이것이 에노키즈의 찰나의 표정에서 표현된다. 이 장면은 그가 이 영화의 어떤 장면에서도 볼 수 없는 인간적인 감정을 드러내는 순간이다. 그래서 이 순간은 그에게도 구원의 가능성이 있었음을 보여주는 유일한 장면이기도 하다. 에노키즈가 하루를 데리고 그녀의 여관으로 향하는 길에, 하마마쓰역에 도착하는 순간 그에게 햇빛이 강렬하게 비친다. 이 장면은 영화 전체에서 햇빛이 강렬하게 비치는 유일한 장면이며, 이것은 에노키즈의 새로운 삶의 가능성을 시사한다. 그리고 이 여관은 에노키즈가 인간적인 삶을 이어갈 수 있는 마지막 희망의 장소라 할 수 있다.

세 번째로 에노키즈라는 한 인물의 작은 역사를 기술하는 장면들을 살펴보자. 〈복수는 나의 것〉은 연쇄살인범의 탄생과 그의 범죄 행위를 그리면서 동시에 에노키즈라는 인물의 세세한 역사를 중요하게 다루고 있다. 영화에서는 개인과 사회, 기억과 역사의 접점을 국가주의적 폭력과 그에 대한 개인의 경험, 그리고 개인의 폭력과 그에 대한 공식적 기록의 형태로 구체적으로 그린다. 영화는 전체 구성에서 자막, 내레이션, 플래시백을 통해 이러한 접점을 지속적으로 암시하고 있다.

여기서 주목할 점은 영화가 보여주는 개인과 사회, 기억과 역사의 불일치이다. 특히 에노키즈의 실제 성격을 보여주는 장면에서는 목소리와 영상이 서로 충돌하는 경향을 보인다. 더 구체적으로 설명하면, 에노키즈의 어린 시절 장면이나 범죄와 관련된 장면에서 그의 본성이나 범죄에 관한 내용을 설명하는 부분에서 목소리와 영상이 서로 상반된 내용을 담고 있다. 그리고 이러한 상황에서 가장 주목할 점은 국가주의적 폭력과 관련된 개인의 경험을 재현하는 이미지에서, 어린 시절의 에노키즈가 담대하고 정의로우며 때로는 영웅적으로 그려지고 있다는 부분이다.

이 영화에서 에노키즈라는 한 인물의 작은 역사 시퀀스는 다음과 같이 두 부분으로 구성된다. 첫 번째는 그에게 가장 중요한 사건인 2차 세계대전 과정에서 그의 아버지 시즈오가 일본군에게 배를 빼앗기는 장면이다. 두 번째는 일본의 항복 이후 미군정 기간에 농촌이 미국의 군국주의적 폭력에 시달리는 장면, 즉 농촌의 여성이 겁탈당하는 장면이다. 이 두 시퀀스를 차례대로 상세히 살펴보자.

첫째, 쇼와 13년(1938년) 여름, 고토 어촌에서 에노키즈의 아버지인 시즈오가 일본군에게 배를 빼앗기는 시퀀스는 그의 가족에게 가장 중요한 사건이다. 이 사건으로 인해서 에노키즈의 집안은 고토 어촌에서 벳푸 칸나와 온천으로 이주한다. 집은 일종의 고향이며 그 장소에서의 친인척의 가업과 직접적으로 관련되어 있다. 그래서 가족과 친인척이 바닷가에서 산악 지역으로 옮겨가게 된다는 것은 어떤 면에서 고향을 잃어버리는 것과 같다. 에노키즈는 집을 빼앗겨 하루아침에 고향이 사라져 버리는 국가의 폭력을 경험한 것이다.

온화하고 올곧은 사람인 척하는 시즈오는 일본 군국주의에 굴복하고, 배를 넘기고 나서는 어선 운영에서 온천 사업으로 가업을 바꾼다. 그리고 독실한 가톨릭 신자인 시즈오는 손주들을 데리고 떠나버린 며느리인 카즈코를 다시 집으로 데리고 들어와 근친상간의 타부를 어긴다. 그뿐 아니라 전쟁을 앞둔 일본에서의 갈등의 형상화로 이해할 수 있다. 시즈오가 일본군에게 배를 빼앗기는 장면에서 일본 장교는 시즈오와 대화를 나눈다. 설정 쇼트 establishing shot로 익스트림 롱 쇼트가 나오고 바닷가 가까이에 있는 둑에 나란히 서 있는 사람들의 모습이 멀리 보인다. 그들의 뒤에는 큰 성당이 있다. 그들의 앞쪽에서 하얀 제복을 입은 해군 장교 한 명이 시즈오를 겁박하고 있다.

장교: 네 놈이 에노키즈 시즈오인가? 배를 내놓지 않은 것은 네 놈이랑 기독교도들뿐이다. 군의 명령에 불복하는 건가?

시즈오: 우리 가톨릭 신자들만 배를 전부 내놓으라는 건 불공평합니다.

장교: 배를 내놓겠는가? '폐하를 위해 기꺼이 배를 바치겠습니다.'라고 말해 봐.

시즈오: 폐하를 위해 기꺼이 배를 바치겠습니다.

바로 그때 나무 몽둥이를 든 어린아이 에노키즈가 사람들의 앞을 지나쳐 해군 장교를 향해 뛰어간다. 그리고는 하얀 제복을 입고 하얀 장갑을 낀 그를 몽둥이로 친다. 아버지는 에노키즈를 말리며 해군 장교에게 용서를 빈다. 에노키즈는 어린 시절, 가톨릭 신자이자 어부였던 아버지가 기독교 박해로 무력하게 배를 빼앗기는 것을 본 후 반항아가 되었고 결국 소년 형무소에 가게 된다.

그런 에노키즈를 시즈오는 이해하지 못한다.

둘째, 미군이 후쿠오카에서 카즈코를 희롱하는 장면이다. 아버지 시즈오는 아들 에노키즈를 위해서 맞선을 준비한다. 하지만 미군기를 달고 미군 지프차를 타고 미군들이 먼지를 일으키며 마구 달린다. 일본 농부들이 놀라서 언덕에서 굴러떨어진다. 에노키즈는 미군 옷을 입고 있는데 미군을 위한 일본 통역병으로 일하는 것으로 보인다. 지프차를 탄 미군이 카즈코를 집중적으로 쫓기 시작한다. 그녀가 짚 더미 위에 쓰러지자 한 미군이 그녀를 덮친다. 그러자 그녀는 소리를 지르며 저항하기 시작한다. 바로 그때 에노키즈가 카즈코를 희롱하는 미군들을 거칠게 공격하며 그녀를 구한다. 이 장면에서 에노키즈는 매우 영웅적인 모습을 보인다. 미군정 당시 미군의 폭력적 상황에서 카즈코를 구하는 에노키즈의 모습은 영웅적이다. 영상과는 달리 시즈오의 보이스오버 내레이션은 에노키즈가 범죄를 저질러 감옥에 간 것이라고 설명한다.

이 두 장면에서 에노키즈의 복잡한 성격이 강조된다. 아버지의 내레이션은 그를 문제아이자 사고뭉치로 묘사하지만, 영상은 반대로 에노키즈를 영웅적인 모습으로 그리고 있다. 일본군이 아버지 시즈오로부터 배를 빼앗으려 할 때, 소년 에노키즈만이 호기롭게 해군 장교에게 저항한다. 또 미군정 기간에 농촌에서 미군이 저지르는 불법적인 행위에 맞서 청년 에노키즈는 일본 여성을 구한다. 그리고 에노키즈가 미군복을 입고 호기롭게 구한 일본 여성은 그의 아내가 된다.

지금까지 에노키즈 개인의 작은 역사를 살펴보았다. 이제 어떤 장면들의 결과로 에노키즈가 연쇄살인범이 되고 마는지를 스케치하며 살펴보자.

　우선, 벳부 칸나와 온천의 풍경에서는 뜨거운 온천물 수증기를 통해 묘한 긴장의 분위기가 구성된다. 배경에 의도적으로 수증기를 많이 사용하면서 온천지의 풍경을 부각시킬 뿐만 아니라 하드보일드 필름 누아르의 도시적 밤 풍경을 일본의 시골 온천지의 낮 풍경으로 바꾼다. 복도(혹은 골목길)에 대한 니은 자(ㄴ) 방식의 촬영은 패닝을 이용해서 깊이감과 평면감을 극대화하는 방식으로 진행된다. 카즈코가 원경에서 근경으로 다가오고 근경으로 다가올 때쯤 유리창을 통해 에노키즈가 프레임 인을 한다. 그리고 카메라가 왼쪽에서 오른쪽으로 패닝을 하면 카즈코가 다른 골목으로 멀어져 가고 에노키즈가 따라가며 투 샷이 된다. 그리고 카메라가 오른쪽에서 왼쪽으로 패닝하면 다시 카즈코가 오던 골목길로 거꾸로 돌아가고 에노키즈가 카즈코를 쫓아가면서 카메라에서 멀어진다. 이런 방식의 촬영을 통해서 역동적이면서도 깊이감이 있는 화면이 만들어진다. 원경에는 온천의 수증기가 나오면서 묘한 긴장감이 조성된다. 미군 군복을 입고 있는 에노키즈와 (온천 운영을 위해서) 전통 기모노를 입고 있는 시즈오와 어머니의 복장의 차이가 충돌의 긴장감을 형성한다. 이런 와중에 카즈코가 임신 3개월이라고 고백하는 장면에서는 카즈코의 뒤로 아이가 그려진 그림이 보인다. 그리고 에노키즈의 머리 위로는 아기 인형이 보인다. 이런 배경을 통한 암시적 표현은 이 영화가 얼마나 미장센을 통해 무드를 잘 만들고 있는지를 보여준다.

이 시퀀스는 다음과 같이 해석될 수 있다. 카즈코의 걸음걸이는 당돌함과 당당함을 표현한다. 앞에서 이야기했듯이 에노키즈는 전쟁 직후 미군을 위해서 일했다. 하지만 시즈오는 아들 에노키즈가 미군 지프차를 훔쳐서 2년 동안 감옥에 있었다고 형사들에게 이야기한다. 시즈오의 이야기와는 조금 다르다. 플래시백 장면은 삼인칭 전지적 시점 혹은 여성의 시점이다. 이 시점이 보여주는 영상과 아버지의 보이스오버 내레이션이 제공하는 정보의 차이는 긴장감을 조성한다. 그리고 그 긴장감은 주인공에게 연쇄살인범이 아닌 다른 삶의 가능성이 있었음을 보여준다.

이어서 에노키즈와 카즈코, 시즈오와 어머니의 4각 관계를 시각적으로 형상화해서 보여주는 시퀀스는 그들의 관계를 암시한다. 첫째, 인물의 관계는 공간의 분할과 인물들의 그 안에서의 배치를 통해서 형상화된다. 집의 내부이든 외부이든 촬영을 위해서 인물들의 이동 프레임 안에 프레임들을 구축하고 그 안에 인물들을 따로 배치하거나 함께 배치하였다. 둘째, 인물의 공격적인 행동과 언어로써 상대방과의 갈등을 표현했다. 누가 누구와 같은 편인지 적인지를 시각적으로 형상화하고 있다. 셋째, 인물들의 마음이 창문을 통해서 다양한 방식으로 형상화된다. 창문이 인물들의 마음의 눈인 것처럼 표현되고 있다. 예를 들어서 영화는 창문을 통해서 자기 남편과 며느리의 관계를 묵인하는 주인공의 어머니의 마음을 보여준다. 인물들의 관계를 암시하는 이런 장면들은 결국 넘어설 수 없는 대상에 대한 분노 및 복수심과 관련된 시퀀스를 지탱하는 서사적 기반을 이룬다. 영화가 종반부로 들어서고 시즈오는 사형을 기다리고 있는 에노키즈에게 면회를 간다. 마지막이 되어서야 에노키즈는 자신의 분노가 시즈오를 향해 있었음을 고백한다. 에노키즈는 시즈오를 향해 "기왕 죽일 거면 당신을 죽였어야 했다."라고 말하지만 시즈오는 "너는 자신의 아버지를 죽일 수 있을 만한 사람이 못 된다."라고 답한다. 영화적 단서로 추측해보자면, 시즈오를 향한 분노는 그가 권위에 굴복한 아버지를 보며 좌절했던 어린 시절로부터 시작된다. 시즈오는 그 사건을 회상하며 "그때부터 이와오(에노키즈)의 반항이 매일 같이 심해"졌다고 말한다.

엔딩 시퀀스에서 시즈오는 아들 에노키즈에게 그의 어머니가 사망했다는 것, 그리고 시즈오 자신과 며느리 카즈코의 관계를 전한다. 에노키즈는 그를 용서할 수 없다고 말하며, 그가 죽여야 할 사람은 바로 시즈오라고 말한다. 하지만 시즈오는 에노키즈는 자신을 죽일 수 없다고 응수하면서 에노키즈의 얼굴에 침을 뱉는다. 이 장면은 에노키즈가 얼마나 무력한 존재인지, 그리고 그가 어떻게 권력과 부정한 사회라는 보이지 않는 거대한 벽과 마주하였는지를 보여주고 있다. 어릴 때부터 그는 권력에 맞서려 했지만, 결국은 무력감을 느끼며 좌절을 반복했다. 에노키즈는 아버지를 죽이고 싶었지만, 많은 죄 없는 사람들은 살해했으면서도 아버지에게는 칼을 들이댈 수 없었다. 시즈오에게 권력과 그것의 무자비한 사용이 극복할 수 없는 공포였다면, 에노키즈에게는 아버지인 시즈오가 그러한 존재였기 때문이다. 많은 신자들에게 신은 그런 존재일 것이다. 시즈오는 그와 아들 에노키즈가 천주교로부터 벌을 받았음을 알려주며, 그럼에도 신을 두려워해야 한다고 말한다.

시즈오와 카즈코는 서로의 마음을 알고 있었지만, 신의 두려움 때문에 성적인 행위를 한 번도 하지 않았다. 이러한 강제적인 절제는 여관 주인 하루와 그녀의 남편 사이에서도 나타난다. 하루의 어머니와 에노키즈는 남자가 하루를 때리는 모습을 그저 바라보고 있을 뿐이다. 이런 상황에서 사람들을 쉽게 죽이는 에노키즈가 절제하는 장면은 그가 어떤 것에 대해 무력하게 느끼는 상황을 보여준다. 그러나 그들이 분노나 공격성, 충동을 표출하지 않는 것은 아니다. 이들의 공격성은 다른 대상을 향하고 있다. 카즈코의 아버지가 개를 죽이듯, 에노키즈는 수많은 죄 없는 사람들을 죽인다.

그렇다면 왜 에노키즈는 아버지를 죽이지 않았던 것일까? 에노키즈는 여러 번 살인을 저지르며, 이를 통해 사회적 질서에 저항하고 내면의 욕망을 실천하는 듯 보인다. 그러나 그는 아버지를 용서할 수 없으며, 그를 죽이지 못한 것을 후회한다. 시즈오는 며느리에 대해서 가진 욕망을 아들에게 고백한다. 아버지를 죽였어야 한다고 말하는 아들과 아들의 아내를 욕망했다는 아버지의 고백은, 과연 '인간다움'이란 무엇인가라는 근원적인 질문을 우리에게 던지고 있다.

수수께끼 결말, 탈이념화하는 영화적 장치

〈복수는 나의 것〉은 개인의 권력에 대한 도전과 폭력의 세계를 이해하는 하나의 방식이다. 우리가 영화를 크게 서사적 영화와 비서사적 영화로 분류할 수 있다면, 〈복수는 나의 것〉은 중반부터 서사적인 영화에서 비서사적인 영화로 전환된다고 할 수 있다. 이 전환을 가능하게 하는 장치는 디스포지티프로, 이것은 단순하게 설명할 수 있는 사실을 설명할 수 없게 만드는 역할을 한다. '디스포지티프'는 영화 제도에서의 '관객 인지를 위한 배열/구조의 문제', 혹은 장치 이론에서의 '스크린-관객-카메라 영사기' 등의 배치와 관련이 있다. 즉 이데올로기와 관련된 부분에서의 영화적 장치를 의미한다. 이러한 맥락에서 이런 이미지는 개인의 운명과 관련된 수수께끼와 같은 결론을 내리고 있다.

마지막 엔딩을 제외하고 영화는 전반적으로 개인의 무덤을 발굴하고 그 안에 있는 유골을 조심스럽게 살펴보며 그 형상을 재현하는 것과 유사한 과정을 따른다. 그리고 영화는 마지막 엔딩 이미지를 통해 이렇게 재현된 형상을 지우려고 한다. 에노키즈의 육체인 뼛가루가 하늘로 흩어지면서, 그것은 더는 실제적인 존재로서의 의미를 띠기를 거부하고, 비실재적인 존재가 된다.

이 영화의 엔딩 장면은 프리즈 프레임이 만들어내는 하나의 수수께끼와 같다. 시즈오와의 면회 5년 후 결국 에노키즈는 사형 선고와 집행을 당한다. 시즈오와 카즈코는 에노키즈의 유골을 산에 뿌리기 위해 케이블카를 타고 산 정상으로 올라간다. 그런데 시즈오가 에노키즈의 유골을 던지자 유골은 떨어지지 않고 오히려 공중에 머물러 있는다. 그들이 계속 유골을 던져 봐도, 유골은 공중에 머물러 있다. 결국 영화는 시즈오가 유골이 담긴 항아리를 통째로 던지는 장면으로 끝이 난다. 그러나 유골은 그대로 공중에 머물러 있다. 이런 식으로, 영화는 처음부터 끝까지 리얼리즘을 고수하다가 마지막 장면에서 프리즈 프레임 기법을 활용해 갑작스럽게 초현실적인 분위기를 띠고 있다. 그렇다면 영화의 마지막 장면에서 공중에 머무는 유골은 무엇을 의미하는가?

영화의 엔딩 시퀀스는 논리적으로 설명할 수 없는 세계를 시각적으로 형상화한다. 인간은 세계를 합리성을 통해 이해하고 재현하려고 노력해 왔다. 하지만 그러한 노력에도 불구하고 인간은 이 세계를 이해하고 재현하기에는 너무나 무기력한 순간에 직면할 때가 있다. 그러한 상황에서 감독들은 영화 속에서 이성적 논리를 초월하는 관념을 시각화하기 위해 실험적인 영화 기법을 사용한다.

예를 들어 이장호의 〈나그네는 길에서도 쉬지 않는다〉의 마지막 장면은 아내와 사별한 남자(김명곤)가 아내를 닮은 여성(이보희)과 다시 이별하는 모습을 보여준다. 이 장면은 분단의 시대를 상징하는 디스포지티프를 사용하여 분단 의식을 표현한다. 그와 함께 걷던 그녀가 갑자기 신을 느끼고 굿을 시작한다. 그리고 벗어날 수 없는 이해할 수 없는 거대한 힘을 상징하는 거대한 하늘의 손이 등장한다. 이 영화는 그런 상황에서 남자가 비명을 지르며 끝이 난다.

또 다른 사례로는 폴 토마스 앤더슨의 〈매그놀리아〉의 마지막 장면을 들 수 있다. 〈매그놀리아〉는 다양한 사연을 가진 인물들의 에피소드를 병렬 배치하면서 진행되는 영화로, 로버트 올트먼의 〈내슈빌〉이나 〈숏 컷〉 같은 군상극의 멀티 플롯 구조를 따른다. 〈숏 컷〉의 마지막에 등장하는 지진은 각각의 캐릭터를 연결하며 영화에 통합적인 시각을 제공한다. 비슷하게 〈매그놀리아〉에서는 갈등을 겪고 있는 여러 인물이 성경의 '출애굽기'에 등장하는 개구리의 저주와 같은 기적적인 순간에 직면하게 된다. 갑자기 하늘에서 개구리들이 비처럼 떨어지고 이 개구리의 비가 모든 인물을 연결한다. 이런 놀라운 순간에 직면한 인물들은 새로운 변화를 겪게 된다. 이런 예기치 않은 현상은 주인공에게 세상에 대한 새로운 이해를 제공하며, 관객에게도 동일한 충격을 안긴다. 이는 이 세상에 대한 새로운 관점을 제공하며, 관객이 지금 살고 있는 세계에 대해 다시 생각해 보게 한다.

〈나그네는 길에서도 쉬지 않는다〉와 〈매그놀리아〉와 유사하게, 〈복수는 나의 것〉의 엔딩에서 적용된 프리즈 프레임 기법은 논리적으로 설명할 수 없는 개념을 시각적으로 형상화하는 역할을 한다. 이때 사용되는 디스포지티프는 〈복수는 나의 것〉에서의 에노키즈의 저항과 연관되어 있다. 에노키즈의 유골이 공중에서 멈춰 있는 장면은 마치 그의 원혼이 시즈오와 카즈코, 그리고 영화를 보는 관객들에게 '너희들이 나를 떼어내려 하더라도, 나는 절대 너희들에게서 떨어지지 않을 것이다.'라는 메시지를 전달하는 것 같다. 이는 에노키즈의 복수가 아직 끝나지 않았음을 시사한다. 이런 측면에서 보면, 이마무라의 영화는 블랙 유머를 기반으로 한 성찰적인 태도를 보인다. 그렇기 때문에 매우 진지하고 심각할 법한 상황에서도 자연스럽게 아이러니한 유머가 발생한다. 이를 블랙 코미디라 할 수 있다. 〈복수는 나의 것〉의 엔딩 장면은 이런 이마무라의 영화적 요소가 집약된 장면이다. 영화는 시종일관 르포 형식으로 범죄에 대한 보고서를 쓰는 듯한 리얼리즘을 유지한다. 그러나 엔딩에서는 갑작스럽게 초현실적인 블랙 유머로 전환된다.

왜 이마무라는 엔딩을 이렇게 마무리했을까? 그것은 블랙 유머를 통해 브레히트적인 거리 두기의 효과를 노린 것으로 보인다. 코미디는 상황에 대한 거리를 형성하며, 이는 영화에 몰입하던 관객을 현실로 끌어내어 이화효과를 발생시킨다. 이화효과는 관객들이 익숙하게 받아들였던 주제를 다른 시각으로 바라보게 함으로써 그 본질에 대해 다시 생각해 보게 만든다.

〈복수는 나의 것〉은 에노키즈의 살인과 사기 행동을 가능한 한 객관적으로 보여주려고 노력한다. 따라서 관객이 이미 이해했다고 생각할 만한 주제를 다시 생각해 볼 기회를 관객에게 제공한다. 이 영화의 엔딩에 사용된 프리즈 프레임 기법은 미학적·정치적 의미를 지니는 디스포지티프라고 할 수 있다. 이 기법은 은폐된 이념성을 폭로하고 해체하는 역할을 하며, 허구의 세계를 실제처럼 받아들이던 관객이 화면이 멈춘 상태를 경험하게 함으로써 자연스럽게 화면의 외부 상황을 인식하게 만든다. 그 결과, 관객은 에노키즈의 사기와 살인 행동에 대해 각자의 관점에서 좀 더 깊게 해석해볼 기회를 얻게 된다. 영화는 '에노키즈는 도대체 어떤 인물인가?', '왜 에노키즈는 아버지에 대한 증오를 멈출 수 없는 것인가?' 등 깊은 성찰을 요구하는 질문들을 관객이 스스로에게 던지게 만든다.

2

'죄의 연관관계'로서의
일본 현대사[1]에 대한 보복적 심판

문병호

총체적인 광기·폭력의 극단적인 형식으로서의 일본 제국
주의·군국주의

10세기 초 칼을 휘두르는 사무라이가 일본에 등장한 후 사무
라이들이 특정 가문의 지배 아래에서 영지를 넓히기 위해 항시적
으로 전쟁을 벌였던 칼의 문화를 가진 일본은 1868년 메이지 유
신을 단행함으로써 서구 문명을 도입했다. 일본이 서구 문명으로

---

1. 내가 이곳에서 의도하는 일본 현대사는 일본 지역에서 현대에 전개된 역사에
국한되는 개념이 아니다. 메이지 유신 이후 전개된, 일본 제국주의·군국주의와
결합한 일본 현대사는 19세기 말부터 1945년 8월까지 동아시아 전체, 더 나아
가 태평양 전체에 걸쳐 극단적인 폭력을 자행한 역사이다. 이 폭력을 자행한 이
데올로기는 아직도 청산되지 않은 채 일본 지역에서 구조적으로, 그리고 동아
시아 지역에서 부분적으로 작동하고 있다.

부터 배웠던 것은 서구의 학문, 과학기술, 사회제도만이 아니었다. 일본은 스페인과 포르투갈, 네덜란드, 영국, 프랑스로 이어지는 서구 제국주의의 식민지 정책을 동아시아에서 밀어붙였다. 일본은 조선의 지배권을 놓고 중국과 1894년에 청일 전쟁을 벌였으며 이 전쟁에서 승리한 후 1895년 대만을 식민지로 점령하였다. 일본은 1904년 발발한 러일전쟁에서 러시아 극동 함대를 격파함으로써 여세를 몰아 1910년 조선을 식민지로 병합하였다.

중국이나 러시아 같은 대국을 상대로 승전을 달성해낸 일본은 1931년 만주사변을 일으켜 만주 지역에 대한 식민 통치를 시작하였고, 1937년 7월에 발생한 노구교사건을 빌미로 삼아 중국 대륙에 대한 본격적인 침략 전쟁을 개시하였다. 1937년 12월 13일의 난징대학살은 일본 제국주의·군국주의의 잔혹성을 적나라하게 드러낸 사건이었다. 난징에서의 이 학살은, 관동대지진이 발생하였을 때 조선인들을 대량 학살한 사건과 함께, 동아시아에서 오늘날까지도 참혹함에 대한 증언이 이어지고 있다. 일본은 대동아 공영이라는 이데올로기를 내걸고 대만, 조선, 중국 침략에 이어 동남아시아 지역에서도 침략 전쟁을 자행하였고 마침내 1942년에는 하와이의 진주만에 주둔한 미군 기지까지 기습함으로써 태평양 전체를 전쟁의 구렁텅이에 빠트렸다.

일본은 19세기 중후반에 서구 문명을 모방하여 근대화와 산업화를 개시한 이래 이처럼 급속도로 제국주의·군국주의 국가로 변모한 것이다. 일본은 메이지 유신을 단행함으로써 서구의 군사

제도, 과학기술을 빠르게 학습하여 산업 생산 능력, 이에 병행하는 전쟁 물자 생산 능력, 인력에 대한 조직적인 관리와 통제 능력을 증대시킨 후 서구 제국주의 열강들이 15세기부터 지구 전체를 대상으로 자행하였던 무력을 통한 제국주의적 침략 전쟁을 동아시아에서 19세기 말부터, 서구 제국주의가 보여준 침략의 속도와는 비교할 수 없이 빠른 속도로, 그리고 매우 짧은 기간에, 자행했다. 일본 제국주의·군국주의가 이처럼 짧은 기간에 동아시아 전체와 태평양을 아우르는 광대한 지역에 걸쳐 자행한 침략, 약탈, 대량 학살은 총체적인 광기·폭력의 극단적인 형식이다.

어떤 부정적인 사태가 급속하게 진행되면 될수록, 이 사태가 초래하는 부정적인 결과는 더욱 비극적으로 될 수밖에 없으며 이에 비례하여 절대다수의 무력한 개별 인간이 강제적으로 당하는 고통과 피해도 역시 더욱 참혹한 형식을 띨 수밖에 없다. 예컨대 일본 제국주의·군국주의가 조선의 10대 소녀들을 전쟁터에서 군인들의 성적인 욕망을 충족시키기 위한 도구로 보아 강제로 징발한 것은 인류의 문명사에서 발생한 야만적 행위 중에서도 극점에 위치하는 최악의 - 인간이라는 동물의 본성에 대해 전적으로 새롭고도 근본적인 물음 제기를 요구하는 - 행위였다. 이러한 극단적 형식의 반인륜적 행위는 일본 제국주의·군국주의가 자행한 침략 전쟁의 급속성과 광기에 상응하는 행위로 볼 수 있다. 지배에의 광적인 욕망이 강하면 강할수록, 그리고 이 욕망을 단기간에 성취하려는 의지가 강하면 강할수록, 이에 상응하여 광기와 폭력의 형식도 더욱 극단적이고 야만적으로 되기 때문이다. 최단기간에 동아시아 전체를 지배하여 이른바 대동아공영권을 만들겠다는 조급성에 편승한 광기와 폭력이 위안부 징발과 같은 극단적인 발상에 근거한 야만성을 만들어냈다. 위안부 징발은 이처럼 극단적인 야만성의 한 실례에 지나지 않는다. 일본 제국주의·군국주의가 자행한 폭력의 극단적인 야만성은, 이 야만성이 모든 것을 영零으로 만들어 버리는 폭력을 자행하는 극한적인 수단인 원자폭탄의 사용을 통해 — 일단은 형식적인 차원에서라도 — 종식되었다는 사실에서도 상징적으로 드러난다. 일본 제국주의·군국주의의 야만성이 극단적인 야만성인 원자폭탄의 사용을 통해 정지된 것은 역사의 아이러니이다.

절대다수의 무력한 개별 인간들은 자신들의 의지와는 아무런 연관관계가 없는 상태에서 그들의 머리 위에서 그들의 삶을 짓누르고 짓밟으며 폐기하는 — 일본 제국주의·군국주의와 같은 — 거대폭력의 희생물이 되는 것 이외에는 어떠한 선택도 할 수 없다. 19세기 말부터 발호하기 시작한 일본 제국주의·군국주의가 동아시아 전체에 걸쳐 지배력을 확대한 것은, 그것 자체로 이 지역에 살고 있던 절대다수의 무력한 개별 인간들에게는 참혹한 재앙이었으며, 운명이었다.

일본 제국주의·군국주의가 일본뿐만 아니라 동아시아 지역의 절대다수의 무력한 개별 인간들에게 강요한 운명은 2차 세계대전에서의 일본의 패배와 함께 막을 내리지 않았다. 예컨대 그것이 조선에 강요하였던 운명은 1945년 8월 15일에 끝나지 않았고 오늘날에도 한국 사회에서 구조적으로 이어지고 있다. 일본 제국주의·군국주의에 적극적으로 동조하였던 친일 세력은 해방 후 한국 사회의 정치·군사·경제·사법·교육·언론·종교 영역에서 지배적인 세력으로 군림하면서 절대다수의 무력한 한국인의 운명을 자신들의 지배 아래에 두었다. 이 세력의 후예들은 오늘날에도 역시 언론 권력, 교육권력, 경제권력의 많은 부분을 장악하였고 한국 사회의 절대다수의 무력한 개별 인간들을 일본 제국주의·군국주의의 폭력이 남긴 후유증에서 벗어나지 못하게 하는 역할을 실행하고 있다. 반대로, 생명을 걸고 이 폭력에 저항한 독립운동가들의 삶은 비참하기 이를 데 없었고 그 후예들도 역시 열악한 삶을 이어가고 있다.

2차 세계대전이 끝난 후 전쟁의 책임에 대한 독일의 태도와 일본의 태도는 극단적으로 대비된다. 종전 후 독일은 나치즘이 자행한 죄악을 항구적으로 청산하려는 의지로 과거 청산의 정신을 헌법에 명시하여 오늘날까지 과거 청산을 실행하고 있다. 과거 청산의 진정성 여부에 대한 논쟁과는 별개로, 과거 청산은 독일에서 일종의 문화와 같은 것으로 되는 경향이 있음을 부인할 수는 없다. 특히 독일의 과거 청산 교육은 견고하다고 말해도 좋을 정도이다. 그 결과 독일에서 과거 청산은 정권의 향방과는 관련이 없이 꾸준하게 진행됐으며, 일부 극우 세력만이 나치즘의 죄악을 부인하고 있다.

이와는 반대로 종전 후 일본 자민당을 중심으로 형성된 일본의 지배 세력은 일본 제국주의·군국주의가 동아시아에서 50년 이상에 걸쳐 저지른 죄악에 대해 사죄하고 반성하려는 과거 청산 의지를 전혀 보여 주지 않았다. 그 결과 절대다수 일본인의 의식에서 과거 청산이라는 정신이 구조적으로 자리를 잡지 못했다. 예컨대 전후 일본 문학과 일본 대중에게 강한 영향력을 미친 소설가 미시마 유키오가 종전 후 25년의 세월이 경과한 1970년 11월 일본 육상 자위대 동부 방면 총감부에서 그를 따르는 회원 4명을 이끌고 난동을 피운 후 할복자살한 사건은 일본의 지배 세력과 이 세력이 장악한 일본 사회가 과거 청산을 실행할 의지가 없음을 상징적으로 보여준 사건이었다. 최근까지 장기 집권한 아베 총리가 일본을 전쟁을 할 수 있는 국가로 만드는 것에 총력을 기울였다는 것은 잘 알려진 사실이다. 이것은 동아시아를 전쟁과 폭력을 통해 지배했던 일본 제국주의·군국주의에 대한 향수라고 해석될 수밖에 없다. 일본 제국주의·군국주의가 일본인들에게 강요한 운명이 2차 세계대전 이후에도 일본인들에게 여전히 족쇄처럼 채워져 있는 것이다.

일본 제국주의·군국주의의 폭력과 광기에 대한 알레고리로서의 〈복수는 나의 것〉

내가 앞에서 논의한 내용을 일본과 관련해서 보면 일본이 다음과 같은 과거에 대한 청산을 실행하지 않았다는 것이다. 다시 말해, ① 제국주의·군국주의가 급속하게 창궐함으로써 이에 상응하여 폭력과 광기가 극단적인 형식을 띠었다는 점, ② 일본 제국주의·군국주의가 일본과 동아시아 지역 절대다수의 무력한 개별 인간을 잔혹하게 희생시키고 폐기시켰다는 점, ③ 일본 제국주의·군국주의가 이처럼 무력한 개별 인간들의 운명을 결정하였다는 점이다. 일본이 이런 과거에 대해 청산을 실행하지 않았기 때문에 이 운명이 일본의 패망과 함께 청산되지 않았고 여전히 기능하면서 일본인의 삶을 비참하게 만들고 있다. 바로 이러한 점들의 청산이 이마무라 쇼헤이 감독의 1979년 작품인 〈복수는 나의 것〉이 매개하는 의미를 이해할 수 있는 — 역사적 맥락에서 도출될 수 있는 — 조건을 구성한다고 본다. 이 영화는 작품 자체로 거의 완전한 하나의 수수께끼이다. 이 수수께끼를 해독하기 위해서는 일본 현대사에서 확인되는 부정적인 역사적 사실에 대한 이해가 필요하다.

영화가 매개하는 의미를 이해할 가능성을 더 분명히 하기 위해, 더 구체적으로 살펴보기로 하자. ① 극단적인, 너무나 극단적인 폭력과 광기의 창궐, ② 무력한 개별 인간들[2]의 참혹한, 너무나 참

---

2. 남승석은 이마무라 감독의 〈신들의 깊은 욕망〉(1968)과 〈복수는 나의 것〉(1979) 사이에 10년의 기간이 존재하며, 이 기간에 이마무라 감독이 다큐멘터리 연출에 집중하며 7편의 다큐멘터리를 완성했음을 밝히고 있다. 이마무라 감독이 이 작품들을 "기민"(棄民) 시리즈로 명명한 것은, 그가 버려진 무력한 개별 인간들에 집중적인 관심을 갖고 있음을 입증한다.

혹한 희생, ③ 일본 제국주의·군국주의의 죄악에서 벗어나지 못하는 운명이 일본에서 지속되고 있는 현실[①+②+③을 A라고 표시해 보기로 한다]이 이마무라 감독으로 하여금 〈복수는 나의 것〉을 통해 다음처럼 영상으로 일본 사회를 형상화하는 동기를 감독에게 부여하였다. (1) 영화의 주인공인 에노키즈 이와오가 아무런 이유가 없이 자행하는 범죄는 극단적인, 너무나 극단적인 연쇄살인 행위, 그리고 양심을 완전히 버리면서 저지르는 사기 행각이다. (2) 에노키즈의 가족을 포함하여 그가 접촉하는 무력한 개별 인간들이 당하는 비참한, 너무나 비참한 희생이 그들에게 운명이 되었다[(1)+(2)를 Á로 표시해 보기로 한다]. 단적으로 말해서, 〈복수는 나의 것〉은 일본 제국주의·군국주의의 청산되지 않은 폭력과 광기를, 아도르노의 개념을 빌려 말해 보자면, 표현하지 않고는 견딜 수 없는 충동인 미메시스적 충동을 통해 형상화한 작품이다.

A는 현실이자 본질이며, Á는 영상으로 표현된 가상假像이다. 그러나 A와 Á는 등치 관계에 놓여 있다. 따라서 영화 〈복수는 나의 것〉은 일본 제국주의·군국주의의 광기와 폭력이 구축한 경험세계에 대한 알레고리[3]이며, 아도르노의 개념을 사용한다면 이러한 경험세계에 대한 미메시스이다. 나는 벤야민이, 알레고리에는 세계가 인간에게 강요한 고통이 퇴적되어 있다는 점을 통찰하였

---

3. 이에 대해서는 이어지는 논의에서 영화 장면을 예시하여 더 구체적으로 살펴볼 것이다.

다는 사실에 대해서 이미 여러 차례 언급하였다. 이렇게 해서, 일본 제국주의·군국주의라는 극단적인 폭력과 광기가 구축한 경험 세계가 이 세계의 일차적인 피해자인 일본인들에게[4] 강요한 고통이 퇴적되어 있는 영화가 바로 〈복수는 나의 것〉이라는 해석이 가능해진다.

이러한 해석에 이어서 다음의 물음이 제기될 수 있다. 주인공 에노키즈의 원인과 동기를 알 수 없는 연쇄살인 행위들을 어떻게 해석할 수 있는가? 그는 왜 잔혹하고 충격적인 살인 행위들을 그와는 아무런 이해관계가 없는 무력한 개별 인간들을 상대로 연쇄적으로 자행하는가? 이 물음은 이 영화가 갖고 있는, 해독되기가 매우 어려운 수수께끼이다. 이 수수께끼를 해석하는 시도가 설득

---

4. 〈복수는 나의 것〉에서 강요당한 고통을 받는 대상으로 등장하는 인물들은 물론 일본인들이다. 남승석은 이마무라 감독이 폭력에 대한 비판에서 인류학적 관심을 보이고 있음을 지적하는바, 이렇게 보면 그가 일본 제국주의·군국주의의 폭력이 동아시아 전체, 더 나아가 인류 전체에 피해를 줬다는 인식을 공유하는 예술가라는 점은 어렵지 않게 추론될 수 있다. 일본 제국주의·군국주의가 자행한 폭력에 대한 이마무라 감독의 비판은 이 폭력이 발원한 일본을 배경으로 한 영화를 통해서 시도되고 있지만, 그의 폭력 비판을 일본이라는 배경에 국한하여 해석하는 것은 옳지 않다고 본다. 그의 비판이 겨냥하는 대상은 동아시아 전체에 폭력을 자행한 일본 제국주의·군국주의이기 때문이다. 그의 폭력 비판을 일본으로 국한하여 해석할 경우 〈복수는 나의 것〉은 일본에서 발생한, 일본인들만의 문제를 다룬 영화로 축소될 것이며, 일본 제국주의·군국주의가 자행한 거대한 폭력의 실체도 또한 축소되는 결과에 이르게 될 것이다. 알레고리에 도달하는 데 성공한 어떤 예술작품은 그 작품의 배경이 되는 공간과 시간을 넘어서서 의미를 매개하고 더 나아가 의미를 형성하는 능력을 갖는다. 〈복수는 나의 것〉은 이런 능력을 발휘하는 빼어난 예술작품이다.

력을 가질 때 비로소 이 영화가 매개하는 심층적인 의미가 드러날 수 있을 것이다.

인과적으로 설명이 안 되는 연쇄살인에 대한 해석의 가능성

〈복수는 나의 것〉은 원인을 알 수 없는 충격적인 살인 행위들을 영상을 통해 보여줌으로써 관객에게 많은 물음을 던지고 있다. 하지만 관객이 이 물음들에 대해 답을 찾는 것은 쉽지 않다. 이 영화를 여러 차례 보아도 답을 찾기는 매우 어려우며 오히려 미궁에 빠지고 만다. 이 영화는 카프카의 『심판』이나 『성』이 그렇듯이 그것 자체로 미로迷路, Labyrinth이다. 에노키즈는 도대체 무슨 이유 때문에 살인 행위들을 연쇄적으로 자행하고 사기 행각을 벌이며 갖은 종류의 거짓을 통해 무력한 개별 인간들을 희생시키고 그들에게 고통과 피해를 주는지 알 수 없기 때문이다.

이 영화가 던지는 물음들을 일단 추적해 보기로 한다. ① 에노키즈는 왜 아무런 인과관계도 없이 연쇄살인을 저지르는가? 그는 무슨 목적으로 죄가 없는 무력한 개별 인간들을 살해하는가? ② 에노키즈는 왜 살인 행위를 저지르고도 두려워하거나 당황하지 않고 태연하며, 취조 중에도 전혀 반성하지 않고 웃으면서 책상 위에 발을 올려놓는 등의 행동을 하는가? ③ 에노키즈의 아버지는 자신의 절대적인 생계 수단인 배를 일본 해군에 빼앗기면서도 왜 용서를 비는가? ④ 에노키즈는 자신에게 은신처를 제공해주고 성적 욕망까지 충족시켜 준 하루를 왜 살해하는가? ⑤ 신앙에 충실하게 살아간다고 생각하는 에노키즈의 아버지가 며느리에 대해 하는 행동들, 아들에 대해 파문을 통보하는 행동들은 어떻게 이해될 수 있는가? ⑥ 에노키즈의 부모, 아내, 자녀, 하루의 어머니와 남편 등 그녀의 주변에 있는 인물들 등 영화에 등장하는 무력한 개별 인간들의 피폐한 삶은 영혼을 박탈당한 삶인데 무엇이 이들의 삶을 이렇게 비참하게 하는가? ⑦ 그들은 왜 이처럼 비참하게 살아야만 하는가? 이러한 물음들 이외에도, 제기될 수 있는 물음들은 매우 많을 것이다. 나는 많은 물음 중에서도 에노키즈가 왜 연쇄살인을 저지르는가라는 물음에 논의를 집중시켜 〈복수는 나의 것〉이 매개하는 의미를 추적하려고 한다. 이 물음들에 대해 모두 답을 시도하는 것은 벤야민과 아도르노의 이론 외에도 정신분석, 신학 등의 도움을 받아야만 비로소 가능할 것으로 보이며, 이러한 시도는 방대한 분량의 지면을 필요로 할 것이기 때문이다.

에노키즈의 연쇄살인 행위는 인과적으로 설명이 안 된다. 인간의 상식과 오성으로는 도저히 이해가 안 되는 행위들이다. 이 행위들이 정치적·경제적·종교적 이해관계, 원한, 질투, 복수, 성적인 동기, 특정 계층이나 계급에 대한 분노에 그 원인이 있다는 것을 파악하는 것은 불가능하다. 이러한 분노 때문에 살인을 저지른다면 지배 세력에 속하는 사람들을 선택하는 것이 논리적인데, 에노키즈의 희생자들은 모두 무력한 개별 인간들이기 때문이다. 한 명의 변호사도 살해당하지만, 그도 고위 법관이나 고위 검사를

지낸 지배 세력으로서의 법률가 집단에 속하지 않으며 지방 소도
시의 영세한 변호사이다. 또한 에노키즈의 살인 행위에서는 특정
한 목적을 성취하기 위한 동기도 전혀 발견되지 않는다. 이유가 전
혀 없는 살인이 연쇄적으로, 그리고 충격적으로 발생하는 것이다.
이렇게 보면 에노키즈는 정신병자일 수밖에 없다. 그 밖의 다른 시
각으로는 살인 행위를 설명할 수 없기 때문이다.

그러나 에노키즈의 행위는 주도면밀하며 계획적이고, 그의 언
어는 논리를 갖추고 있을 뿐만 아니라 그는 명확한 의사 전달 능
력을 보여준다. 일본의 명문 교토대학 교수를 사칭하면서 여성을
농락하고 사기 행각을 벌일 뿐만 아니라 변호사를 사칭하여 형사
사건 합의금을 탈취하는 과정에서 보여주는 그의 논리와 의사 전
달 능력은 그를 정신병자로 볼 수 없게 하는 근거들이다. 그의 사
기 행각에서 그가 교수가 아닐 것이라는 의심, 변호사가 아닐 것이
라는 의심을 품는 피해자들은 없다. 경찰의 취조 과정에서 보여준
그의 언어는 심지어 당당하기까지 하다. 따라서 에노키즈의 살인
행위들은 정신병에 의한 일탈 행위로 해석될 수 없다.

그렇다면 에노키즈는 자신과 아무런 이해관계나 원한 관계가
없는, 죄가 없는 사람들을 상대로 왜 그러한 살인을 치밀하고 계
획적으로 저지르는가? 이 물음에서 영화 〈복수는 나의 것〉은 아
도르노가 말하는 암호 표지暗號 標識, Kryptogramm로 된다. 이마무라
감독은 왜 이해될 수 없는 암호 표지를 관객 앞에 내놓는가? 이
물음은, 카프카가 작품 자체로 수수께끼며 인간의 오성을 통해

서는 이해가 전혀 안 되는 『변신』이나 『심판』을 왜 독자들 앞에 내놓는가 하는 물음과 동류의 성격을 갖는다.

이 물음에 대해 관객의 입장에서 거의 유일하게 답을 찾을 수 있는 가능성은 영화 시작 28분경 이후에 등장하는 장면에서 성립될 수 있다. 일본 제국주의·군국주의 군대의 해군 장교가 에노키즈의 아버지를 구타하고 에노키즈 가족의 생계를 유지해 주는 배를 징발하자 에노키즈는 해군 장교에게 저항하며, 아버지는 아들을 말리면서 해군 장교에게 용서해 달라고 빈다. 해군 장교가 왜 아버지를 구타하는지, 아버지는 가족의 생계 수단이 되는 배를 약탈당하고도 왜 해군 장교에게 에노키즈의 정당한 항의에 대해 당당하게 설명하기는커녕 오히려 아들과 자신을 용서해달라고 구걸하는지를 에노키즈는 이해할 수 없었다. 장교의 폭력·약탈 행위와 아버지의 비굴함은 그에게는 충격이었다.

이 장면과 에노키즈의 연쇄살인 행위의 상호 연관관계를 이 영화를 해석하기 위한 거의 유일한 가능성으로 설정한다면, 그의 살인 행위들은 큰 틀에서 보면 일본 제국주의·군국주의가 자행한 폭력에 대한 ― 인과관계를 확인할 수 없는 ― 보복이라는 해석이 가능해진다. 이 해석을 가능하게 하는 접점은 해군 장교가 섬나라인 일본이 추동하는 제국주의·군국주의를 군사적으로 실행하는 일본 해군을 상징하는 인물이라는 점에서 찾아질 수 있다.

그럼에도 에노키즈의 살인 행위와 살해를 당한 피해자들 사이의 인과관계가 전혀 존재하지 않기 때문에, 살인 행위를 더욱 근원적으로 이해할 가능성을 찾아볼 필요가 있다. 이러한 시도를 통해서 우리는 비로소 〈복수는 나의 것〉이 숨겨 놓은 암호를 해독할 수 있는 단계에 도달할 수 있을 것이기 때문이다. 나는 이 가능성을 벤야민이 「운명과 성격」에서 제시한 개념인 '죄의 연관관계'를 통해 찾고자 한다.

벤야민의 '죄의 연관관계' 개념을 통한 〈복수는 나의 것〉에 대한 해석

이제 벤야민의 '죄의 연관관계' 개념을 통해서 〈복수는 나의 것〉에 대한 해석을 시도해 보자. 다시 말해서 일본 제국주의·군국주의가 중심이 되어 구축된 '죄의 연관관계'에 관한 알레고리를 탐구해 보자. 벤야민은 자신의 가장 중요하고 핵심적인 저작인 『독일 비애극의 원천』을 1925년에 출간하기 전에 짧은 에세이인 「운명과 성격」을 쓴다. 이 글은 아도르노에 따르면 벤야민의 사유에 진입하기 위해서는 꼭 읽어야 하는 글이며, 벤야민 자신도 이 글을 『독일 비애극의 원천』에서 여러 차례 인용하고 있다. 「운명과 성격」에서 발아한, 세계와 역사를 보는 벤야민의 천재적인 시각이 독일 바로크 비애극을 알레고리로 보는 통찰에서[5] 정초定礎되었

---

5. 나는 이 통찰에 힘입어 인류가 예술의 본질을, 특히 카프카, 프루스트, 조이스, 피카소, 베케트 등과 같은 중요한 예술가들에게서 나타나듯이 수수께끼적 성격을 갖는 현대 예술을 비로소 제대로 이해할 수 있게 되었다고 본다. 『독일 비

다. 그리고 이러한 정초의 중심에 알레고리의 개념이 위치하며, 이 개념과 함께 움직이는 개념들이 바로 자연사, 원천, 성좌적 배열, 이념의 재현, 현상들의 구제, 구원 등이다. 「운명과 성격」은 벤야민이 『독일 비애극의 원천』에 퇴적되어 있는 미학·예술이론, 역사철학, 인식론에서 펼치는 사유의 — 플라톤의 이원론적 전통, 서구 인식론 및 인식 방법론을 전복시키는 — 코페르니쿠스적인 전환에 진입하기 이전에 집필한 에세이이다. 이 글에서 벤야민은 역사를 '죄의 연관관계'로 꿰뚫어 보고 있다.

벤야민은 성격을 하나의 윤리적인 연관관계 안으로 집어넣는 시각을 거부하며, 이와 동시에 운명을 하나의 종교적인 연관관계 안으로 집어넣는 시각도 받아들이지 않는다.[6] 특히 후자의 시각은 죄의 개념과 운명을 결합함으로써 "운명적인 불행을 종교적으

애극의 원천』은 아리스토텔레스 이후 2,000여 년 동안 거의 변화되지 않은 채 지속되어 온 서구의 미학·예술이론의 패러다임을 전복하였다. 이 전복은 서구에서 예술을 보는 시각을 아리스토텔레스 『시학』이 지배하는 전통으로부터 해방시켰다. 벤야민의 이 책이 매개하는 인식은 1960년대까지도 제대로 파악되지 않고 있었으나 1980년대 이후 서구에서 전개된 거의 모든 중요한 미학·예술이론은 벤야민의 통찰을 적극적으로 수용하고 있다. 나는 세계의 비극적인 진행으로서의 역사와 이 역사가 인간에게 고통을 강요하는 것 사이의 관계를 형상화한 〈복수는 나의 것〉도 『독일 비애극의 원천』이 제공하는 통찰들에, 곧 세계의 고통사, 예외 상태, 운명, 멜랑콜리, 폐허, 알레고리적인 탈영혼화·파편화 등에 대한 통찰들에 힘입어 그 의미가 비로소 해독될 수 있다고 본다. 서구 미학·예술이론의 역사에서 가장 중요한 업적으로 평가받는 아도르노의 미학·예술이론도 근본적으로는 벤야민이 『독일 비애극의 원천』에서 새롭게 도입한 패러다임에 기대고 있다.

6. Walter Benjamin, *Schicksal und Charakter*, p. 171.

로 죄를 짓는 것에 대한 신이나 또는 신들의 대답으로 간주[7]하는 결과를 초래한다. 운명과 죄의 결합 관계를 거부하는 입장을 취하는 벤야민은 운명과 '죄 없음의 개념'과의 관계에 대해 사유를 펼친다.

벤야민의 시선은, 인간이 아무런 죄를 짓지 않았음에도 불구하고 죄를 지은 인간에게 해당하는 고통을 받고 살아가는 인간으로 되는 현상이 역사적으로 지속되는 것을 – 벤야민은 이것을 운명으로 이해한다 – 집중적으로 겨냥하고 있다. 이러한 사유의 결과로 그가 내놓은 개념이 유죄 판결을 받은 삶으로서의 삶, 운명, 즉 '죄의 연관관계'이다. 그에게 인간의 운명은 죄를 짓지 않았음에도 유죄 판결을 받은 삶[8]을 족쇄처럼 묶는 연관관계이다. 벤야민의 심오한 사유에 다가가 보자.

따라서 운명은 유죄 판결을 받은 삶으로서의 삶에 대한 고찰에서 드러난다. 근본적으로 운명은 삶으로서, 곧 유죄 판결을 먼저 받았고 그것에 이어서 죄가 있는 것으로 되었던 삶으로서 드러나는 것이다. 괴테가 이러한 두 단계를 "너희는 가난한 자를 죄인으로 만들고 있다"라는 말에서 요약하듯이, 법은 형벌을 받도록 유죄 판결을 하는 것이 아니며, 죄가 되도록 유죄 판결을 한다. 운명

---

7. 같은 책, p. 173.
8. 예컨대 카프카의 『심판』은 이러한 삶을 형상화한 작품이다.

은 살아 있는 자에게 들어 있는 죄의 연관관계이다. 이러한 죄의 연관관계는 살아 있는 자의 자연적인 상태에 상응하며, 여전히 남김없이 해체되지는 않은 가상假像에 상응하는바, 인간은 이 가상에서 벗어나 있어서 결코 한 번도 완전하게 이 가상에 자신을 담글 수 없었고 오히려 가상의 지배 아래에서 단지 자신의 최상의 부분에서만 눈에 띄지 않게 머무를 수 있었다. 따라서 인간은 근본적으로 어떤 운명을 가진 존재가 아니며, 운명의 주체는 규정될 수 없다. 판관은 그가 의도하면 어느 곳에서나 항상 운명을 알아볼 수 있다. 각기의 모든 형벌에서 그는 운명을 무분별하게 함께 지시해야만 한다. 인간은 이것에 의해 결코 명중되지 않는다. 그러나 인간에게 들어 있는 벌거벗은 삶은, 곧 가상에 힘입어 자연적인 죄와 불행에서 몫을 갖고 있는 벌거벗은 삶은 명중된다.[9]

벤야민에게 인간의 삶은 유죄 판결을 먼저 받은 삶이며, 죄가 없는 경우에도 유죄 판결을 받은 삶이다. 유죄 판결이 인간의 삶을 죄가 있는 것으로 만든다. 바로 이것이 인간을 위에서 짓누르면서 인간에게 드리워져 있는 힘인 운명이다. 벤야민에게 폭력 자체인 법은 인간의 삶이 유죄 판결을 받도록 해주는 도구이다. 말하자면 법은 인간의 삶이 유죄 판결을 받은 삶으로 진행되도록 해주는 도구인 것이다. 법은, 살아 있는 자가 운명의 굴레에서 살아

---

9. Benjamin, *Schicksal und Charakter*, p. 175.

가게 하는 강제적인 수단이다. 이렇게 해서 "운명은 살아 있는 자에게 들어 있는 죄의 연관관계"가 된다. 죄 없는 인간이 살아 있는 동안에는 '죄의 연관관계'에 편입되는 것이다. '죄의 연관관계'는 "살아 있는 자의 자연적인 상태"이다. 인간이 살아 있다는 것은 본래 '죄의 연관관계'에 들어가 있는 것이다.

〈복수는 나의 것〉에서의 인간의 삶은 일본 제국주의·군국주의가 지배 이데올로기로서 제정한 법에 의해 이미 유죄 판결을 받은 삶이다. 이 삶이 동아시아와 일본에서 살았던 절대다수의 무력한 개별 인간들에게 해당한다는 점은 두말할 나위가 없다. 유죄 판결을 받은 삶이 바로 그들의 운명이었다. 이렇게 해서, 그들은 살아 있다는 것 자체로서 '죄의 연관관계'에 의해, 곧 가상假像[10] 이지만 그 중심에 일본 제국주의·군국주의가 놓여 있는 '죄의 연관관계'에 의해 지배받는다. '죄의 연관관계'에 의해 지배받는 인간은, 에노키즈의 아버지의 경우처럼, 해군 장교가 폭행해도 저항할 도리가 없으며 아들의 저항에 대해 오히려 용서를 비는 수밖에 없는 것이다. 유죄 판결을 받은 후 비로소 존재하게 된 인간이, 이렇게 존재하는 것이 운명이 된 인간이, 자신에게 위해를 가하는 '죄의 연관관계'에 대해 ― 해군 장교는 일본 제국주의·군국주의가 중심이 되어 구축된 '죄의 연관관계'가 작동되게끔 그에게 부여된 역할을 실행하는 기능 담지자[11]이다 ― 저항할 수는 없기 때문이다. 저항의 결

---

10. '죄의 연관관계'와 가상의 관계는 뒤에서 구체적으로 살펴볼 것이다.

과는 유죄 판결을 받은 인간으로라도 존재하는 것을 허용하는 운명으로부터의 축출로 이어질 것이며, 이것은 곧 죽음을 의미한다.

어린 에노키즈는 아버지가 왜 재산을 빼앗기고 해군 장교가 자행하는 폭력의 희생자가 되는지를 이해하지 못한다. 이 폭력 사건부터 에노키즈가 연쇄살인을 저지르는 시점에 이를 때까지 에노키즈의 아버지를 비롯한 그의 가족들의 삶은 여전히 비참하고 황폐한 상태에 머물러 있었다. 폭력 사건 당시에 그들을 족쇄처럼 묶고 있던 운명 역시, 다시 말해서 '죄의 연관관계'에 의한 지배 역시 달라지지 않고 동일하게 기능하고 있었다. 이렇게 볼 때, 에노키즈의 충격적인 살인 행위들을 그의 소년 시절부터 살인 행위가 저질러지는 시점까지 그를 짓누르고 있었던 '죄의 연관관계'에 대한 저항이나 보복으로 해석할 가능성이 열리게 된다. 에노키즈의 살인 행위들은 특정한 인과관계에 의한 살해가 아니고 '죄의 연관관계'에 대해 칼을 겨누는 행위라는 해석이 가능해진다.

이 가능성은 다음과 같은 가정假定에서 더욱 확실해진다. 만일 일본이 2차 세계대전 이후에 근본적이고도 지속적으로 과거 청산을 실행했더라면, 일본 제국주의·군국주의의 죄악으로 인해 일본인들에게 드리워진 운명의 지배력이 일본인들에게서 감소하였

---

11. 기능 담지자(Funktionsträger)는 아도르노의 개념이다. 교환원리의 총체성에 힘입어 작동하는 '불의의 연관관계'로서의 사회에서 사회의 강제적 구성원으로 편입되어 있는 개별 인간은 사회가 그에게 부여한 특정 기능을 담지함으로써만 자기보존을 유지할 수 있다.

을 것이며, '죄의 연관관계'의 본질도 ─ 이 연관관계는 변화될 뿐 인간의 역사가 진행되는 한 거의 영구적으로 소멸하지 않을 것임에도 ─ 물론 변화되었을 것이다. 2차 세계대전 이후 일본은 제국주의·군국주의의 어두운 그림자를 인류가 충분히 납득할 수 있는 수준으로 지워버리고 과거의 죄악과 결별한 전적으로 새로운 일본의 모습을 보여야 했다. 그렇지 않았기 때문에 이마무라 감독은 일본 제국주의·군국주의가 중심이 되어 구축된 '죄의 연관관계'를 〈복수는 나의 것〉이 보여주는 수수께끼적인 영상 언어에 담아서 물음을 제기하였다.

이제 '죄의 연관관계'와 가상의 관계에 대해 살펴보자. 벤야민은 '죄의 연관관계'를 "남김없이 해체되지는 않은 가상"으로 본다. 이 시각에는 벤야민 사유에 특유한 비의성秘義性이 들어 있다. 인간은 남김없이 해체되지 않고 인간에게 머물러 있는 가상인 '죄의 연관관계'로부터 벗어나 있음에도 불구하고 가상의 지배 아래 놓여 있다는 벤야민의 사유는 깊게 파고들지 않고는 이해가 될 수 없는 문자 그대로 비의적인 성격을 갖고 있다. 비밀스럽게 의미를 내보이는 그의 사유로 진입해 보자.

가짜 형상인 가상은 진짜 형상인 본질이 존재하기 때문에 존재한다. 본질에 근거하지 않는 가상은 존재하지 않는다. 헤겔은 '본질 = 본질 + 가상'이라고 보았다. 순수한 본질은 존재하지 않으며 본질에 근거하지 않는 가상 역시 존재하지 않는다. 벤야민이 볼 때, 인간의 삶이 죄가 있는 것으로 되도록 유죄 판결을 하는 것이 법의 본질이다. 법이 이러한 도구로서 기능하는 것은 가시적이며 따라서 이것은 진짜 형상이다. 법은 경험세계에서 그러한 도구로서 실제로 작동하기 때문이다. 법이 이렇게 작동하면 이와 함께 가상도 작동한다. 벤야민이 보기에 이것이 바로 '죄의 연관관계'이다. 벤야민은 괴테를 인용하여 이러한 관계를 "두 단계"라고 표현하고 있다. 유죄 판결을 먼저 받는 것은 본질이고, 유죄 판결에 이어서 가상에서 인간의 삶이 죄가 있는 것으로 된다. 그러나 본질과 가상은 분리되지 않으며 근본적으로 하나의 사실관계에 속한다. 다시 말해, 이 사실관계에 유죄 판결을 받은 삶과 '죄의 연관관계'가 함께 들어 있는 것이다. '죄의 연관관계'는 가상이지만 본질이 존재하기 때문에 존재하는 가상이다. 그러므로 '죄의 연관관계'는 본질적이다.

만일 가상이 남김없이 해체된다면, 법이 인간의 삶에 대해 내리는 유죄 판결을 짊어져야 하는 '죄의 연관관계'는 성립하지 않을 것이다. 그리고 '죄의 연관관계'가 없다면 법이 내리는 유죄 판결은 실행력을 갖지 못할 것이다. 따라서 가상은 남김없이 해체될 수 없다. 예컨대 일본 제국주의·군국주의의 지배 아래에서는 법이 내리는 유죄 판결과 이어서 인간의 삶을 죄가 있는 것으로 만드는 '죄의 연관관계'가 거의 완전하게 일치한다고 볼 수 있다. '죄의 연관관계'가 가상으로 존재할 필요조차 없을 정도로 일본 제국주의·군국주의의 법이 내리는 유죄 판결이 적나라하기 때문이다. 일본 제국주의·군국주의의 폭력은 벤야민이 말하는 본질로서의 법의 유죄 판결과 가상으로서의 '죄의 연관관계'가 완전하게 일치하게 할 정도로 적나라한 것이다. 본질과 가상을 구분할 수 없을 정도로 벌거벗은 폭력이었던 것이다.

가상은 인간으로부터 벗어나 있다. 가상은 본질로서 인간에게 다가오지 않기 때문이다. 따라서 인간은 이 가상에 자신을 "한 번도 완전하게 담글 수 없다." 인간이 가상에 자신을 담그는 것을 거부하면서 이 가상이 인간을 지배하게 된다. 바로 이것이 가상인 '죄의 연관관계'가 인간을 지배하게 되는 원리이다. 가상은 비가시적이고 숨겨져 있지만 인간의 삶을 지배한다. 가상은 본질적이기 때문이다. 일본 제국주의·군국주의는 법을 도구로 삼아 인간에게 유죄 판결을 내린다. 이것이 본질에 해당하며 이 본질과 함께 가상이, 곧 '죄의 연관관계'인 가상이 동반된다. 에노키즈의 연쇄살인 행위들은 법이 인간의 삶에 대해 유죄 판결을 내리는 행위에 대한 저항이 아니다. 그의 살인 행위들이 이러한 저항에 해당한다면, 에노키즈는 "내가 죄가 없는데 왜 나에게 유죄 판결을 하는가"라고 물으면서 유죄 판결을 하는 판관들을 살해했어야 한다. 그러나 에노키즈의 살인 행위들에는 이유가 없다. 따라서 그의 살인 행위들은 가상으로 존재하면서 숨어서 인간의 삶을 지배하는 ─ 그럼에도 본질적인 ─ '죄의 연관관계'에 대한 저항이나 보복으로 해석될 수밖에 없다. 이러한 해석의 가능성을 배제한다면, 에노키즈의 살인 행위들이 인과관계를 벗어나 있기 때문에 이 행위들에 대한 해석이 불가능해질 수밖에 없다. 이렇게 볼 때, 그의 원인을 알 수 없는 살인 행위들은 일본 제국주의·군국주의가 중심이 되어 구축된 ― 가상으로서의 ― '죄의 연관관계'에 대한 보복인 것이다. 이는 일본 제국주의·군국주의에 대한 심판이다.

벤야민의 사유에서 인간은 어떤 운명을 가진 존재가 아니며 법이 인간의 삶에 대해 유죄 판결을 하는 역사로서의 역사가 어떻게 진행되느냐에 따라 인간의 운명도 달라진다. 인간의 삶에 대해 유죄 판결을 내리는 재판관만이 모든 형벌에서 인간의 운명을 "무분별하게 지시해야만" 한다. 하지만 이것이 결코 인간을 명중시키지는 않는다. '죄의 연관관계'는 "남김없이 해체되지는 않은" 가상이기 때문이다. 그러나 바로 이러한 가상이 "자연적인 죄와 불행에서 몫을 갖고 있는 벌거벗은 삶", 곧 '죄의 연관관계'에 의해 지배되는 삶을 명중시킨다.

일본 제국주의·군국주의는 인간의 삶에 유죄 판결을 내리며 인간의 운명을 무분별하게 지시하는 것을 통해 작동한다. 이렇게 해서 '죄의 연관관계'가 구축된다. 이 연관관계에 의해 지배된 삶이 바로 "벌거벗은 삶"[12]이다. 에노키즈를 포함하여 〈복수는 나의 것〉에 등장하는 모든 인물의 삶은 벌거벗은 삶이다. 다시 말해 '죄의 연관관계'에 의해 지배받는 삶이다. 이 삶이 동아시아와 일본에서 일본 제국주의·군국주의의 폭력에 의해 고통을 받았던 절대

---

12. 벤야민이 이 자리에서 언급하는 "벌거벗은 삶"은 이탈리아의 철학자 조르조 아감벤의 주 저작인 『호모 사케르』의 중심 주제가 되었다.

다수의 무력한 개별 인간 모두에게 해당한다는 점은 명백하다.

일본 제국주의·군국주의가 중심이 되어 구축된 가상인 '죄의 연관관계'는, 앞에서 지적하였듯이 2차 세계대전이 끝난 후 해체되지 않았다. 〈복수는 나의 것〉에 등장하는 모든 인물은 '죄의 연관관계'에 의해 지배를 당한 채 벌거벗은 삶을 살아야 하는 무력한 개별 인간일 뿐이다. 이런 시각에서 볼 때, 〈복수는 나의 것〉은 스스로 벌거벗은 삶을 살아야 하는 에노키즈가 벌거벗은 삶을 살아야 하는 다른 사람들을 살해함으로써 이런 비극적인 삶을 살도록 강요하는 '죄의 연관관계'에 대한 보복을 형상화한 작품이라는 해석이 가능하다.

벤야민이 볼 때 '죄의 연관관계'는 "남김없이 해체되지 않은 가상"이지만, 일본 제국주의·군국주의가 중심이 되어 구축된 '죄의 연관관계'는, 앞에서 이미 언급하였듯이 숨어서 작동할 필요조차 없을 정도로 그 모습을 적나라하게 노출하였기 때문에 본질과 거의 동일하다고 볼 수 있다. 이러한 극단성과 적나라함이 근원에 놓여 있는 역사가 바로 일본 현대사이다. 일본 현대사는 가상인 '죄의 연관관계'를 총체적이고도 가시적으로 드러낸 역사이기도 하다. 에노키즈의 살인 행위들은 가상으로 존재할 필요조차 없이 적나라하게 그 모습을 내보인 '죄의 연관관계'로서의 일본 현대사에 대한 저항과 보복이다. 이는 일본 현대사에 대한 치열한 비판이자 심판이다. 이와 동시에, 아무런 죄도 없이 '죄의 연관관계'에 의해 지배받으면서 벌거벗은 삶을 살아야만 하는 운명을 강요하는 폭력에 대한 저항이자 비판이다. 이렇게 해서 암호 표지인 〈복수는 나의 것〉이 해독될 가능성이 열리게 된다.

이러한 가능성을 확고하게 성립시키는 데 결정적 근거가 될 수 있는 것은 범죄를 추궁하는 형사 앞에서 에노키즈가 취하는 당당한 태도이다. 그는 일본 제국주의·군국주의는 무한 폭력을 행사해도 죄가 없는데 몇 사람 죽인 것이 무슨 죄가 되느냐고 묻는다. 그는 수천만 명을 살해한 일본 제국주의·군국주의의 거대 죄악에 대해서는 왜 죄를 추궁하지 않느냐고 묻고 있으며, 왜 불과 몇 사람을 죽인 자신의 죄만 추궁하느냐고 형사에게 따지고 있다. 그는 일본 제국주의·군국주의가 중심이 되어 구축된 '죄의 연관관계'에 대해서는 왜 죄를 묻지 않느냐고 항의하고 있는 것이다. 이 점에서, 에노키즈의 이유가 없는 살인 행위들은 일본뿐만 아니라 동남아시아에서 수천만 명을 살해한 일본 제국주의·군국주의가 중심이 되어 구축된 '죄의 연관관계'에 대한 보복으로 볼 수 있는 것이다. 그는 더 나아가 앞에서 말한 연관관계에 갇혀 있었고 종전 후에도 역시 갇혀 있는 인간들에게 삶과 죽음의 차이가 도대체 존재하느냐고 묻고 있다. 그가 자신의 살인 행위로 삶을 박탈당한 희생자들에게 전혀 반성하지 않는 태도를 취하고 있기 때문이다. 이러한 태도는 벌거벗은 삶에 대한 저항이자 심판이다.

따라서 〈복수는 나의 것〉은 벤야민이 말하는 벌거벗은 삶은 삶이 아니라는 것을 암시하는 차원도 함유하고 있다. 더 나아가 아감벤이 제시한 호모 사케르Homo Sacer는 살해해도 되지만 국가

가 필요로 하는 용도에 도구로 투입되어야 하기 때문에 희생되어
서는 안 되는 존재다. 이 영화는 호모 사케르인 에노키즈가 다른
호모 사케르를 살해하는 것이 '죄의 연관관계'에서 원리적으로 발
생하는 현상임을 암시하고 있다. 호모 사케르를 살해하는 것은
죄가 되지 않기 때문이다. 이렇게 보면, 이 영화가 극악무도하고 잔
혹한 폭력을 자행한 일본 제국주의·군국주의가 그 중심에 위치
하는 ─ 절대다수의 무력한 개별 인간들에게 극단적인 비참함과 참혹함
을 강요한 ─ '죄의 연관관계'로서의 일본 현대사에 대한 심판이라
는 해석이 더욱 많은 설득력을 가질 수 있다.

폭력 행사의 관점에서 성립하는 알레고리

앞에서 나는 벤야민을 끌어들여 〈복수는 나의 것〉이 일본 제
국주의·군국주의가 중심이 되어 구축된 '죄의 연관관계'를 알레고
리적으로 형상화한 작품이라는 해석을 시도하였다. 이 관점과 함
께 폭력 행사의 관점에서도 이 영화가 알레고리로 해석될 가능성
이 존재한다. 일본 제국주의·군국주의는 19세기 말부터 1945년까
지 일본뿐만 아니라 동아시아 전체에 걸쳐 수천만 명에 달하는 무
력한 개별 인간인 불특정 다수를, 이들이 아무런 죄를 짓지 않았
음에도 불구하고, 다시 말해 아무런 인과관계가 없이, 총칼을 사
용하여 피를 흘리게 하면서 살해하였다. 심지어는 살아 있는 사람
을 대상으로 생체 실험을 하기도 하고 세균을 살포하여 집단 살상

도 자행하였다. 이처럼 진행된 역사를 B라고 지칭해 보기로 한다.

에노키즈는 아무런 죄가 없는 무력한 개별 인간들인 불특정 소수를 아무런 인과관계가 없이 연쇄적으로 살해한다. 이들이 에노키즈에게 살해당할 만한 어떤 원인도 제공하지 않았음에도 불구하고 이들은 온몸에 피를 흘리면서 그에게 살해당한다. 영화가 시작된 후 10분경에 나오는 최초의 살인, 곧 트럭 운전사의 전신을 칼로 찔러 죽이는 살해는 아무런 이유가 없는 살인이다. 에노키즈는 살인 후 돈을 훔치지만 트럭 운전사가 돈을 많이 갖고 있을 가능성은 거의 없기 때문에 경제적 동기에 의해 살인을 저질렀다는 설명은 설득력을 갖지 못한다. 영화 시작 후 1시간 28분경에 나오는 변호사를 살해하는 장면은 잔혹하고 전율스럽다. 밀폐된 공간에서 살해된 시체에 술을 뿌리고 밖에서 못질을 한 후 테이프로 봉합하는 장면은 에노키즈의 살인 행위가 주도면밀하게 의도된 행위임을 보여준다. 그는 이처럼 잔혹한 살인을 저지르고도 태연한 얼굴을 보이면서 아무 일도 없었다는 듯이 행동한다. 영화 시작 후 2시간 경에는 에노키즈가 하루를 목 졸라 죽이는 장면이 나온다. 트럭 운전사 살해부터 하루를 살해하기까지 진행된 살인의 역사를 Ḃ라고 지칭해 보기로 한다.

폭력 행사의 관점에서 보면 B와 Ḃ 사이에는 등치 관계가 성립한다. B에서나 Ḃ에서나 이유 없는 살인들이 자행되고 있기 때문이다. 바로 이 관점에서 Ḃ를 B에 대한 알레고리로 해석할 수 있는 근거가 성립한다. 또한 B에서 일본 제국주의·군국주의가 흘리게 한 피와 Ḃ에서 에노키즈가 흘리게 하는 피도 서로 등치 관계에 놓여 있다. 살해당한 사람들의 몸에서 흐르는 피에 주목해 보아도 〈복수는 나의 것〉이 일본 제국주의·군국주의에 대한 알레고리로 해석될 수 있는 것이다. B와 Ḃ의 등치 관계를 더 구체적으로 살펴보기로 한다.

B에서는 수천만 명의 사람이 아무 이유가 없이 일본 제국주의·군국주의가 휘두르는 총칼에 의해 피를 흘리면서 살해당했다. Ḃ에서는 몇 명의 사람들이 아무런 이유가 없이 에노키즈가 휘두르는 칼에 의해 피를 흘리면서 살해당했다. 이마무라 감독은 인과관계가 없이 충격적으로 저질러지는 에노키즈의 살인 행위와 일본 제국주의·군국주의의 잔혹한 살인 행위를 동치시킴으로써 양자가 폭력 행사의 관점에서 동일하다는 점을 암시하고 있다. 그리고 이렇게 함으로써 그는 관객들이 일본 제국주의·군국주의의 폭력에 대한 철저한 비판에 도달하게끔 하는 길을 ― 수수께끼적 형상으로 표현된 Ḃ를 통해 B에 대해 물으면서 ― 안내하고 있다.

Ḃ가 B에 대한 알레고리라는 시각은 이 글의 중심 테제, 즉 〈복수는 나의 것〉이 '죄의 연관관계'로서의 일본 현대사에 대한 심판이라는 중심 테제에 근거한다. 〈복수는 나의 것〉은, B와 Ḃ에서의 폭력 행사 방식은 본질적으로 동질적인데 B에서 자행된 거대 폭력에 대해서는 죄를 묻지 않고 Ḃ에서 저질러진 폭력에 대해서 죄를 추궁하는 것에 대해 일본 역사와 일본 사회를 향해 물음을 던지고 있다. 에노키즈가 형사 앞에서 취하는 당당한 태도가

이 물음을 상징한다. 앞에서 말했듯이, 이 물음은 일본 제국주의·군국주의가 중심이 되어 구축된 '죄의 연관관계'에 대한 심판적인 물음이다. 이 물음은 일본 사회가 과거 청산을 철저하게 해야 할 것임을 닦달하는 물음이기도 하다. 이 물음의 가치는 아무리 높게 평가해도 지나치지 않을 것이다. 일본 제국주의·군국주의가 중심이 되어 구축된 '죄의 연관관계'는 "남김없이 해체되지는 않은 가상"으로서 지금도 여전히 일본과 동아시아의 무력한 개별 인간들에게, 그들의 삶을 비참하게 만들면서, 운명으로서 기능하고 있기 때문이다. 한국의 족벌 언론이 이렇게 기능하고 있는 것은 그러한 '죄의 연관관계'가 일본과 동아시아에서 인간의 삶을 여전히 지배하고 있음을 보여주는 구체적 실례 중의 하나에 불과하다.

벤야민과 아도르노의 중요 개념들을 통한 해석 가능성을 광범위하게 열어 주는 〈복수는 나의 것〉

나는 지금까지 〈복수는 나의 것〉을 벤야민의 '죄의 연관관계'와 접목시켜 해석하려고 시도했다. 그러나 이러한 해석은 그것 자체로 거의 완전한 수수께끼인 이 영화가 숨겨 놓은 수많은 의미의 층의 — 이 점에서 이 영화는 단연코 최고의 예술작품으로 결정結晶되어 있다 — 일부분만을 건드렸을 뿐이다. 이 영화는, 카프카의 작품들이 그렇듯이, 내부에 수많은 귀한 금속을 품고 있는 광맥과도 같아서 파고들면 파고들수록, 귀한 금속을 계속해서 내놓는다.

이 영화는 벤야민의 운명과 '죄의 연관관계' 이외에도 세계의 고통사, 예외 상태, 멜랑콜리, 폐허, 알레고리적인 탈영혼화·파편화와 같은 개념들, 아도르노의 미메시스, 미메시스적 충동, 불의의 총체적 연관관계, 도구적 합리성, 예술적 합리성, 개인의 폐기와 같은 개념들, 그리고 그의 지배 이론 등을 통해서도 해석될 수 있다. 이러한 해석 가능성을 이 자리에서 매우 짧게, 핵심적으로만 언급하고자 한다.

이 영화의 주인공인 에노키즈와 그에 의해 살해당하는 무력한 개별 인간들이 당하는 고통은 ― 에노키즈도 결국 법에 의해 생명을 박탈당한다 ― 세계가 인간에게 강요하는 고통이며, 이 고통은 죽음과 함께 마감된다. 일본 제국주의·군국주의는 예외 상태를 정상적인 상태로 만들어 무한 폭력을 행사하는 지배체제이다. 멜랑콜리는 〈복수는 나의 것〉 전체를 관통하고 있고, 무력한 개별 인간들이 대도시와 소도시에서 살아가는 모습은 그것 자체로 폐허이다. 에노키즈, 그의 아버지, 아내, 자녀들, 하루, 하루의 어머니, 하루의 남편, 하루의 어머니가 살해한 할머니, 하루의 여관에서 몸을 파는 여인들, 사기 사건의 당사자들 등 인물들의 삶은 영혼이 박탈당한 삶이고 파편화된 삶이다.

아도르노의 시각에서 볼 때, 〈복수는 나의 것〉은 불의의 총체적인 연관관계인 전체주의가 자행하는 폭력과 광기에 대한 미메시스로 해석될 수 있다. 앞에서 간략하게 언급했듯이, 이 영화는 이러한 폭력과 광기를 표현하지 않고는 견딜 수 없는 충동인 미메시스적 충동의 산물이다. 이 영화는 도구적 합리성이 그것의 폭력과 광기를 극단적으로 보여주는 경험세계를 미메시스와 합리성의 변증법적 운동을 통해 작품으로 형상화함으로써 예술적 합리성에 도달한 빼어난 작품이다. 이렇게 성취한 예술적 합리성은 일본 제국주의·군국주의에 대한 예술적 인식과 예술작품을 통한 비판을 관객들에게 매개한다. 〈복수는 나의 것〉에 등장하는 에노키즈를 포함한 무력한 개별 인간들의 삶은 실제적으로는 폐기된 삶에 지나지 않으며, 이 점에서 아도르노가 제기한 개인의 폐기에 관한 테제에 부합한다. 아도르노에 따르면, 사회에 의한 개인의 지배는 개인이 자기 주체를 스스로 포기하는 것에서 성립한다. 아도르노의 시각에서 볼 때, 일본 제국주의·군국주의의 발호와 창궐은 일본인들이 자기 주체를 스스로 포기하는 것에 근거하며, 이러한 포기는 2차 세계대전 이후에도 이어졌다. 〈복수는 나의 것〉이 일본인들에게 자기 자각을 요구하고 있다는 점에서 — 물론 의도적·개념적·논리적 차원에서의 요구가 아니고 수수께끼적인 형상이 매개하는 예술적 인식을 통해서이다 — 볼 때, 이 영화는 일본인들에게 '주체가 깨어나야 한다'라는 자기 자각을 매개함으로써 계몽적인 기능을 갖는다. 앞에서 매우 짧게 살펴본 것처럼, 〈복수는 나의 것〉은 벤야민과 아도르노가 내놓은 여러 개념을 통해 더욱 깊게 해석될 수 있다. 깊은 해석을 시도하는 것은 그것 자체로 하나의 방대한 책을 집필하는 일이기 때문에 나는 이 글에서 진행된 해석에 만족하고자 한다.

의미 매개와 의미 형성

앞에서 말했듯이, 〈복수는 나의 것〉은 작품 자체로 거의 완벽한 수수께끼이다. 이 수수께끼를 해독하려는 시도가 진행되면 될수록, 그것이 매개하는 의미의 층은 더 확대되고 심화될 것이다. 암호 표지에 대한 지속적인 해독을 요구함으로써 빼어난 예술작품의 경지에 오른 〈복수는 나의 것〉은, 무한하게 열려 있는 암호 해독의 가능성에도 불구하고 일단 큰 틀에서 보면 일본 제국주의·군국주의가 자행한 폭력과 광기에 대한 고발이자 비판이다. 더 나아가 이 영화는 제국주의·군국주의가 이것의 구축과는 아무런 관계가 없는 무력한 개별 인간들인 절대다수의 일본인들에게 복합적이고 비극적인 고통을 강요하였다는 의미를 — 나는 고통을 받은 대상을 동아시아의 절대다수의 무력한 개별 인간들로 확대하여 이 영화를 해석하였고 그 근거를 제시하였다 — 매개하고 있다. 에노키즈와 그의 가족, 하루와 그의 가족, 트럭 운전사 등 이유 없이 살해당하는 사람들은 다수의 무력한 개별 인간들을 상징적으로 대리하는 인물들로 보아야 할 것이다.

일본 제국주의·군국주의가 중심이 되어 구축된 '죄의 연관관계'가 남김없이 해체되지 않는 한, 폭력을 행사하는 국가라는 형식이 중심이 되어 구축된 '죄의 연관관계'가 지속되는 한, 수수께끼인 이 영화는 지속적으로 의미를 매개할 것이다. 과거 청산과 관련해서 이 영화는 일본 제국주의·군국주의에 대한 철저한 과거 청산을 일본인과 동아시아인에게 요구하면서 미래에도 지속적으로 의미를 매개하는 권능을 가질 것이다. 바로 이것이 중요한 의미를 갖는 예술작품들이 갖는 권능이다. 〈복수는 나의 것〉이 갖는 이러한 원동력은 앞에서 제시한 A와 Á 사이의 등치 관계, B와 Ḃ 사이의 등치 관계에 토대를 둔다. 다시 말해, 이 영화로 하여금 역사와 현실에 대해 의미 매개를 가능하게 하는 것은 이 영화가 성공한 알레고리라는 점에 근거한다.

〈복수는 나의 것〉의 배경이 되는 것은 일본 제국주의·군국주의가 자행하는 거대 폭력이다. 이 점은 해군 장교가 에노키즈의 아버지에게 가하는 폭력을 통해 상징적으로 드러난다. 그러나 에노키즈의 이유가 없는 살인 행위들이 이 장면에서 드러나는 상징을 통해 해석될 수는 없다. 그가 왜 이러한 살인 행위들을 연쇄적으로 자행하는가 하는 물음에 답을 할 수 있을 때 비로소 이 영화가 매개하는 심층적인 의미가 파악될 가능성이 열리게 된다. 이 물음에 답을 할 수 있는 결정적인 근거는 살인 행위들을 저지르고도 두려워하거나 당황하기는커녕 태연하고 취조 과정에서 반성하기는커녕 오히려 당당한 태도를 보이는 에노키즈의 행위로부터 찾을 수밖에 없다. 이 점에서 나는 〈복수는 나의 것〉이 '죄의 연관 관계'로서의 일본 현대사에 대한 보복이자 심판이라고 해석하였다. 따라서 이 영화가 매개하는 심층적인 의미는 일본 제국주의·군국주의가 저지른 죄악에 대한 근원적인 반성과 과거 청산이다. 이것이 이루어지지 않으면, 아무런 죄가 없는 무력한 개별 인간들에 대해 살인 행위들이 저질러지고 살인 행위들을 저지르고도 전혀 반성하지 않는 비극이 계속될 수 있다. 이러한 점도 〈복수는 나의 것〉이 매개하는 심층적인 의미에 해당한다.

〈복수는 나의 것〉이 성취하는 의미 형성은, '일본 현대사가 그렇게 극단적인 폭력과 광기로 얼룩진 역사로 진행되지 말았어야 함에도 불구하고, 그렇게 극단적인 폭력을 자행하고 그렇게 극단적인 광기를 내보이는 역사로 진행되었다. 미래에 진행될 역사는 그러한 폭력과 광기가 청산된 역사가 되어야 한다'로 집약될 수 있다. 이 영화는 또한 '일본 제국주의·군국주의의 구축과 작동에 책임이 있는 지배 세력은 과거에 저지른 죄악에 대해 철저하게 반성해야 하며 동시에 이 세력이 청산됨으로써 일본 역사가 과거와는 다르게 진행되어야 할 것이다. 아무런 죄가 없는 무력한 개별 인간들이 일본 제국주의·군국주의의 희생물이 되는 역사가 반복되어서는 안 되며, 이를 위해서는 일본인의 자기 자각이 필요하다'라는 의미를 형성하고 있다. 동시에 이 영화는 이유가 없는, 도저히 이해될 수 없는 살인 행위들을 충격적인 영상을 통해 알레고리로 표현함으로써 일본 제국주의·군국주의가 자행한 이유가 없는 잔혹한 살인 행위들이 역사에서 더 이상 자행되어서는 안 된다는 의미도 형성하고 있다.

중요한 의미를 갖는 모든 예술작품은 인간이 처해 있는 현실에 대한 인식과 비판을 제공한다. 〈복수는 나의 것〉은 이 점에서도 빼어난 성취를 보여준다. 일본 제국주의·군국주의가 중심이 되어 구축된 '죄의 연관관계'는 "남김없이 해체되지는 않은 가상"
으로 존재하면서 오늘날에도 일본뿐만 아니라 동아시아에 사는
무력한 개별 인간들에게 지배력을 행사하고 있으며, 이것이 오늘
날 일본과 동아시아가 처해 있는 현실의 일부이다. 〈복수는 나의
것〉은 이러한 현실에 대한 인식과 비판을 알레고리를 통해 제공
함으로써 이러한 현실은 변혁되어야 한다는 의미를 형성하고 있
다. 이 점에서, 이 영화는 알레고리에 도달하는 데 특별하게 성공
한 영상예술작품이 동아시아 전체에 대해 시간을 초월하면서 계
몽 기능과 교육 기능을 성취할 수 있음을 보여준다. 중요한 의미
를 갖는 예술작품들에 고유한 계몽 기능과 교육 기능은 영상예
술작품들을 통해 더욱 확장되고 심화되어야 할 것이다. 〈복수는
나의 것〉은 오늘날 문화산업으로 전락한 셀 수 없이 많은 상업 영
화의 창궐에 대해 경고를 보내는 순수예술작품이기도 하다.

:: 참고문헌

단행본

김용수. 『영화에서의 몽타주 이론 : 쿨레쇼프, 푸도프킨, 에이젠슈테인의 예술적 미학원리』. 열화당, 2006.

문병호. 『아도르노의 사회 이론과 예술 이론』. 문학과 지성사, 2001.

_____. 『왜 우리에게 불의와 불행은 반복되는가? 관리된 개별 인간과 예외 상태로서의 권력관계』. 길밖의길, 2015.

류조, 사키. 『복수는 나의 것』. 김경남 옮김. 모비딕, 2016.

바슐라르, 가스통. 『공간의 시학』. 곽광수 옮김. 동문선, 2003.

아도르노, 테오도르. 『사회학 논문집 I』. 문병호 옮김. 세창출판사, 2017.

윤미애. 『발터 벤야민과 도시산책자의 사유』. 문학동네, 2020.

포더, 제리. 『마음은 그렇게 작동하지 않는다』. 김한영 옮김. 알마, 2013.

푸코, 미셸. 『성의 역사 (제1권) — 지식의 의지 (4판)』. 이규현 옮김. 나남출판, 2010.

_____. 『감시와 처벌』. 오생근 옮김. 나남, 2011.

Adorno, Theodor W. *Ästhetische Theorie*. 5. Aufl. Frankfurt/M : Suhrkamp, 1981.

_____. *Negative Dialektik*. 3. Aufl. Frankfurt/M : Suhrkamp, 1982.

Benjamin, Walter. *Schicksal und Charakter*. In *Gesammelte Schriften*. Band II·1. Hrsg. von R. Tiedemann und H. Schweppenhäuser. Frankfurt/M : Suhrkamp, 1980.

_____. *Über den Begriff der Geschichte*. In : *Gesammelte Schriften*. Band I·2. Abhandlungen. Unter Mitwirkung von Theodor W. Adorno und Gershom Scholem herausgegeben von Rolf Tiedemann und Hermann Schweppenhäuser. Frankfurt/M : Suhrkamp, 1980.

_____. *Ursprung des deutschen Trauerspiels*. In : *Gesammelte Schriften*. Band I·1. Abhandlungen. Herausgegeben von Rolf Tiedemann und Hermann Schweppenhäuser. Frankfurt/M : Suhrkamp, 1980.

_____. *The Origin of German Tragic Drama*. Trans. John Osbourne. London : Verso, 2003.

Bentham, Jeremy. *The Panopticon Writings*. Ed. Miran Bozovic. London : Verso, 1995 ; 1791.

Berry, Michael. *A History of Pain : Trauma in Modern Chinese Literature and Film*. New

York : Columbia University Press, 2011.

Chang, Kyung-Sup. *South Korea under Compressed Modernity : Familial Political Economy in Transition.* Abingdon and New York : Routledge, 2010.

Dällenbach, Lucien. *The Mirror in the Text.* Trans. J. Whiteley & E. Hughes. Chicago : The University of Chicago Press, 1989.

Foras, Amédée de. *Le Blason, Dictionnaire et remarques.* Grenoble, 1883.

Gide, André. *The Journals of André Gide 1889-1949*, Volume I : 1889~1924. Trans. J. O'brien. New York : Vintage Books, 1956.

Horkheimer, Max & Theodor W. Adorno. *Dialektik der Aufklärung.* Frankfurt/M : Fischer, 1971.

Minor, Jakob. *Die Schicksals-Tragödie in ihren Hauptvertretern.* Frankfurt a. M : Rütten & Loening, 1883.

논문, 잡지, 온라인 정보

김윤진. 「대만 사법통역의 역사 : 식민과 이민 역사를 중심으로」. 『통번역학연구』 21(1), 27~50.

남승석. 「〈비무장지대〉(1965)에서 나타난 빈 공간의 걷기를 통한 감정의 영화적 지도그리기」. 『영화연구』 84, 2020, 141~195.

_____. 「유고슬라비아에 대한 영화적 지도그리기와 (불)가능한 애도작업 : 미장아빔에 기반을 둔 발카니즘의 시적 형상화」. 『영화연구』 83, 2020, 199~274.

_____. 「느와르 장르에서 반영웅 캐릭터의 변화 양상 ― 〈택시 드라이버〉(1976) '트레비스 비클리'를 중심으로」. 『씨네포럼』 12, 51~91.

박진. 「스릴러 장르의 사회성과 문학적 가능성」. 『국제어문』 51, 2011, 375~395.

서현석. 「하룬 파로키의 〈딥 플레이〉와 영화적 장치의 새로운 정치학」. 『영상예술연구』 19, 2011, 287~310.

이태훈·장이란. 「대만 뉴웨이브 영화의 사회의제 표현 분석 연구 ― 허우 샤오시엔과 에드워드 양이 중심으로」. 『디지털융복합연구』 19(7), 2021, 349~358.

이은경. 「마트료시카의 예술적 상상력 ― 동아시아와 유럽의 문화 교류를 중심으로」. 『슬라브연구』 37(3), 2021, 173~208.

임춘성. 「도시 폭력의 우연성과 익명성 ― 에드워드 양의 위험한 사람들 읽기」. 『중국현대문학』 43, 2007, 419~445.

정병언. 「권력과 상실의 지리 : 에드워드 양의 고령가 소년 살인사건을 중심으로」. 『문학과영상』 15(4), 2015, 999~1021.

정형아·정창원. 「두 번째 중국화」. 『역사와실학』 64, 2017, 297~325.

주성환. 「대만의 대 중국 및 미국·일본 무역의 외부효과에 관한 분석」. 『상경연구』 40(2), 2015, 315~340.

하정현·정수완. 「이마무라 쇼헤이 '기민(棄民) 다큐멘터리'의 전후 일본 해부」. 『영화연구』 83, 2020, 163~197.

_____. 「〈일본곤충기〉가 표상하는 전후일본의 '상상된 개인' — 프리즈 프레임을 중심으로」. 『영상문화콘텐츠연구』 17, 2019, 213~237.

한나리. 「성장서사로서 에드워드 양 영화를 역사화하기 — 근대국가 대만의 공포와 범죄」. 석사학위논문. 한국예술종합학교 영상원, 2014.

현대자동차그룹 뉴스룸. 「기아, 'T-600'·'브리사' 복원 모델 공개」, 2023. https://www.hyundai.co.kr/news/CONT0000000000105396.

황인성·남승석·조혜랑. 「영화 〈공동경비구역 JSA〉의 공간재현 방식과 그 상징적 의미에 대한 일 고찰」. 『언론과 사회』 20(4), 2012, 81~131.

Adorno, Theodor W. "Transparencies on Film". Trans. Thomas Y. Levin. *New German Critique*. No. 24/25, 1981, 199~205.

Huang, Yiju. "By Way of Melancholia : Remembrance of Tiananmen Square Incident in Summer Palace". *Asian Cinema*. Vol. 21, Iss. 1, 2010.

Ron, Moshe. "The Restricted Abyss : Nine Problems in the Theory of Mise en Abyme". *Poetics Today*. Vol. 8, No. 2, 1987.

: : 인명 찾아보기

: : 용어 찾아보기